Der Jüngste Tag

Die Bücherei einer Epoche

Band 5
Büchergilde Gutenberg

Herausgegeben
und mit einem dokumentarischen Anhang versehen von
Heinz Schöffler

Frankfurt am Main 1982

Faksimile-Ausgabe

Nach den Erstausgaben wiedergegeben mit Erlaubnis
der Deutschen Bücherei Leipzig

Nachdruck der 1970 im Verlag Heinrich Scheffler
erschienenen Ausgabe

Alle Rechte vorbehalten · Societäts-Verlag
© 1981 Frankfurter Societäts-Druckerei GmbH
Druck: Paul Robert Wilk, Friedrichsdorf-Seulberg
Printed in Germany 1982
ISBN 3 7632 2639 7

Inhalt

Band 5

Max Brod	Die Höhe des Gefühls	2237
Francis Jammes	Das Paradies	2277
Alexej Remisow	Legenden und Geschichten	2355
Theodor Tagger	Der zerstörte Tasso	2441
Karel Čapek	Kreuzwege	2525
Johannes Urzidil	Sturz der Verdammten	2559
Carl Maria Weber	Erwachen und Bestimmung	2599
Otfried Krzyzanowski	Unser täglich Gift	2633
Arthur Drey	Der unendliche Mensch	2657
Hans Arthur Thies	Die Gnadenwahl	2733

MAX BROD
DIE HÖHE DES GEFÜHLS

EIN AKT

KURT WOLFF VERLAG, LEIPZIG

BÜCHEREI »DER JÜNGSTE TAG« BAND 57
GEDRUCKT BEI DIETSCH & BRÜCKNER IN WEIMAR

Den Bühnen und Vereinen gegenüber als Manuskript gedruckt. — Das Recht der Aufführung ist zu erwerben durch die Vereinigten Bühnenvertriebe des Drei Masken — Georg Müller — Kurt Wolff Verlages, Berlin W 30

WALTER BRUNO ILTZ
DEM AUSGEZEICHNETEN DARSTELLER DES OROSMIN GEWIDMET

Geschrieben 1911
Erster Druck 1913

PERSONEN

Orosmin, ein edler Jüngling
Klügrian }
Kunstreich } Maler, Orosmins Freunde
Der Schenkwirt
Seine Tochter Marie
Drei Herren, die nichts zu tun haben
Ein Klavierspieler
Hofmarschall
Zwei livrierte Diener
Vorübergehende Leute

Die Szene ist in einem Wirtshaus »zum halbgoldenen Stern«,
in beliebiger Zeit und Stadt.

(Gedeckte schattige Veranda vor dem Wirtshaus, eine weinumrankte Gatterwand mit rotbraunen Stangen schließt gegen das Freie ab. In der Mitte der Wand öffnet sich der breite Eingang, von dem mehrere Stufen auf den belebten und sonnigen Platz einer großen Stadt hinabführen. Viele Menschen gehen vorbei. Gebäude, Gassen, Reklamesäulen...
Rechts und links von der Türe je ein gedeckter Tisch. Links in der Ecke ein altes Klavier. Über der Türe Symbol und Name des Wirtshauses. An dem Tisch rechts spielen drei Herren, die nichts zu tun haben, in Hemdärmeln Karten. Es ist ein heißer Nachmittag im Sommer.

OROSMIN *erscheint auf dem Platz, er wendet sich um, ersteigt dann geradeaus mit großen Schritten die Stufen, auf der obersten bleibt er wieder stehn, halb dem Platz zurückgewendet, von der Sonne noch beschienen, an der Grenze des Schattens, – er nimmt seinen kleinen Strohhut vom Kopf und streckt die Hand, in der er ihn hält, weit aus, wie veranlaßt durch ein tiefes Einatmen, in ruhiger Begeisterung. Dann läßt er sie, gleichsam ausatmend, sinken, der Hut berührt mit Geräusch sein Knie, das er vorgebogen hat.*
Die drei Herren blicken auf.)

EINER VON IHNEN *(bewundert Orosmin)*:
Ein Prachtkerl! – *(Sie spielen weiter.)*

OROSMIN *(hat sie nicht gehört. Er tritt ein, indem er grüßend den Kopf gegen den leeren Tisch links neigt... Er nimmt einen Sessel neben dem Eingang und setzt sich so, daß er den Platz im Auge behält.*
Er spricht mit harmonischer Stimme, langem Atem, nicht leise):
Jetzt bin ich konzentriert. Hier! — Ich überblicke von hier aus den Platz, ich sehe die Gasse, die den Eingang zu ihrem Haus enthält. Es kann mir also nicht entgehn, wenn die Liebe aus dem Haus tritt. Ich werde ihre Schritte verfolgen können, mit denen

sie sich mir nähert. Ich weiß es — denn es ist schon einigemal
geschehn —, daß sie an jenem Brunnen noch jenseits des Ge-
dränges zum erstenmal sich umschaun wird, um mich zu suchen
und um auch auszuforschen, ob kein Störenfried in der Nähe ist.
Ob sie heute kommen wird? Es ist nicht sicher. Uns halten so
viele Hindernisse voneinander weg. Oft besucht man sie gerade, wenn sie schon mit erhobenen Händen zu mir läuft. Oft
verlangt die Mutter schnelle Botengänge, der Vater von ihr,
sie solle mit ihrer ausgezeichneten Schrift eine Nota kopieren.
Nur eines ist gewiß. Sie liebt mich ebenso innig und treu wie
ich sie liebe. Ihr Herz kennt keine Verstellung, keinen Verrat.
Mutwillig läßt sie mich nicht warten, und wenn ich manchmal
spät abends ungetaner Dinge von hier wegschleichen muß, so
weiß ich, es geschieht wider ihren Willen mit derselben Kraft
wie gegen den meinen ... Oh, welch ein Glück ist solch eine
gegenseitig erwiderte Leidenschaft!

*(Pause. Die Kartenspieler lachen über einen Zwischenfall
in ihrer Partie.*
*Der Wirt und seine Tochter kommen von rechts, wo das
Wirtshauszimmer und die Küche gedacht sind.)*

DER WIRT:
Marie, hier ist er schon wieder ...

MARIE:
Wer? Der schöne junge Herr mit den rötlichbraunen Augen?

DER WIRT:
Derselbige. Er kommt nur deinethalb, ganz gewiß ...

MARIE:
Wenn es wahr wäre! ... Aber es ist gewiß nicht wahr ...

DER WIRT:
Was denn? Was sonst hätte er hier zu schaffen? ... Seit einer
Woche versitzt er jeden Nachmittag da, ganz allein ... Meinst
du, er ist verrückt? Sieht so ein Verrückter aus?

MARIE *(senkt den Kopf):*
Nein, das meine ich nicht.

DER WIRT:
Also sei heute einmal freundlich zu ihm, du wirst sehn, daß ich mich nicht täusche.

MARIE *(läuft davon, obwohl der Wirt sie am Ärmel festhalten will. Er schüttelt den Kopf und stellt selbst das Glas Wein auf Orosmins Tisch.)*

OROSMIN *(aufgeschreckt):*
... Nicht nur den Platz, ich sehe bis in ihre Wohnung. Was mag sie jetzt machen?... Sie kleidet sich schon an, um zu mir herunterzukommen, vielleicht nimmt sie gerade aus dem Spiegelschrank jenen Florentiner Hut, der immer so gelbe, wasserhelle Tönung über ihre rosa Wangen legt, und mit zarter Hand bringt sie seine Flächen, die sie zurückbiegt, in ein kleines Schaukeln... O komm doch, meine Freundin, es liegt nichts daran, laß den Hut verbogen, dir paßt ja alles... Sie ist eitel, ja, sie ist ein wenig eitel... *(Er lacht leise, für sich.)* ... Man sieht es auch an ihrer sorgfältigen Schrift, nie wird sie einen ihrer mädchenhaften Schnörkel vergessen... *(er zieht einen Brief hervor und küßt ihn. Sein Mund scheint von dem Papier angezogen, denn wie er das Papier wieder in die Tasche stecken will, folgt sein Gesicht ein Stückchen dieser Bewegung und reißt sich erst in ziemlicher Neigung los)*... Ich habe es mir nie vorstellen können, daß es solch eine Lust ist, verliebt zu sein. Sonst pflegte ich verdrießlich, nachdenklich, zerstreut, sorgenvoll von meinen Büchern, meinen gemalten Tafeln aufzustehn. Was kümmern mich jetzt die Bücher, die Farben und die Linien... Hier dieser Platz, diese Gegend ist alles, was zu meiner Seele spricht. Hier bin ich bei mir, zu Hause, in meiner eigensten Laune, die durch nichts erklärt und verursacht wird als durch Dinge, die nur mich angehn und die nur ich verstehn kann. Ich bin stolz darauf, ich bin in einer Stimmung voll von

Großartigkeit... Schöne Häuser! Schönes Gesumm und Lärmen! Schönes Fenster, das ihre! *(Er streichelt den Tisch, das Weinglas, die Weinranken, in die er die Hände taucht wie in Wasser.)* Schönes Glas, wie wohltuend bist du gearbeitet! Schöne Blumen! O großes überreiches Herz!...
Ein Wahnsinn, davon zu reden. Und doch treibt es mich, mein Glück mitzuteilen, mich mit aller Welt zu verständigen, wenn es geht... Wie reizend ist dieser Nachmittag, dieser Himmel über uns... Ich werde vielleicht diese Herren fragen, sie nehmen es mir wohl nicht übel...
(Er will gerade aufstehn, da tritt der Wirt an seinen Tisch und grüßt.)

DER WIRT:
Einen guten Tag wünsch ich...

OROSMIN *(sieht ihn lange an, lächelnd, voll Freundlichkeit)*:
Sagen Sie es mir, lieber Herr... waren Sie einmal verliebt? Kennen Sie dieses Gefühl?

DER WIRT:
No ja... Man war auch einmal jung.

OROSMIN *(gütig, doch ohne sich etwas zu vergeben, ohne lächerlich zu erscheinen)*:
Guter Freund, es ist eine schöne Zeit, nicht wahr? Ihr seid hier der Gastwirt? Es würde mich interessieren, mit Euch ein wenig zu plaudern, von dieser schönen vergangenen Zeit. Oder — Ihr seht zufrieden aus — vielleicht ist sie noch gar nicht vergangen...

DER WIRT:
No, das schon... Befehlen vielleicht der gnädige Herr etwas zu speisen? Ein frisches Rostbratl wär hier, ganz frisch, extra... *(er spitzt den Mund.)*

OROSMIN *(fein lächelnd)*:
Gut. Gemacht.

DER WIRT *(geschäftsmäßig nach rechts hinter sich rufend):*
Marie, ein Rostbratl...

OROSMIN *(ruhig):*
Um also wieder von dieser Zeit zu reden, von der Zeit der fröhlichen Liebe... wie ist es Euch damals ergangen? Wohl auch so, wie mir jetzt? Was?... *(Der Wirt macht ein angestrengtes Gesicht, um höflich zuzuhören wie auf einen Auftrag.)* Seid auch Ihr damals mit dem glücklichen Gefühl jeden Morgen aus dem Bett gesprungen, daß ein Tag voll von erhabenen, dringenden und wichtigen Gedanken Euch bevorsteht? Und obwohl der Stoff dieser Gedanken durch das Erwachen nicht im mindesten sich zu ändern pflegte, denn auch bei Nacht hattet Ihr natürlich die Geliebte in Euren Träumen gehegt, — frohlocktet Ihr nicht trotzdem darüber, daß diese immerhin verwirrten und lockern Gedanken nun in Eure feste Hand geraten seien, daß die Geliebte nun viel deutlicher, geordneter, wie in ruhigem Wasser in ihnen sich abspiegeln werde? Und wenn Ihr nun auf die Gasse ginget, wart Ihr nicht überglücklich, desselben Himmels Wirklichkeit zu sehen wie sie, dieselbe Luft zu durchwandern, zu durchsaugen wie sie? Und habt Ihr die Annehmlichkeit oder Unannehmlichkeit Eurer Schritte danach bemessen, ob diese Euch zu ihrem Haus oder in der Richtung von ihrem Haus wegtrugen? Nun, war es so?

DER WIRT:
Ich hab mein Weib recht lieb gehabt, das muß ich schon sagen... Ein braves Weib, das muß man ihr schon lassen... *(er wischt sich die Augen.)*

MARIE *(ist schon vorher gekommen. Langsam dem Tisch, an dem Orosmin sitzt, sich nähernd, hört sie zu. Einer der Kartenspieler fordert sie auf, sich zu ihnen zu setzen. Er nimmt sie um die Taille. — Sie macht sich los, ohne zu schrein, ohne große Bewegung, immer Orosmins Reden lauschend, und stellt sich jetzt neben ihren Vater..)*

OROSMIN:
Neulich stach ich mich mit der Spitze meines Messers, als ich mir einen Bleistift spitzen wollte. Eine Weile sah ich zu, wie der rote Tropfen sich immer üppig neu bildete, wenn ich ihn weggewischt hatte, wie das unversiegbar und ohne eigentlichen Schmerz aus der Haut heraufkam. Nachher besann ich mich und es fiel mir ein: Das war wirklich seit vielen Tagen, Orosmin, der erste Moment, die erste Weile, in der du an etwas anderes gedacht hast als an sie. Und von diesem Einfall an dachte ich natürlich wieder nur an sie. Welch ein Vergnügen das gibt, wie das anlockt!... Ist es mit Euch auch ähnlich bestellt gewesen, braver Mann? Habt auch Ihr zu Eurer eigenen Überraschung immer neue unaufschiebbare Überlegungen gefunden, die Euch das Mädchen von wieder andern Seiten zeigten? War sie für Euch die glänzende bläuliche Kugel im Garten Eures Gemüts, in der alles Vorübergehende auf der Erde und die Wolken des Himmels bildhaft dahinzogen, indes sie selbst blieb, eine ewige Erinnerung in sich festhaltend... an all das, was durch sie Wert und Schimmer erhalten hatte?

DER WIRT *(immer gerührter)*:
Ja, eine Erinnerung hat sie mir zurückgelassen, eine gute Erinnerung... meine Tochter Marie...

OROSMIN *(erhebt die Hand, um weiterzureden, MARIE mißversteht ihn und will ihm die Hand reichen. Verlegen läßt sie sie wieder fallen)*:
Immer bin ich ihr nahe. Ich bin so glücklich, daß mir nichts auf der Welt übrig bleibt zu wünschen. Hat man je einen solchen Menschen gesehn, auf der Höhe seiner natürlichen Vollkommenheit?... Doch gewiß wart Ihr ebenso, mein Teurer, gewiß geht es vielen Menschen ebenso. Es wäre zu traurig, wenn ich eine Ausnahme wäre... Gewiß habt auch Ihr diese dauernde Befriedigung in Euch herumgetragen, die nur dann noch gesteigert wurde, wenn Ihr mit Eurer Geliebten in Gegenwart beisammen

wart, in unbegreiflicher Art gesteigert. Denn was könnte dem Bewußtsein, zu lieben und geliebt zu sein, eigentlich noch hinzukommen! Und doch kommt etwas hinzu, obwohl kein Platz mehr im Herzen frei scheint, doch sprengt ein Gefühl knapp an der Grenze des Erträglichen, so voll Süße, den schon geweiteten Busen. O diese Stunden der äußersten letzten Seligkeit, die Blicke voll des Unendlichen, die Wonne eines verschwimmenden sanften Streichelns, das uns gerade noch festhält, wo wir glauben, in Äther zu vergehn... Wunderbar ist das, und ebenso wunderbar ein Gefühl der Wehmut, das uns anfällt, wenn wir die Geliebte längere Zeit nicht gesehn haben. Nicht gleich, aber nach einiger Zeit gewiß. Nichts hat sich geändert, ich bin ja eigentlich zufrieden wie vorher, ich weiß, daß sie mein ist und daß ich ohne Abwechslung an sie denken darf, ohne Störung. Und warum also diese Unruhe, diese Sehnsucht, sie wieder leibhaftig vor mir zu haben, zu neuer Speisung und Zauberei, die Geliebte? Das ist sinnlos, das läßt sich nicht erklären. Eine Sehnsucht, die nicht quält, ein Wunsch, dessen Erfüllung man gar nicht wünscht, und doch ist etwas dabei, was quält und wünscht... und doch möchte man diesen Zustand nicht aufgeben... und doch ist man ungeduldig und glücklich wie ein junger Adler, der zu seinem ersten Flug ansetzt über Hochebenen und tiefe Meere. Ja, das alles ist eben mein Herz, so sehr mein Herz und nichts als mein Herz, daß jeder Sinn, diesen Gefühlen genähert, sich verfälschen muß... Wie gerne spreche ich davon. Das ist ein Vergnügen. Ich erkläre es Euch mit vielem Vergnügen, Herr Wirt. Ist es Euch auch so gegangen? Ja, die Liebe macht schwatzhaft.

DER WIRT:
Ja, die Liebe macht schwatzhaft... Man muß aber auch diskret sein, darauf hielt man sehr viel zu meiner Zeit.

OROSMIN:
Diskret? Zurückhaltend?... Bin ich's nicht? O glaubet nicht,

indem ich Euch etwas von meinem hochgeliebten Mädchen anvertraue, daß ich Euch dann näher bin als ihr. O nein, ich bin ihr ja so nah, so verwandt, so lieb habe ich sie ... und wenn ich von ihr zu Euch spreche, so ist es eigentlich nur, als spräche ich von Euch zu ihr. So ist das Verhältnis. Immer ist sie mir zur Seite, in allen Dingen. Sie kann sich auch einmal in irgendwen verwandeln, zu dem ich von ihr, von meiner Liebe rede, weil es mich so unwiderstehlich andrängt. Ich rede eigentlich immer nur mit ihr. Ihr, zum Beispiel, seid jetzt in sie verwandelt ...

DER WIRT *(mit einem dummen Gesicht):*
Ich? ... *(Da seine Tochter gerade den Braten bringt, schiebt er sie vor)* In meine Tochter? ...

OROSMIN:
Und zumal an dieser Stelle der Welt. Hier laufen alle Wege zusammen, um ihr zu huldigen. Glaubt Ihr etwa, diese Leute seien Fremde *(weist hinaus auf den lärmenden Platz)*, diese ernsten Mienen seien nicht in irgendeinem tieferen Zusammenhang mit der Einzigen, versteckt, abgeleugnet, spitzbübisch verkrochen, aber deshalb nicht weniger im Zusammenhang ... O dieser Platz ist etwas ganz Besonderes, mit seinem Rauschen der tausend Füße, mit seinem Fuhrwerk. Deshalb sitze ich so gerne hier ... Deshalb esse ich mit gutem Appetit *(er schneidet ein tüchtiges Stück ab und spricht kauend)*, mit gesundem Appetit ... Irgendeiner dieser Autobusse, so schwerfällig und stockhoch, wie sie auch wackeln mögen ... wenn man ihn nun anhielte und einen der Passagiere nach dem andern geduldig fragte, abfragte, was er vorstellt und fühlt und worin er wurzelt ... wäre es nicht lächerlich, ja undenkbar, anzunehmen, er könnte etwas anderes zur Antwort geben als: die Geliebte! ... Was labt mich hier? Warum sitze ich hier, gerade hier, lieber als anderswo? Warum hat diese Formung der Häuser, diese Höhe und diese Tiefe und diese Witterung einen so zarten Einfluß auf mich, so etwas wie geheimen Trost und Holdseligkeit? Warum

füllen sich meine Augen mit Tränen? Warum bin ich hier wie am rechten Fleck, wie mitten im mir Angepaßten, wie bei mir selbst zu Besuch, behütet, bemuttert, eingeschattet, reifend, fruchtend, geschwellt vor Heimat und Sicherheit, wohlbehaglich durch und durch? ... Ja, wenn ich diesen Trunk ansetze und heruntertrinke, so fühle ich: ich habe sie selbst getrunken, ich habe mich mit ihr vereinigt ...

DER WIRT:
Noch ein Glas gefällig?

OROSMIN *(nicht)*:
... mit ihr vereinigt.

(Der Wirt geht mit dem leeren Glas, Marie nimmt seine Stelle ein.)

OROSMIN:
Fürwahr, ich bin unbeschreiblich glücklich!

MARIE *(leise)*:
Ihr sprecht in einer Art, daß jedes Mädchen sich glücklich schätzen müßte, so geliebt zu werden ...

OROSMIN:
Freundliches Geschöpf ...

MARIE:
Ja, Ihr sprecht sehr lebhaft und zugleich sehr gefühlvoll. Manchmal klingt es wie ein Gedicht, ja, wie ein Gedicht, das man singt...

OROSMIN:
Du bist von ihrem Geschlecht, du bist reizend. Die Frau dieses guten Wirtes, nicht wahr ...

MARIE:
Seine Tochter, Euch zu dienen.

OROSMIN:
Ich hoffe, du hast einen Mann oder einen Bräutigam, der dich liebt, wie du es verdienst.

MARIE:
Ich bin ledig. Ich habe auch keinen Freier.

OROSMIN:
Deine Haare sind reich und braun. Es scheint, daß braune Haare vollkommener und gleichsam verbundener aus dem Menschen hervorblühn als Haare aller anderen Arten. Sie passen besser zu menschlichen Wangen, zum menschlichen Nacken, und namentlich, wenn ein zartes Gelb dieser Wangen am Rand den Übergang aus dem Rosa und Weiß des Antlitzes zu den unerforschlichen dunklen Haarmassen bildet, wenn die letzten Locken am Hals einen bräunlichen Streifen überwölben. *(Er zeigt mit den Fingern auf die Stellen, von denen er spricht)*... Das sieht natürlich und gutgewachsen aus. Auch sie hat solche Haare und so ähnlich gehn sie in ihre Wangen über. (MARIE *neigt mit geschlossenen Augen, sanft lächelnd, ihre Wange fest an seine Hand, die ihr Ohr berührt, sie preßt diese Hand zwischen Wange und Schulter ein.)*

OROSMIN:
An euch Mädchen ist vieles zu bewundern.

MARIE *(steht ihm jetzt so nahe, daß sie die Aussicht auf den Platz verdeckt. Er schiebt sie mit der freien Hand sanft zurück.)*

OROSMIN:
Das nicht. Hier geradeaus muß ich sehn...

MARIE:
Wohin denn, gnädiger Herr?

OROSMIN *(will seine Hand losmachen, die sie mit dem Gewicht ihres Kopfes festhält):*
Du bist sehr schön. Ich wünsche dir jemanden, der dich sehr lieben kann und der gar nicht bemerkt, wie glücklich er dich macht: so glücklich machst du ihn... *(reißt seine Hände los.)*

[2251]

MARIE *(traurig):*
Ihr kränkt mich. Was habe ich Euch getan?

OROSMIN:
Ich will dich nicht kränken, keinen Menschen, kein Mädchen ganz besonders. Kann ich mehr für dich tun, als dir sagen, daß dieser Kopf, diese Brust, diese Hüften... *(Er lacht plötzlich laut auf.)*

MARIE:
Warum lacht Ihr so plötzlich? Und immer noch?

OROSMIN:
Du mußt verzeihn. Aber während ich so mit dir sprach und dich ansah, neigte sich urplötzlich aus deinem Leib heraus ein anderer, neigte sich zur Seite hervor, verdeckte die Gasse neben dir, borgte vielleicht seinen Stoff aus dem Dunkel dieser Vorübergehenden, du hattest da zwei Köpfe, zwei Gestalten bis an die Hüfte, und das deutlichere dieser beiden Schattenbilder, ja, es war das deutlichere, stellte meine Geliebte dar. Ich sah sie ganz deutlich. Es ist vorbei ... Das war aber komisch *(lacht wieder)* ein Traum, am hellen Tag ...

MARIE *(weint):*
Warum lacht Ihr? Warum lacht Ihr mich aus?

DER WIRT *(tritt mit dem Wein dazwischen.)*

OROSMIN *(zurückgelehnt):*
Das alles ist höchst wunderbar. Und in meinem Herzen ist ein so seliges Gemisch von Abspannung und Frische zugleich, daß ich meine, ich könnte gleich einem guten Dutzend solcher Phantasien jetzt das Leben zeugen ... Gute Sonne, gewiß bin ich ein Sonntagskind, ich habe eine Kraft und einen Frieden in mir, daß ich bald anfangen werde, mich zu schämen, wenn nicht ein Unglück mit mir geschieht. Ich laure hier, ich warte, aber das stärkt mich nur, statt zu ermüden ... *(Leise Klänge werden aus der Wirtsstube vernommen)* Ach, Musik, das kommt zur

rechten Zeit. Man sagte mir, daß sie das Dunkelste in der Brust aufzulösen versteht und in etwas Neues, in Kristalle ihrer eigenen Art überführt. So wie der galvanische Strom Stoffe entkettet und am andern Pol nach seiner Idee zusammenkettet. Die Gebilde sind gleich unverständlich vorher und nachher, aber in der Bewegung und Veränderung mag etwas liegen, was unserer Klarheit näher kommt als das Trübe vorher, das Trübe nachher... Was für eine Art Musik ist das?

DER WIRT:
Euch zu dienen, es ist ein Klavierspieler, ein Bursch, der meine Gäste belustigt. Er spielt und singt.

OROSMIN:
Heiß ihn näher kommen und vor mir singen.

(DER KRÜPPEL, *vom Wirt gerufen, kommt aus dem Lokal, geht über die Bühne und setzt sich ans Klavier. Er spricht zu seinem Spiel):*

DER KRÜPPEL:
>Was galt je und heute
>Mir der Erde Pracht!
>Nur für reiche Leute
>Ist das Licht gemacht.
>
>Manchmal hör ich Töne,
>Goldne Melodien,
>Ahnungsreiche, schöne,
>Fern vorüberziehn.
>
>Ach, wer näher hörte,
>Wär ein froher Held.
>Doch mein Hören störte
>Schon wie Lärm die Welt
>
>Und in meinen Strudel
>Feucht ins Bettlertum

Paßt nur ein Gehudel
Und ich dudle drum, —

Paßt nur mein Gedudel
Klägliches Gebrumm.

(Er spielt weiter. Die Melodie ändert sich allmählich, bis)

OROSMIN *(sich erhebt und einfällt):*

Wenn dein Schicksal auch arm gefallen ist,
Mußt du nicht verzagen, —
Etwas, was in uns allen ist,
Wird dich höher tragen.

Auch ich war von vielem Gram verhängt
Wie ein schlechtes Wetter,
Nun hat sich die Liebe durchgedrängt
Mit hellem Strahlengekletter.

Selig, wie guter Geister einer,
Schweb ich durchs Tal,
Nichts ist kräftiger, nichts ist reiner,
In mir badet der Wasserstrahl.

Der morgennasse Wald, von Feuchtigkeit gekämmt,
Jeder Zweig, geordnet zum Strauß —
Ich fliege entlang, nichts, was mich hemmt,
Bis ins Försterhaus.

Der Sonnenaufgang ist mein Spiegelbild,
Mein Blick der tauige Berg.
Jedes nützliche Tier trägt mein Siegelbild,
Ich führe das fromme Werk.

Ich habe die hohen Viadukte gebaut,
Lange Beine aus Eisennetz,
Darunter Dörfer, wohlriechendes Kraut
Gestreut nach meinem Gesetz.

Was kann man mehr genießen
    Als erfüllter Liebe Glück!
Sie duftet mehr als Wiesen,
    Strahlt schöner als Tau zurück.

Nur an Eine entzückt im Denken gehn,
    Von ihr abhangen —
    Was befällt mich? Was will mir geschehn?
        Wohin will es gelangen?

(Er macht einen Schritt, bleibt so stehn. Die Melodie ändert sich nochmals.)

MARIE *(schmachtend)*:
    Ich versteh ihn nicht.
    Wüßt gerne, was er spricht.

    Besondres sicherlich
    Ist es. Doch nichts für mich.

    Es freut mich doch.
    Aber es hat ein Loch ...

    Er ist ein schöner Mann,
    Und wie er blicken kann!

    Schaut' er auf mich sich um,
    Ich wär ihm dankbar drum.

DER WIRT *(starrend)*:
    Bequem ist's, so zu stehn
    Und in die Welt hinsehn.

    Man hört so allerlei,
    Und ist so frei
    Und denkt sich nichts dabei.

    Ist es auch nichts zum Leben,
    So ist's was andres eben. —

>   Was steh ich hier herum,
>   Es wird mir schon zu dumm. *(ab.)*

MARIE *(im Abgehn)*:
>   O dreh dich noch herum,
>   Ich liebte dich darum. *(ab.)*

KRÜPPEL:
>   Ich hudle, sudle dumm
>   Mein klägliches Gebrumm.

OROSMIN *(setzt sich ruhig wieder in seinen Sessel)*:
>   Mir winkt aus dem Gesumm
>   Die eine Stimme — stumm.
>   *(Die Musik ist zu Ende.)*

(Auf dem Platze erscheinen, unter allen bemerklich, KLÜGRIAN und KUNSTREICH, zwei junge Maler, Orosmins Freunde.)

KLÜGRIAN:
Welche Auszeichnung! —

KUNSTREICH:
Welche Katastrophe! —

BEIDE *(die Stufen herauf)*:
Da haben wir ihn — Orosmin, Freund!

OROSMIN *(ihnen entgegen)*:
Ah willkommen — Klügrian, Kunstreich!

KLÜGRIAN *(atemlos)*:
Daß ich es nur gleich sage: Wir kommen in der wichtigsten Angelegenheit von der Welt. Du mußt dich entscheiden, jetzt, sofort... Du stehst an diesem einen Punkte, der nur einmal im Leben jedes Menschen kommt, der ausgenützt... kurz, du weißt: Shakespeare »There is a tide in the affairs of men...«

KUNSTREICH *(bescheiden):*
Stören wir nicht etwa?

OROSMIN:
Mich stören? Kann mich jemand stören? *(trunkenen Blickes.)*

KLÜGRIAN:
Setzen wir uns. Sprechen wir bequem, aber bündig... wie Indianer in ihrem Kriegsrat. Die Indianer, ein herrliches Volk. Ich wollte einmal ein Bild machen. *(Er spricht schnell, kann gleichsam seiner Einfälle und Analogien nicht Herr werden. Seine Augen leuchten gescheit und angenehm. Durch Handbewegungen versichert er sich der Zustimmung des schweigsamen Kunstreich. — Bei seinem Eintritt aber hat sich die Veranda in ein gewöhnliches Wirtshaus verwandelt. Die Herren, die pausiert haben, um den Liedern zuzuhören, peitschen wieder ihre Karten auf den Tisch. Wirt und Marie bedienen in der üblichen Weise.)*

OROSMIN:
Oh, daß ihr hier seid, ihr lieben Freunde! Ihr werdet mich in meinem Glück sehn... ihr werdet sehn... Nein, nichts von Störung...

KLÜGRIAN:
Und wenn wir dich auch stören! Dies ist jedenfalls wichtiger, größer, was wir bringen. Nichts kann für dich heute und von heut an mehr Bedeutung haben. Also denke nur, der Fürst...

KUNSTREICH *(sich erinnernd):*
O dieses Unglück!

KLÜGRIAN:
Dieses Glück, dieses Glück!... In einigen Minuten wird der Hofmarschall erscheinen, er selbst, er folgt uns auf dem Fuße. O der Glanz, die große Welt. Ich sage dir, wie Rubens, wie Tizian... Es soll der Künstler mit dem Kaiser gehn... Er

holt dich ab... Verstehst du, verstehst du es?... Doch ich muß von vorn beginnen. — Verstehst du?

OROSMIN *(nickt langsam):*
Ja...

KLÜGRIAN:
Ja?... *(erstaunt)* Er versteht es... Aber...

OROSMIN *(spricht viel langsamer als Klügrian):*
Alles verstehe ich jetzt. Nichts kann sich mir entziehn... Siehst du, ich sitze hier den ganzen Nachmittag. Das ist mein Glas *(zeigt es ihm)*, das ist mein Tisch... *(Er legt beide Ellbogen auf.)* Aber bemerke nur du, genau so wie ich hier jetzt mit meinen Armen eine Fläche auf den Tisch abgrenze und einschließe, ganz für mich, da kann jetzt niemand herein ohne meine Erlaubnis, da bewegt sich nichts als der Schatten, den die Höhe meines Ärmels wirft und den ich ausbreiten oder schmälern kann, das ist mein, nur mein... so ist von mir eingeschlossen dieser ganze Platz vor uns, ja die Gasse, die Brücke, ebenso alle Leute, die wandeln, wie die beständigen Bäume dort, ja die ganze Welt... Da kann nichts geschehn als kraft meines einzigen Gedankens, im Steigen und Fallen dieses Gedankens, alles ist abhängig von mir, also um so mehr mir verständlich...

KLÜGRIAN:
Keine Dummheiten, bitte... Sind wir nicht heutige Menschen? *(Die Hand auf Kunstreich ausgestreckt; dieser stimmt bei.)*

OROSMIN *(gedankenlos, verbindlich):*
Sehr gut, bravo, sehr gut...

KLÜGRIAN:
Gewiß, wir sind ja eine Partei! Also rede nicht wie ein Impressionist, blamiere mich nicht...

KUNSTREICH:
Du wolltest erzählen... *(zaghaft.)*

KLÜGRIAN *(ohne Übergang, gleichsam aus sich heraus)*:
Der Fürst ist in der Sternburg eingekehrt, bei deinem Vater, Orosmin, dem er ja schon einige Male die Ehre seines Besuches... Ich bin kein Fürstenknecht, ihr wißt. Aber die Macht, die Macht. Was kann es Herrlicheres für einen großen Künstler geben als die Macht. Nietzsche *(bricht ab)*... Diesmal kam der Fürst mit allem Gefolg. In der Nacht sollte zur Jagd aufgebrochen werden.

KUNSTREICH:
O die schönen Bilder *(verbirgt sein Gesicht in Händen.)*

KLÜGRIAN:
Wie es geschah, weiß niemand. Die einen sagen, ein unvorsichtiger Sattelknecht, der seine brennende Pfeife ausklopfte. Kurz und gut, plötzlich steht das ganze Schloß in Flammen. Im Hof wartet die edle Gesellschaft, die Pferde kaum mehr zu halten. Auf einmal Vernichtung, Feuersäulen, Glocken im Dorf. Wer nur kann, hilft mit. Der Fürst hetzt seine Hofleute an die Spritzen, ein tätiger, energischer Mann... er verspricht Bestrafung des Schuldigen, Ersatz für alles...

KUNSTREICH:
Aber kann man das ersetzen! Denk dir nur, Orosmin, dein Atelier ist verbrannt, alle Gemälde von dir, deine Skizzen und Studien,... oh, ich ertrag es nicht... die Arbeit von so vielen Jahren, so viel Blut und Kampf und Glück... *(er weint)* auch deine Tagebücher sind mit verloren und dein Hauptwerk: Jesus im Tempel...

KLÜGRIAN:
Laß ihn, rege ihn nicht unnütz auf...

KUNSTREICH:
Und die »östliche Landschaft«, die »Springenden zwischen Klippen«, die »besonnten Schiffe«...

KLÜGRIAN:
Es ist ein arger Verlust, aber hör nur, wie er aufgewogen wird... du bist ja noch jung...

KUNSTREICH:
Nein, bleiben wir dabei. Es ist das Wichtigste. Armer Kamerad! *(er nähert sich ihm, fast knieend.)*

OROSMIN *(streicht über sein Haar):*
Erzählt nur ruhig weiter.

KUNSTREICH *(entsetzt):*
Er ist untröstlich...

KLÜGRIAN *(beginnt schon gefühllos):*
Der Fürst läßt hierauf...

OROSMIN:
Nein, ich bin ja so namenlos froh und zufrieden. Nicht, daß deine Nachricht meinen guten Zustand noch erhöhen könnte... er ist ja so von innen an meine Schädeldecke gepreßt, daß es höher hinauf gar nicht mehr geht *(Geste dazu)*... aber doch fühl ich mich erleichtert, meines Ballasts befreit. Wie ein göttliches Zeichen ist das... Alle Tagebücher sagst du, alle Gemälde...

KLÜGRIAN:
Er übertreibt. Einiges wurde gerettet, ein Buch mit Entwürfen...

OROSMIN:
Schade!

KUNSTREICH *(weicht von ihm zurück):*
Wie sprichst du? Was meinst du eigentlich?

OROSMIN:
Oh, mögt ihr mich nicht mißverstehn, meine Guten... Ich will ja durchaus mein früheres Treiben nicht schelten, es waren schöne Tage, manchmal ist es mir auch vorgekommen, als gelinge mir etwas, und vor allem: sie haben mich hierher geführt... Aber

sagt selbst, wie wertlos muß das alles einem erscheinen, der weiß, daß er jetzt so ganz, so unbändig im Rechten ist! So wertlos, daß es dem Glücklichen beinahe schon schädlich dünkt ... Böse Erinnerungen, die einzigen Fesseln, die mich noch hielten ... Dank euch, ihr Götter, daß ihr auch die von mir genommen habt ...

KLÜGRIAN:
Bravo! Die Zukunft, das ist alles ...

OROSMIN:
O süße Gegenwart ...

KLÜGRIAN *(überhört ihn)*:
Und was steht nun alles vor dir, du Glücklicher, welche Pracht des starken Mannes ... Nun laßt mich zu Worte kommen, die Freude überwältigt mich ... Der Fürst also besichtigt das Gerettete, die Ballen und Möbel, er bemerkt deine Skizzenbücher, er interessiert sich für sie ... Kurz, er fragt deinen Vater nach dir, er hört von deinem Leben, deinen strengen Grundsätzen ... Man bringt ihm dein Werkchen »Sentenzen«, das der Vater mit seinen Juwelen im Panzerkästchen aufgehoben hatte. Der Fürst bittet es sich zur ausführlicheren Lektüre aus ... Und am andern Morgen dringt er geradenwegs zu deinem Vater, voll Entzücken: er möchte dich selbst kennen lernen, einen so ausgezeichneten jungen Mann, ja er wünsche, dich beständig am Hof zu haben. Man berät sich. Der Sohn des Fürsten soll jetzt einen Erzieher bekommen, einen Begleiter auf seinen Reisen. Niemand scheint geeigneter als du, niemand würdiger. Mit einem Wort: du bist zum Lehrer des Prinzen ausersehn ...

OROSMIN *(als sei von einem Fremden die Rede)*:
Nein, wie das Schicksal spielt ...

KLÜGRIAN:
Nebenbei Zeichenlehrer, doch vor allem Leiter der gesamten

Einführung, der ganzen Kultur dieses Jünglings — mit andern Worten, wenn du dich behauptest, und das wirst du, der erste Mann in Kunstsachen am fürstlichen Hof. Kannst du fassen, was das bedeutet! Für dich vor allem — und dann für unsere Richtung. Wie man uns bisher aus allen großstädtischen Ausstellungen verbannt hat, wie die alte Clique auf allen Subventionen, allen Staatsaufträgen ihre Hand hielt. Und nun plötzlich, endlich anerkannt, in der Morgenröte fürstlicher Huld, alle offiziellen Wege uns geöffnet — was werden wir da leisten, wie werden wir zeigen, was in uns steckt, in der Jugend, wie werden wir steigen und die Welt umgestalten... Das war ja dein einziger Wunsch, Orosmin, erinnerst du dich noch an unser letztes Gespräch im Park, das war unser aller Wunsch. Und nun — erfüllt ist er mit einem Schlag... Oh, ich bin ganz außer mir... Und dazu trifft es sich so gut, daß ich jetzt gerade in Paris war. Ja, ich komme aus Paris, gefestigt, bestärkt...

OROSMIN:
Aus Paris?

KLÜGRIAN:
Ich habe mit den Indépendants gesprochen. Es herrscht nur e i n e Stimme unter den jüngern Malern: unsere Gruppe gehört zu ihnen... Oh, ich bin reif geworden, ich bin auf der Höhe... Synthetisch denken, das ist alles. Unsere Zeit hat keine Lyrik. Die Impressionisten waren Lyriker. Das Licht, die Luft sind lyrische Elemente in der Malerei, wie die Linie das epische Moment darstellt, die Fläche das pathetische, die Form das tragische...

OROSMIN:
Ich habe schon lange an diese Dinge nicht mehr gedacht. Aber sie machen dir Freude, nicht wahr...

KLÜGRIAN:
Ich weiß jetzt alles. Ich bin ganz klar. Jetzt, genau jetzt ist der

Moment für unsere großen Taten gekommen... Und du am Hofe, das haben die Götter geschickt!... Ich habe in Paris mit Matisse, mit Delaunay gesprochen, wir waren sofort einig...

OROSMIN *(interessiert, ohne Hohn)*:
Worüber denn? Über das Tragische der Form?...

KLÜGRIAN:
Ja, die Form ist Tragik, Distanz zu den Dingen. Das konstruktive Prinzip der Bilder... Alle Großen haben es befolgt. Rembrandt, Greco. Man kann direkt die schematischen Linien ihrer Kompositionen nachweisen, bald sind es Ellipsen, bald Kreise oder Systeme von Geraden... Lionardo... Ich habe fünfhundert Bilder von Rembrandt daraufhin durchgearbeitet, nachgemessen...

OROSMIN:
Du bist fleißig...

KLÜGRIAN *(wirklich erhaben)*:
Ich weiß, was ich will. Und ich bin jetzt auf dem richtigen Wege, das weiß ich, zum großen Stil, im Leben wie in der Kunst... Vor allem eins hat uns ja bisher geschadet, die Enge, der kleine Krieg, die kleinen Erfolge. Der große Erfolg, werdet ihr sehn, macht auch uns besser, uns und unsere Bilder. Man muß erst einmal gesiegt haben, um ein Held zu werden. *(Er ist gewachsen, er strahlt)*...

OROSMIN *(zerstreut)*:
Du hast in Paris gemalt? Was denn?

KLÜGRIAN *(zieht die Brauen hoch, öffnet die Faust, skeptisch die Handfläche nach oben, und schnalzt dazu... nach einer Pause)*:
Kitsch... Was hab ich bisher in meinem ganzen Leben gemacht... Kitsch... Auch in Paris hab ich einen »Mäcen« ge-

funden, er wollte Kitsch von mir, anderes nicht... Man muß doch vor allem schaun, seine Bilder zu verkaufen...

KUNSTREICH:
Ich habe noch nie ein Bild verkauft.

KLÜGRIAN *(sieht ihn streng an, die Hand gestreckt).*

KUNSTREICH:
Aber... aber... man muß...

KLÜGRIAN:
Das ist es, was der Künstler braucht. Sich lebendig fühlen im großen Maschinenhaus, nicht zwecklos, nicht ausgeschaltet aus dem Wirtschaftsorganismus, Werte erzeugen, Werte beziehn... Das ist der moderne Mensch, die großzügige Gesinnung kriegt ihr anders nicht heraus... Oder meinst du, wenn ich um Hungerlohn in Paris die Fußböden der Kneipen wusch, das hat meinem Schaffen genützt, das war wirklich Paris für mich? Oder Kunstreich konnte ins Herz der Welt dringen, so lange er in seinem Kleinstadtwinkel halb verbauert saß...

KUNSTREICH:
Das ist wahr. Aber... *(wagt es)* was hat es mir am Ende geschadet... Ich war glücklich und ruhig an der Staffelei.

KLÜGRIAN *(grob):*
Davon verstehst du nichts. Male und überlaß mir das Nachdenken... O wie heftig fühle ich die Wahrheit meiner Theorie, wie bin ich jetzt entschlossen, erleuchtet. Das galt doch immer als ausgemacht unter uns: Die Theorie ist meine Angelegenheit, — du, Kunstreich, bist die manuelle Begabung der Gruppe — verzeih, wenn ich es so ausdrücke — ein Rokokopoet hätte es zierlicher gesagt... na, und Orosmin, du gabst nebst aller Tüchtigkeit das Geld her, du hast viel geopfert, dein Vater auch. Aber was konntet ihr schließlich, kleine Landjunker... verzeih... Jetzt aber, du Säule aus Gold, du Glückskind...

(stößt ihn ironisch an) du Höfling... *(gleich wieder ernst).* Nein, im Ernst, es gilt klug zu sein. Die Gelegenheit zu packen. Mögen auch vielleicht die Motive des Fürsten nicht die lautersten sein, mag er wenig von dem Eigentlichen verstehn, was du willst, was wir wollen, ja, mag er lediglich von dem praktischen Zweck geleitet sein, deinem Vater für gute Bewirtung und Schaden einen Gegendienst zu erweisen — einerlei, seiner Politik setzen wir unsere Politik entgegen... Heutzutage in der Zeit des allgemeinen Kapitalismus, braucht auch der Künstler kein lyrisches Herz dort, wo den andern nur Portemonnaies sitzen. Wir sind gleichfalls vernünftig, diplomatisch... Denk an Shaw... Wir nehmen ihn beim Wort, wir nehmen den Prinzen, wir packen ein und fahren nach Ägypten zuerst, dann nach Indien, Japan. Das heißt: du fährst. Denke nur, was du alles sehn wirst. Und wenn du dann zurückkommst, diese Umstürze! Aber die Reise geht ja nur dich an, da rede ich nur in deinem Namen... O Gott, wie wird das alles an dir vorbeispritzen, flüchtig, aber silbern, das ist ein Gewinn fürs ganze Leben. In Expreßzügen wirst du manchmal entlangschlendern, und plötzlich im Dunkel zwischen zwei Waggons, an jener Stelle, wo rechts und links harte, faltige, rauchige Tuchwände absperren, wo die verbundenen Eisenplatten unter deinen Füßen zittern, — urplötzlich wird es dich befremden, dein traumhaftes Glück, du wirst den Abstand nicht ermessen können zwischen deiner trüben Vergangenheit und diesem Glanz! Oder nachts an Grenzstationen, wenn du zur Verzollung in die kalte Luft aussteigen mußt, am Zug hingehst und ein Frauengesicht halbdeutlich, halb=mürrisch dich anlächelt, hinter dem Fenster im verdunkelten Coupée, ein Gesicht, das du jetzt ansiehst, dem zu Liebe du während des Zugaufenthalts einigemal an eben diesem Coupée auf= und abgehst — und du weißt, daß du ihm im Leben nie mehr begegnen wirst, du würdest es ja nicht erkennen. O dieses Mysterium! Und die unbekannten Berge ringsum, das rauhe Land, der sanftgewölbte Sandstreifen zwi-

schen den Gleisen, die Rufe der Kondukteure. Himmel, was für Empfindungen, was für Melancholien! Mensch, eine Welt tut sich vor dir auf — und du schweigst —.

OROSMIN:
Das alles hört sich sehr hübsch an...

KLÜGRIAN:
Hübsch... du klingst matt... Ich bin ja so glücklich. Aus Entzücken, aus reiner Freude rede ich von all diesen Dingen. Dieser Umschwung in unserem Leben ist etwas so Wichtiges, daß man von ihm aus alle Dinge neu betrachten muß, gleichsam zum erstenmal...

OROSMIN *(zerstreut):*
Paris hat dich sehr angeregt...

KLÜGRIAN:
Nur noch eines: du befindest dich jetzt etwa in der Lage Goethes, ehe er sich entschloß, nach Weimar zu gehn. Vorwärts, in den großen Stil, dorthin gehört das Genie... Oder Wagner bei Ludwig von Bayern...

OROSMIN *(hält sich die Ohren zu).*

KLÜGRIAN:
Was ist...

OROSMIN:
Wozu die fremden Namen? Sie schneiden so in die Luft ein. Ich bin hier, vor dieser Straßenkreuzung, wo es jetzt Abend wird — und genügt das nicht? Ich bin konzentriert. Ich bin begeistert...

KLÜGRIAN:
Heutzutage hat ein Künstler nicht mehr begeistert zu sein. Nun?...*(Da Orosmin schweigt, wendet er sich an Kunstreich.)* Nun?... (KUNSTREICH *ist inzwischen, während Klügrians großer Rede schon, zur Seite gerückt, hat dem*

Krüppel etwas zugeflüstert und begonnen, auf einem rasch hervorgeholten Blatt ihn begeistert zu zeichnen. Jetzt wacht er flüchtig empor.)

KUNSTREICH:
Du hast recht *(zeichnet weiter.)*

KLÜGRIAN:
Das war vielleicht zurzeit der Impressionisten noch am Platz. Damals zogen die Leute, wie Manet, aufs Land, in die Dörfer und dort sagte man »Ah« und »Oh« und »Ach, wie schön ist die Natur, dieser Bach, die Luft, das Licht«... Das war Kantilene, Diatonik, eigentlich ein Rückschritt gegen Monticelli...

KUNSTREICH *(eifrig zeichnend):*
Was er alles weiß! Ich bewundere ihn... Gib ihm nach, er hat ganz sicher recht...

OROSMIN *(vor sich hin, sanft):*
Ich bin so verliebt.

KLÜGRIAN:
Was bist du?

OROSMIN *(lächelnd):*
Verliebt.

KLÜGRIAN:
Vorhin begeistert. Jetzt verliebt... Was sind das für Ausreden, Seitensprünge! Am Ende scheint es mir gar, daß du von meiner Botschaft gar nicht so entzückt bist...

OROSMIN:
Entzückt... Ich bin so entzückt, daß ich auch deine Botschaft gern mit hereinbeziehe. Ja gewiß, ich danke dir. Du plauderst reizend und so in geordneter Verwirrung, wie eine Wolke kommt das aus dir heraus, wie eine Wolke, aus der sich aber ein Kontinent von festem Boden niederschlagen könnte. Verzeih, vielleicht erscheint es nur mir so. Verzeih, aber ich habe

dir wirklich nicht ganz genau zugehört. Ich sitze da und sehe, wie die ersten Straßenlampen, angezündet, den Sternen zuvorkommen. Es ist mir nicht anders, als säße ich zu Hause und schraubte an meiner Tischlampe den Docht höher oder niedriger. So gemütlich, das ist es, — gemütlich denkt es sich an die Liebe...

KLÜGRIAN *(ärgerlich):*
An wen denn?

OROSMIN *(klatscht kindlich in die Hände):*
Ja, sprechen wir lieber von ihr. Das ist doch viel besser, das tue ich gerne. Da dank ich dir wirklich... Der Gedanke an sie ist meine heimatliche Gegend, meine Sorgenlosigkeit. Manchmal gehe ich herum, aber nur zum Schein, oder ich rede, das ist nur Schein, oder ich atme diese schon verlöschende Sommerluft, — scheinbar —, denn das ist nur, wie wenn jemand im Bett zwischen zwei Träumen den Kopf erhebt und sich umschaut, im nächsten Augenblick sinkt er wieder in die Höhlung seines Kissens zurück, läßt sich Finsternis in die Ohren strudeln... das kann ich jeden Moment bewirken. Ich habe mich in der Hand, jeden Moment bin ich bereit, zurückzusinken...

KLÜGRIAN:
Wie heißt sie? *(examinierend.)*

OROSMIN:
Du redest überspannt, wirklich... Es wäre doch schrecklich, wenn ich noch dazu genau wüßte, wie sie heißt. Das könnte kein Mensch ertragen. O nein, wenn sie kommt, dann geht etwas wie Nebel von ihr aus, das verhüllt sie so wohltuend. Meinst du etwa, ich bin mir bewußt, was ich rede, wenn sie dabei ist, was ich will, was ich sehe...

KLÜGRIAN:
Ist sie klug?

OROSMIN:
Oh, wenn du wüßtest — wenn ich dir erzählen könnte — *(er packt ihn an der Hand, auch den Kunstreich, den er im Zeichnen stört.)* Frag lieber, — nicht, ob sie klug ist — ob sie mich klug macht? Wenn ich mit ihr gehe, wie mir die Gedanken zustürmen, in eins gerichtet, ohne Ablenkung, wie ich manchmal schweige, an den richtigen Stellen, um meine Eingebung noch zu steigern, wie ich förmlich sehe, ohne Spiegel, daß ich in diesem Moment aufblühe und schön werde...

KLÜGRIAN:
Seit wann kennst du sie?

OROSMIN:
Seit acht Tagen, seit ich hier in der Stadt bin. Ich traf sie gleich auf dem Bahnhof. Sie war mir vorbestimmt, zweifellos. Was sonst als mein Schicksal hätte mir eingeflüstert, in diese Stadt zu fahren, gerade hierher, wo ich keinen einzigen Bekannten habe... Was, es ziemt mir nicht, von all diesen Dingen zu reden. Ich will nur von ihr reden, an sie denken, alles andere ist ja so überflüssig. — Nur das eine sage ich dir noch, damit du mich nun endlich verstehst. Früher war ich ein vielbeschäftigter Mensch, ich hatte einen Wandkalender und einen Taschenblock für Notizen und tägliche Besorgungen, ich strich die einen durch, schrieb neue, manche blieben wochenlang unerledigt und quälten mich unsäglich. Immer hatte ich Briefe vor oder Bücher, Bilder, Besuche, Satiren, Angriffe. Oft, wenn ich an eine Sache dachte, stieg verhüllt eine andere Gedankenkette in mir auf, ein ganzes System, in sich geschlossen wie Bergland und gar nicht mit dem zusammenhängend, was ich gerade arbeitete. Es wollte in mein Bewußtsein, es war da, zum Beispiel: »Die Ansichten Ruskins über die Welt«, ich fühlte seinen Druck wie von dunklen Wassermassen in der Nacht, hinter einer Schleuse... nur so im allgemeinen, ohne daß ich die einzelnen Gedanken sehn konnte... in sternenloser Nacht... Und da entstand dieses

unleidliche nervöse Gefühl des Komplizierten, Unübersehbaren in meinem Leben. Als sei ich verpflichtet, zugleich mit meiner Arbeit den ganzen Ruskin und überhaupt alles in der Welt parat im Kopf zu haben, so daß ich es sofort jedermann erklären könnte. Unmöglich erschien mir das, verzweifelt und doch so nötig. Warum nötig, das wußte ich nicht — ich fühlte es unmittelbar, eben diesen hydraulischen Druck im Gehirn, flüssige, glatte, lastende Flächen... Gottlob, wie ist das jetzt vorbei, alles vorbei. Ich war wahnsinnig, jetzt bin ich gesund. Ich war tot, jetzt lebe ich...

KLÜGRIAN *(trocken)*:
Und wie lange wird das dauern?

OROSMIN:
So etwas dauert nicht, merke dir's. — So etwas trägt die Zeit in sich und alle Dinge der Welt kannst du fragen, wie lange sie, an meiner Liebe gemessen, dauern werden, nicht aber meine Liebe an ihnen gemessen. — Unseliger, du begreifst mich nicht. Aber ich habe ja alle Trümpfe so in der Hand, ich bin so im Recht, ich könnte dich so leicht vollständig überzeugen. Es ist eine Wollust, so vollständig im Recht zu sein... Sprich doch etwas Vernünftigeres, damit ich mich nicht zu sehr überhebe...

KLÜGRIAN *(lacht und klopft ihm auf die Schulter)*:
Jetzt genug der Imagination. Ich würdige deine poetische Laune vollkommen, aber sie scheint mir nicht zeitgemäß... Über die fürstliche Einladung selbst ist ja weiter nichts zu reden. Siehst du ihre Vorteile nicht sofort jetzt ein, so wirst du sie allmählich einsehn... Ich wäre auch nicht dagesessen und hätte mit dir von allem möglichen geplauscht, wenn nicht alles Wichtige schon längst besorgt wäre... Wir soupieren jetzt, dann benützen wir den Nachtzug in die Residenz, deine Koffer haben wir schon vorausgeschickt, deine Hausfrau hat sie freundlichst gepackt. Die Wohnung ist bezahlt und gekündigt. Hier über-

reiche ich dir noch ein Schreiben deines Vaters, der es sich nicht nehmen lassen wollte, dir zu deinem außerordentlichen Glück selbst zu gratulieren. Hier ist ein Kreditbrief *(er überreicht die Schriften, die Orosmin nimmt und vor sich säuberlich auf dem Tisch aufschichtet)*, hier persönliche Empfehlungen an den Khedive. Der Hofmarschall bringt dir weitere, in eigener Person, zu höchster Ehre holt er dich ab... Hier ist er...

— — — — — — — — — — — — — — — — — — — —

(Der HOFMARSCHALL kommt die Treppe herauf, eleganter Überzieher, Zylinder. Ihm folgen zwei livrierte Diener. Trompetenfanfaren eines Autos hinter der Szene... Aufsehen unter den Vorübergehenden, den Kartenspielern, auch der Wirt und Marie treten näher... Es ist Nacht geworden.)

KLÜGRIAN *(nähert sich dem Hofmarschall mit Bücklingen)*:
Alles in Ordnung, Exzellenz... Erlaube mir Ihnen vorzustellen: *(burschikos und devot zugleich)* Freund Orosmin, unsern liebenswürdigen Kollegen... Er ist bereits über alles Nötige informiert... *(tritt an die Seite des Hofmarschalls, der sich steif dem Tisch nähert.)*

KUNSTREICH *(an der Seite Orosmins, der sich ebenfalls steif erhoben hat)*:
Es ist der Hofmarschall, der oberste Beamte am fürstlichen Lager... Begrüße ihn...

⟨PAUSE.⟩

KLÜGRIAN *(zum Hofmarschall)*:
Die anfängliche Schüchternheit jedes tieferen Gemütes...

KUNSTREICH *(zu Orosmin)*:
Die Grandezza, hinter der sich wahre Würde verbirgt...

KLÜGRIAN *(zum Hofmarschall)*:
Er hat sich entschlossen, wenn auch nicht ohne Bangen...

KUNSTREICH *(zu Orosmin):*
Er bezwingt sich und macht dir, einem Bürgerlichen, den ersten Besuch ...

(PAUSE. *Orosmin setzt sich wieder, wie er früher gesessen ist, halb dem Platz zugewendet, schaut hinaus ... Der Hofmarschall wird von Klügrian näher herangeführt.)*

KLÜGRIAN *(zum Hofmarschall, um ihn zu beschäftigen):*
Das Souper habe ich im »Löwen« bestellt, dem ersten Hotel am Platz ...

KUNSTREICH *(zu Orosmin):*
Du solltest hier zahlen. Wir brechen gleich auf ...

KLÜGRIAN *(springt zu Orosmin):*
So steh doch auf, rede doch, bemüh dich, suche einen guten Eindruck zu machen ...

KUNSTREICH *(hat seinen Platz gewechselt, so daß er neben dem Marschall steht):*
Exzellenz, sprechen Sie mit ihm über ein künstlerisches Thema, Sie verbinden ihn damit, das versteht er am besten ...

KLÜGRIAN *(wütend an Orosmins Ohr):*
Was ist mit dir? ... Der Fürst hat befohlen, dein Vater will es ... und ich ...

KUNSTREICH *(schiebt den Hofmarschall noch näher):*
Verzeihn Sie, er ist wenig weltläufig ...

OROSMIN *(dreht sich ärgerlich, gelangweilt, doch ohne jede Aufregung, dem Hofmarschall zu, der in diesem Moment ganz nahe steht, und wirft ihm die Papiere, die auf dem Tisch liegen, leicht ins Gesicht ...)*

DER HOFMARSCHALL *(weicht zurück):*
Ah! — *(Er mustert von fern Orosmin, die beiden Freunde, die mit entsetzten Gebärden ihn beschwichtigen wollen)* ...
Ah! — *(Er geht ab. Die Diener folgen ihm. — Fanfare.)*

KLÜGRIAN *(stürzt auf Orosmin los):*
Du...

KUNSTREICH *(fällt ihm in den Arm.)*

KLÜGRIAN *(eilt dem Hofmarschall entgegen.)*

OROSMIN *(kehrt sich wieder seinem Ausblick zu, ruhig, fast geistesabwesend.)*

〈LANGE PAUSE.〉

DIE DREI KARTENSPIELER *(erheben sich und treten gravitätisch näher.)*

DER ERSTE VON IHNEN *(an Orosmin):*
Glauben Sie nicht, mein Verehrter, weil wir mit unserem Zeitvertreib beschäftigt waren, daß wir deshalb Ihrem interessanten Konflikt nicht die gebührende Aufmerksamkeit, ja unser Mitfühlen geschenkt haben. In Ihren Jahren ist es nicht leicht, mit dem Kopf voran, und gar mit dem Herzen voran, durch die Welt zu rennen. Sein Sie vor allem gründlich, junger Mann, dann werden Sie nie etwas nachträglich zu bereuen haben. Lassen Sie die Erfahrung wohlmeinender älterer Leute nicht außer acht... *(ab.)*

DER ZWEITE:
Frisch gewagt, ist halb gewonnen. Besser sich sofort entschließen, und sei es auch falsch, als die Entscheidung aufschieben. Der Instinkt kann Ihnen helfen, die Vernunft niemals, mit eingebildeten Berechnungen leitet sie uns irre. Überlegen Sie nichts, hören Sie auf niemanden, eilen Sie... *(ab.)*

DER DRITTE:
Sie können machen, was Sie wollen, Sie fallen doch hinein. Das Leben ist so dreckig. Je gescheiter Sie es anzupacken glauben, — es kommt immer anders. Nur der blinde Zufall regiert. Das Einzige, was ich Ihnen raten kann: Hängen Sie sich auf... *(ab.)*

KLÜGRIAN *(zurückkehrend, bebt noch vor Zorn)*:
Ich verstehe dich nicht...

KUNSTREICH *(wieder an der Arbeit, sehr zart)*:
O ja, ich glaube ihn zu verstehen... Wenn ich zu Hause male und allmählich glaube, daß da etwas Vollkommenes aus mir entsteht, wenn ich von reinen Visionen so umfangen bin, daß ich gar nicht begreife, wie mich vorher etwas anderes angehn konnte, wenn ich im voraus den Tag verfluche, an dem mich vielleicht wieder etwas anderes angehn wird: dann verstehe ich unsern Orosmin, dann erfüllt dieselbe Wonne mein Herz wie ihn. Der Genuß des Unendlichen. Die tödliche Wonne dessen, der in seine einzige Idee so verstrickt ist wie die Fliege in das Spinnennetz... *(Er sieht seine Zeichnung an, die er dann einsteckt.)* Alles schlecht, falsch! Auf der Reise verliere ich meine Disziplin, ich hätte zu Hause bleiben sollen. O, wie freue ich mich schon auf mein Eckzimmer, auf meine einsamen Tränen...

OROSMIN *(spricht jetzt erst wieder)*:
Du Armer!... Keine Flüche, keine Spinngewebe, keine Disziplin, keine Tränen... Ich hause im offenen allmenschlichen Wald... Ich brauche die Einsamkeit nicht und nicht den Fleiß, ich kann unter Leute gehn und nach Belieben mich mit ihnen ergötzen. Denn ich lebe in der Harmonie, die im Grunde das natürliche Wesen aller ist, ich lebe normal, ich halte mich von Übertriebenem fern, ich tue nichts als genau das Richtige...

KLÜGRIAN *(stößt Kunstreich, der lauscht, zur Seite)*:
Tölpel, du bestärkst ihn noch... Nein, ich geb's nicht auf. Das ist ja unmöglich, einen solchen Kometen von Glück wegzustoßen... Orosmin, hörst du, es wird sich applanieren lassen, vertuschen. Ich schreibe dem Hofmarschall, du wirst zu ihm gehn... Hörst du, Orosmin,... wer ist denn eigentlich diese Geliebte? Du wartest jetzt schon zwei Stunden auf sie und sie kommt immer noch nicht. Wo ist sie denn? Ich sehe sie nirgends. Jetzt wird sie doch nicht mehr kommen, es ist später Abend.

Am Ende existiert sie gar nicht, sie ist nur ein Traum von dir, eine Einbildung, ein Phantom. Aha! Natürlich, nur Phantome kann man so verrückt lieben... *(außer Atem.)*

OROSMIN *(sehr ruhig, allmählich pathetisch):*
Daß dir immer nur die entferntesten Deutungen gut sind, um die einfachsten Dinge zu erklären. O über den Klugen! über den Alleswisser! Die Geliebte — eine Erfindung: das würde ihm passen... Nein, nein, sie lebt, sie ist ein ganz gewöhnlicher Mensch wie ich und du, wofern überhaupt im Mensch-Sein etwas Gewöhnliches liegt. Aber es ist wahr, sie wird heute nicht mehr kommen, es ist schon zu spät... Etwas Triftiges hat sie abgehalten, offenbar, denn sie liebt mich, und morgen wird sie mir tausendfach diesen kleinen Kummer entgelten. Sie wird sogar soweit gehn, sich zu entschuldigen, das gute Kind, es ist, als wenn die Sonne ihren Untergang bei jedem Aufgang entschuldigte... So, nun gehe ich nach Hause. Ich zahle *(winkt dem Wirt, zahlt, im Reden, indem er mit den Fingern Zeichen macht.)* Und in meiner Stube werde ich an diese süße Ungereimtheit denken, an ihre morgige Entschuldigung... *(fertig mit dem Zahlen.)* Meine Freunde, ihr habt mich erquickt, ihr habt mir einen hübschen Nachmittag bereitet. Obwohl es heute jedem Ding schwer gefallen wäre, mir k e i n e n hübschen Nachmittag zu bereiten: ihr wart eifrig am Werk, diese Unmöglichkeit zu hintertreiben. Und nun lebt wohl. Eure überraschenden Nachrichten waren Nektar für mein Gemüt. Du, Wirt, hast mich mit deinem Geplauder unterhalten — du, Mädchen, durch deinen Anblick — du, Spieler, durch deine Musik — den abwesenden drei Herren bin ich für ihre zweifellos wohlbegründeten Lehren verpflichtet. — Doch seht, mehr als alles, dieses gelb erleuchtete Fenster... *(er steht an der Treppe, die Hand ausgestreckt, in ähnlicher Stellung wie beim Eintritt)* es ist das Fenster, hinter dem meine Geliebte sitzt und mich in Gedanken hat wie ich sie. Ich sehe sie, sie näht, sie summt eine zarte, oft abgebrochene Melodie dabei. O Andacht vor

diesem Schein, Andacht vor diesem Stern!... Ruft nun Schüler her, daß sie an mir lernen, glücklich sein. Glück, das ist: ein einziges hohes Gefühl im Herzen tragen, dies aber bis an des Herzens Rand. Laßt Propheten kommen, daß sie über mich weissagen, daß sie Gott lobsingen in Jubel=Hymnen... Freundlicher Schein, leuchte mir nun, du Krone aller Abende. Wohl mir, ich bin belohnt, mehr als belohnt für mein kleines treues Warten hier; mir ist ein Stern aufgegangen, der wie warmes goldenes Blut in meiner Seele kreist... *(Er geht.)*

DER KRÜPPEL *(hat sich still, überwältigt ans Klavier gesetzt und schon zu den letzten Worten Orosmins ein paar Akkorde angeschlagen. — Musik bis zum Schluß.)*

KUNSTREICH *(hingerissen)*:
Wie er schwebt. — Er scheint zu schweben!

KLÜGRIAN:
Eine Schwäche. — Er wird wieder zu sich kommen. — Ich geb's nicht auf!

KUNSTREICH:
Er schwebt in den Himmel!

Das Paradies

Geschichten und Betrachtungen

von

Francis Jammes

Kurt Wolff Verlag / Leipzig

Bücherei „Der jüngste Tag", Bd. 58/59
Gedruckt bei E. Haberland, Leipzig

Berechtigte Übertragung von E. A. Rheinhardt

DAS PARADIES

Der Dichter sah seine Freunde an, die Anverwandten, den Priester, den Arzt und den kleinen Hund, alle, die in seinem Zimmer versammelt waren — und starb. Auf ein Stück Papier wurde sein Name geschrieben und sein Alter: er war achtzehn Jahre alt.

Da ihn die Freunde und Anverwandten auf die Stirne küßten, fühlten sie, daß er kalt geworden war. Er aber empfand ihre Lippen nicht mehr, denn er war im Himmel. Und nun fragte er sich auch nicht mehr, wie er es auf Erden immer getan hatte, wie denn dieser Himmel eigentlich sei. Da er darinnen war, verlangte es ihn nach nichts anderem mehr. Seine Eltern, die vielleicht (wer weiß das?) vor ihm gestorben waren, kamen ihm entgegen. Sie weinten nicht, und auch er weinte nicht, denn sie hatten, alle drei, einander niemals verlassen.

Seine Mutter sagte ihm: „Geh, kühl den Wein ein! Wir werden dann gleich in der Laube des Paradiesgartens mit dem lieben Gott zum Mittagessen gehn."

Sein Vater sagte ihm: „Geh dort unten Obst

pflücken! Hier gibt es keine giftigen Früchte. Und die Bäume reichen dir gern ihre Früchte. Ihre Blätter und Zweige leiden nicht unter deinem Pflücken, denn sie sind unerschöpflich."

Der Dichter wurde von Freude erfüllt, da er nun wieder seinen Eltern gehorchen konnte. Als er aus dem Obstgarten zurückkam und die Weinkrüge in das Wasser gestellt hatte, erblickte er seine alte Hündin, die vor ihm gestorben war. Zärtlich schweifwedelnd lief sie herbei und leckte ihm die Hände und er streichelte sie. Und mit ihr waren alle Tiere da, die ihm auf Erden die liebsten gewesen waren: ein kleiner rothaariger Kater, zwei junge graue Kater, zwei schneeweiße Kätzchen, ein Gimpel und zwei Goldfische.

Er sah den Tisch gedeckt und an ihm sitzend den lieben Gott, den Vater und die Mutter und neben ihnen ein schönes junges Mädchen, das er unten auf der Erde liebgehabt hatte, und das ihm in den Himmel gefolgt war, obwohl es nicht gestorben war. Und nun erkannte er mit einem Male, daß der Paradiesgarten der Garten seines irdischen Vaterhauses sei, in dem wie ehdem und immer die Lilien und Granatbäume blühten und der Kohl wuchs.

Der liebe Gott hatte seinen Stock und seinen Hut auf den Boden gelegt. Er war angetan wie die Armen der großen Landstraßen, die einen Wecken Brotes in ihrem Quersacke tragen und die die Obrigkeit an den Eingängen der Städte anhalten und ins Gefängnis werfen läßt, weil sie nichts haben, was für sie bürgt. Seine Haare und sein Bart waren weiß wie das große Licht des Tages und seine Augen tief und dunkel wie die Nacht.

Er sprach — und seine Stimme war sanft —: „Die Engel sollen kommen und uns bedienen, denn es ist ihr Glück, zu dienen." Da kamen auch schon auf allen Wegen des himmlischen Gartens die Heerscharen herangeeilt. Und das waren die treuen Dienstboten, die im irdischen Leben den Dichter und seine Familie geliebt hatten. Da kam nun der alte Johann, der ertrunken war, als er einen kleinen Jungen retten wollte, die alte Marie, die an einem Sonnenstiche gestorben war, da war der humpelnde Peter, Johanna war da und noch eine andere Johanna. Und der Dichter erhob sich von seinem Sitze, um ihnen die Ehre zu erweisen, und er sprach zu ihnen: „Setzt euch auf meinen Platz, denn ihr müßt neben Gott sitzen." Gott lächelte, da er ihre Antwort schon wußte, noch ehe sie geredet hatten. Sie aber sagten: „Unser Glück ist, zu dienen. Und so sind wir bei Gott. Dienst du selber nicht auch deinem Vater und deiner Mutter? Und dienen sie wiederum nicht IHM, der uns dient?"

Mit einem Male sah er nun den Tisch anwachsen und neue Gäste sich daran niederlassen. Das waren Vater und Mutter seines Vaters und seiner

Mutter und die Geschlechter alle, die ihnen vorangegangen waren.

Es wurde Abend. Die Ältesten schliefen ein. Der Dichter und seine Freundin hatten einander lieb. Und Gott, den sie empfangen hatten, ging seiner Wege, gleich jenen Armen der großen Landstraßen, die einen Wecken Brotes in ihrem Quersacke tragen und die die Obrigkeit an den Eingängen der großen Städte anhalten und ins Gefängnis werfen läßt, weil sie nichts haben, das für sie bürgt.

DAS PARADIES DER TIERE

Ein armes altes Pferd stand mit seinem Wagen träumend vor der Tür eines elenden Wirtshauses, in dem Weiber kreischten und Männer gröhlten. Es regnete, Mitternacht war nahe. Das arme dürre Pferd wartete nun hier todtraurig mit herabgesunkenem Kopfe und schwachen Beinen, daß ihm das Vergnügen der wüsten Menschen da drinnen endlich erlauben möchte, in seinen elenden stinkenden Stall zurückzukommen. Schreiende Zoten von Männern und Weibern klangen ihm in seinen halben Schlaf. Mit Mühe hatte es sich in der langen Zeit daran gewöhnt und verstand nun mit seinem armen Hirn, daß der Schrei der Dirnen nichts Bedeutsameres sei als der ewig gleiche Lärm des Rades, das sich dreht.

Diese Nacht nun träumte ihm verschwommen von einem kleinen Füllen, das es einmal gewesen war, von einer Wiese, auf der es, noch ganz rosig, seine Sprünge gemacht hatte, und von seiner Mutter, die ihm zu trinken gegeben hatte. Da stürzte das alte Pferd plötzlich tot hin auf das schmutzige Pflaster.

Das Pferd kam an das Tor des Himmels. Ein großer Weiser stand davor und wartete, daß Sankt Petrus käme und ihm öffne. Er sagte zu dem Pferde: „Was willst du denn hier? Du hast kein Recht, in den Himmel zu kommen. Ich habe das Recht, denn ich bin von einer Frau geboren worden." Das alte Pferd erwiderte ihm: „Meine Mutter war eine liebe Stute. Sie war alt und ausgesogen von den Blutsaugern, als sie starb. Ich komme jetzt, um den lieben Gott zu fragen, ob sie hier ist." Da öffnete das Tor des Himmels seine beiden Flügel den Einlaßheischenden und das Paradies der Tiere lag vor ihnen. Das alte Pferd erkannte sogleich seine Mutter, und auch diese erkannte es, und sie begrüßten einander wiehernd. Da sie nun beide auf der großen himmlischen Wiese standen, hatte das Pferd eine große Freude, denn es erblickte alle seine Gefährten aus dem einstigen Elend wieder und es sah, daß sie für immer glücklich waren. Alle waren da: die, die ausgleitend und stolpernd einst auf dem Pflaster der Städte Steine geschleppt hatten und lahmgeschlagen vor den Lastwagen zusammengebrochen waren. Die waren da, die mit verbundenen Augen zehn Stunden im Tage im Karussell die Holzpferde gedreht hatten, und die Stuten, die bei den Stierkämpfen an den jungen Mädchen vorbeigerast waren, die rosig vor Freude sahen, wie die Leidenskreaturen ihre Eingeweide durch den glühenden Sand der Arena schleiften. Und viele, viele andere noch waren da. Und alle gingen nun in Ewigkeit über das große Gefilde der göttlichen Stille.

Alle Tiere waren glücklich. Zierlich und geheimnisvoll. Selbst dem lieben Gott, der ihnen lächelnd zusah, ungehorsam, spielten die Katzen mit einem Knäuel Bindfaden, den sie mit leichter Pfote weiterrollten, voll des Gefühles geheimer Wichtigkeit, die sie nicht mitteilen wollten. Die Hündinnen, die guten Mütter, verbrachten ihre Zeit damit, ihre winzigen Jungen zu säugen. Die Fische schwammen ohne Angst vor dem Fischer dahin. Der Vogel flog, ohne den Jäger zu fürchten. Und so war alles. Und nicht einen Menschen gab es in diesem Paradiese.

DIE GÜTE DES LIEBEN GOTTES

Sie war ein hübsches und zartes kleines Geschöpf und arbeitete in einem Laden. Sie war nicht sehr klug, wenn man das so sagen will, aber sie hatte dunkle Augen voll Sanftheit, die einen ein bißchen traurig anschauten und sich dann gleich senkten. Viel Zärtlichkeit war in ihr und jene schlichte Alltäglichkeit, die nur die Dichter verstehn können, und die einzig das Reinsein von allem Hasse mit sich bringt.

Sie sah so einfach aus wie das bescheidene Zimmer, darin sie mit ihrer kleinen Katze, die ihr jemand geschenkt hatte, wohnte. Jeden Morgen, bevor sie zu ihrer Arbeit ging, ließ sie ein Näpfchen Milch für die Katze zurück. Diese hatte ebenso wie ihre Herrin gute, traurige Augen. Sie wärmte sich in der Sonne auf dem Fensterbrette, auf dem ein Basiliumstöckchen stand, oder sie leckte sich ihre kleinen Pfoten wie einen Pinsel glatt und kraute sich die kurzen Kopfhaare, oder sie hielt eine Maus vor sich fest.

Eines Tages waren Katze und Herrin schwanger, die eine von einem schönen Herrn, der sie verlassen hatte, die andere von einem schönen Kater, der sich nicht mehr sehen ließ. Der Unterschied war nur, daß das arme Mädchen krank und kränker wurde und schluchzend seine Zeit hinbrachte, während die Katze sich in der Sonne mit allerlei fröhlichen Drehungen und Wendungen vergnügte und ihr weißer, spaßhaft aufgetriebener Bauch schimmerte. Die Katze hatte ihre Liebeszeit nach der des Mädchens gehabt, was die Dinge so gestaltete, daß beide um den gleichen Zeitpunkt ihre Niederkunft zu erwarten hatten.

Die kleine Arbeiterin erhielt nun in diesen Tagen einen Brief von dem schönen Herrn, der sie verlassen hatte. Er sandte ihr fünfundzwanzig Franken und erzählte ihr dazu, wie herrlich großmütig er sei. Sie kaufte ein Kohlenbecken, Kohlen, für einen Sou Zündhölzer — und tötete sich.

Als sie im Himmel ankam, in den einzutreten sie erst ein junger Priester hatte hindern wollen, zitterte das hübsche zarte kleine Geschöpf zuerst in dem Gedanken, daß sie schwanger sei und Gott sie verdammen könne. Aber der liebe Gott sprach zu ihr: „Meine Freundin, ich habe dir ein hübsches Zimmer vorbereitet. Geh hin und bring darin dein Kindlein zur himmlischen Welt! Hier im Himmel geht alles gut vorüber, und du wirst nicht mehr sterben müssen. Ich liebe die Kinder — lasset sie zu mir kommen!"

Als sie das Zimmerchen betrat, das sie im Hause der himmlischen Güte erwartete, sah sie, daß ihr der liebe Gott eine Überraschung bereitet hatte.

Er hatte ihr in einem schönen Körbchen die Katze, die sie liebte, dahin bringen lassen. Und auf dem Fensterbrette stand ein Basiliumstöckchen. Sie ging zu Bett. Und sie bekam ein schönes blondes kleines Mädchen und die Katze bekam vier schöne schwarze köstliche kleine Kater.

DER WEG DES LEBENS

Ein Dichter setzte sich eines Tages an seinen Tisch, um eine Geschichte zu schreiben. Aber es wollte ihm kein einziger Einfall kommen. Dennoch war ihm fröhlich zumute, denn die Sonne überglänzte den Geraniumstock auf seinem Fensterbrette und inmitten des offenen blauen Fensters flog surrend eine Fliege auf und nieder. Und da sah er mit einem Male sein Leben vor sich. Es war eine weite weiße Straße, die, ausgehend von einem dunklen Haine, darin die Wasser murmelten, bis an einen kleinen stillen Grabhügel führte, den Dornsträucher, Nesseln und Seifwurz überwucherten. In dem dunklen Wäldchen erblickte er den Schutzengel seiner Kindheit. Der hatte goldene Flügel wie eine Wespe, blondes Haar und ein Antlitz so still wie das Wasser eines Brunnens an einem Sommertage.

Der Schutzengel sprach zu dem Dichter: „Erinnerst du dich der Zeit, da du noch klein warst? Du kamst mit deinem Vater und deiner Mutter, die hier angeln wollten, hierher. Die Wiese da war heiß, viele Blumen gab es und Heuschrecken. Weißt du noch, daß die Heuschrecken aussahen wie abgebrochene Halme, die sich bewegten? Mein Freund, willst du den Ort wiedersehen?" Der Dichter sagte: „Ja." Und sie gelangten zusammen an das blaue Ufer, darüber blau der Himmel und schwarz die Haselnußsträucher hingen. „Sieh deine

Kindheit!" sprach der Engel. Der Dichter sah auf das Wasser nieder, weinte und sagte: „Ich sehe nicht mehr die sanften Gesichter meiner Mutter und meines Vaters sich hier spiegeln. Hier haben sie sich immer ans Ufer gesetzt. O, sie waren still, gütig und glücklich! Ich trug eine weiße Schürze, die ich immer schmutzig machte und die mir die Mutter dann mit dem Taschentuche sauber rieb. Lieber Engel, sag mir, wo sind die Spiegelbilder ihrer sanften Gesichter? Ich sehe sie nicht mehr, ich sehe sie nicht mehr!" In diesem Augenblicke löste sich ein schönes Sträußchen Haselnüsse von einem der Sträucher, schwamm und wurde von der Strömung davongetragen. Da sprach der Engel zu dem Dichter: „Das Spiegelbild deines Vaters und deiner Mutter ist von der Strömung des Wassers davongetragen worden wie dieses Sträußchen Früchte. Denn alles geht dahin, die Dinge und die Erscheinungen. Das Bildnis deiner Eltern ist im Wasser vergangen, und was davon übrig blieb, heißt Erinnerung. Besinne dich und bete, und du wirst die geliebten Bilder wiederfinden!" Als in diesem Augenblicke ein azurblauer Eisvogel über das Schilf dahinflog, schrie der Dichter auf: „O Engel, sehe ich nicht in den blauen Flügeln dieses Vogels die Augen meiner Mutter wieder!" Und das himmlische Wesen sagte: „So ist es. Doch sieh weiter!" Und aus dem Wipfel eines Baumes, auf dem eine Turteltaube ihr Nest gebaut hatte, flatterte eine Feder leicht und weiß, sich drehend, zur Erde nieder. Und der Dichter schrie auf: „Ist dieser weiße Flaum nicht die reine Sanftheit meiner Mutter?" Und das himmlische Wesen sagte: „So ist es!" Ein leichter Hauch kräuselte das Wasser und rauschte durch das Laub. Und der Dichter fragte: „Höre ich nicht die milde und dunkle Stimme meines Vaters?" Und das himmlische Wesen sagte: „So ist es!"

Sie gingen zusammen weiter auf dem Wege, der aus dem Wäldchen kam und das Ufer entlang führte. Mit einem Male wurde unter der Sonne die weite Straße blendend weiß. Sie war nun wie das Linnen auf dem heiligen Abendmahlstische. Und zur Rechten und zur Linken klangen verborgene Wasser wie heilige Glocken. Da fragte der Engel: „Kennst du diese Stelle deines Lebens?" „Hier ist", sagte der Dichter, „der Tag meiner ersten Kommunion. Ich denke an die Kirche, an die glücklichen Gesichter meiner Mutter und meiner Großmutter. O, ich war traurig und glücklich zugleich. Wie glühend habe ich mich hingekniet! Schauer liefen mir über die Haut des Kopfes. Abends beim Familienmahle küßten sie mich und sagten: Du warst der Schönste!" In dieser Erinnerung verging der Dichter aufschluchzend. Und also weinend war er schön wie am Tage der heiligen Feier, und seine Tränen fielen auf seine Hände wie Weihwasser. Und sie gingen zusammen die Straße weiter.

Der Tag neigte sich schon. Die hohen Pappeln am Straßenrande bogen sich sacht. Eine von ihnen, die ferne inmitten einer Wiese stand, glich einem großen jungen Mädchen. Und der Himmel war nun so wunderbar in Blässe und Blau getönt, daß er aussah wie die Schläfe einer Jungfrau. Der Dichter gedachte der ersten Frau, die er geliebt hatte. Und der Schutzengel sprach zu ihm: „Diese Liebe war so rein und so voll der Schmerzen, daß sie mich nicht betrübt." Indes sie nun weiterschritten, wuchs sanfter Schatten um sie und eine Herde Lämmer zog an ihnen vorbei. Da das himmlische Wesen das Leiden des Dichters sah, hatte es ein Lächeln auf seinem Antlitze, schwer und süß wie das Lächeln einer kranken Mutter. Und seine goldenen Flügel verwehten den schauernden Hauch von Abend.

Bald entzündeten sich die Sterne hoch oben im Schweigen. Da glich der Himmel dem Totenbette eines Vaters, umgeben von Kerzen und stummer Klage. Und die Nacht war wie eine große Witwe, die auf der Erde kniet. „Erkennst du das?" fragte der Engel. Der Dichter redete nicht und kniete nieder.

Endlich gelangten sie dahin, wo die Straße bei dem kleinen Grabhügel, den Dornsträucher, Nesseln und Seifwurz überwucherten, zu Ende ging. Und der Engel sprach zu dem Dichter: „Ich wollte dir deinen Weg zeigen: hier ist der Ort, an dem du ruhen wirst, hier, nicht ferne den Wassern. Sie werden dir Tag um Tag das Bild deiner Erinnerungen bringen, das azurne Blau des Eisvogels, das den Augen deiner Mutter gleicht, den weißen Flaum der Turteltaube, der sanft ist wie sie, das Rauschen des Laubes, das wie die milde und dunkle Stimme deines Vaters ist, das Leuchten der Straße, weiß wie deine erste Kommunion, und die pappelschlanke Gestalt der ersten Frau, die du geliebt hast. Und endlich werden dir die Wasser die große leuchtende Nacht bringen."

DIE KLEINE NEGERIN

Manchmal haftet mein Gedanke an dem Vergilben der alten Seekarten und ich höre das Brausen der Monsune im Fieber meines Hirns. Aber wie? Muß ich denn, um für dieses Leben etwas übrig zu haben, auch jenes heraufholen, das ich vielleicht vor meiner Geburt zwischen zweien schwarzen Sonnen geführt habe? Die ungewisse Landschaft rollte Sterne dahin in das zerrissene Stöhnen eines Ozeans...

Jemand kratzte an meiner Tür. Ich rief: „Herein!" Es war eine junge Negerin in einem blauen Überwurfe, der bis zur Hälfte der Schenkel reichte. Sie setzte sich auf den Boden und streckte ihre gefalteten Hände gegen mich; und ich sah, daß auf ihren nackten Armen Peitschenstriemen waren. „Wer hat dir das getan?" fragte ich sie. Sie antwortete nicht und zitterte an allen Gliedern. Sie verstand mich nicht und fragte sich vielleicht, ob auch ich sie mißhandeln wolle.

Ganz sachte schob ich ihr Kleid zur Seite und sah, daß auch ihr Rücken wund war. Ich wusch sie. Aber sie flüchtete, entsetzt von dieser Güte, unter den Tisch meiner Hütte. Ich hatte Tränen in den Augen. Ich versuchte, sie zu rufen. Aber ihre Blicke, wie die einer geschlagenen Hündin, flohen mich. Ich hatte da ein paar Kartoffeln und ein wenig Butter. Ich zerdrückte sie mit einem Holzlöffel in einem Napfe, machte eine Brühe davon und stellte sie in einiger Entfernung von der Hingekauerten auf den Boden hin. Dann zündete ich meine Pfeife an. Aber wie groß war mein Erstaunen, als sie plötzlich auf allen Vieren zu einer Ecke der Stube kroch, wo ich ein paar Blumen liegen gelassen hatte. Sie richtete sich jäh auf und griff mit einer lebhaften Bewegung danach.

Seit jenem Abenteuer mochten etwa hundertfünfzig Jahre vergangen sein, als ich ihr von neuem begegnete. Ich wenigstens war davon überzeugt, daß sie es war. Es war im peruanischen Speisehause in Bordeaux. Sie wischte hier an dem Glase eines mürrischen Studenten, der gefunden hatte, es sei nicht sauber genug.

RONSARD

Meine Mutter hat ein altes Glas bekommen, ein Glas, wie das gewesen sein muß, aus dem Ronsard dem Jean Brinon einen Trunk geboten hat. Wie mag Ronsard gewesen sein? Sicherlich hat er ein Gewand aus Hermelin getragen. Und während die großen Regen der alten Zeiten die Haselnußsträucher am Loir peitschten, saß er mit einem dicken alten Folianten in der Kaminecke seines Schlosses. Es muß ein Sonntagnachmittag um drei Uhr gewesen sein. Ein Frosch quakte in seiner Lache, in die die Lanzen des Regens splitterndes Licht spritzten. Marie oder Genoveva oder eine andere betrat das Gemach und setzte sich zu ihm. Und er legte, ohne das Buch zu schließen, sanft seine freie Hand auf das Knie der Geliebten. Und er lächelte. Er dachte an Odysseus, der über die grauen Meere irrt, an Helena, an das Urteil des Paris, an Troja und an die Bogenschützen, die nackt und helmtragend an der Mauerbrüstung knien und den Bogen auf antikische Art spannen.

Wenn die Wasser der Pyrenäenbäche meinen Namen in die Nachwelt tragen wie die Wasser der Vendôme den des Ronsard, wenn je ein Jüngling, dem das Herz schwer und beklommen ist vom Dufte der Nelken, die ein Schulmädel an der Brust trägt, sich fragen sollte, wie ich gewesen sein mag, möge er sich antworten: „An diesem regengrauen Allerheiligentage hatte Francis Jammes sein Herz gar nicht schwer und beklommen vom Dufte der Nelken, die ein Schulmädchen an der Brust trägt. (Übrigens gibt es ja im Herbste keine Nelken!) Er rauchte vielmehr seine Pfeife und pflanzte Sauerklee in einen Blumentopf, um den Schlaf der Pflanzen zu studieren." An der einen Wand seines Zimmers hing ein Epinaler Bilderbogen, der das „einzige wahrhaftige Bild des ewigen Juden" darstellte. Er zeigte den ewigen Juden mit einem wunderlichen Hute, einem Mantel, in blauen Pantoffeln, und einem roten Gewande, wie ihm gerade Brabanter Bürger einen Krug schäumenden Bieres reichen. Das Wirtshaus darauf ist wirklich poetisch; Reben ranken daran empor und große Rosen beugen sich zum Erdboden nieder — — wie die Armen, die Bettellieder singen und sich zur Erde beugen. Und das alles ist im Lichte des Abendrotes gegen Ende des friedlichen Sommers dargestellt.

An diesem Tage nun warf Francis Jammes einen kurzen Blick auf seinen Ruhm. Dieser ganze Ruhm lag auf seinem Tische und bestand in dem Umschlag eines Briefes, den ihm ein Mönch aus Deutschland geschrieben hatte, aus dem Briefe eines ihm unbekannten Holländers, der Walch hieß, und dem Briefe eines jungen Mädchens. Francis Jammes lächelte. Dann klopfte er an seinem Finger die Asche aus der Pfeife — — — und war entschlossen, den Toten Ehre zu erweisen.

ROBINSON CRUSOE

Ich setze diese Verse hierher; sie sind aus einem
Gedichte, das ich in Holland geschrieben habe:

Robinson Crusoe hat (so glaub ich), da er heimfuhr
Von seinem grünen schattigen Eiland, das
Voll frischer Kokosnüsse war, auch Amsterdam berührt.
Wie hat es ihn gepackt, als er die ungeheuren
Tore mit ihren wuchtigen Klopfern schimmern sah!
Stand er voll Neugier hier vor den Gewölben,
In denen Schreiber über Rechnungsbüchern saßen?
   Mußte er weinen, da sein lieber Papagei
Ihm einfiel und der plumpe Sonnenschirm,
Der Schutz war auf dem milden traurigen Eiland?

„Gepriesen seist du, ewiger Gott!" so rief er,
Als er die tulpenübermalten Truhen sah.
Allein sein Herz, betrübt in Heimkehrfreude,
Sehnte sich nach dem Lama, das allein im Weinberg
Des Eilandes zurückgeblieben, das vielleicht gestorben
                           war.

Was aus den Worten und Bildern dieses Buches
seit der Kindheit am lebendigsten vor mir steht,
das ist nicht die Schönheit der Weinreben, die so
tiefen Schatten gaben, noch ist es der Fisch, den er
mit einer Schnur und einem Haken daran gefangen hat, nicht die einsame Kokospalme in der
blauen Glut des Morgens ist es, noch auch sind es
die rosigen und purpurnen Flecken der Meeresküste bei Ebbe, voll des Seegetiers; nicht das gebratene Zicklein, das er mit Salz aus einer Felsmulde gesalzen hat, ist es, was mich so ganz er-

griffen hat; auch die Eier der schläfrigen Schildkröten sind es nicht. Noch ist es die Fieberkrankheit, die der Trunk Wassers, darein er Rum getan hatte, allmählich gelindert hat, weder der Papagei ist es, noch die Freundschaft mit dem Hund und der Katze, nicht der verzweifelte Glanz der Sonne, die er auf den Kompaß gemalt hatte, und nicht die Quelle süßen Wassers ist es, es sind auch nicht die Speisen, die er sich so kunstlos bereitet hat (obwohl ich mich gerade ihrer vielleicht am häufigsten erinnert habe!), all das hat mich nicht so erschüttert wie Robinson Crusoes Alter.

Immer wieder muß ich an die Zeit seines Lebens denken, da er wieder in der Menge verschwunden war und dann, zweiundsiebzig Jahre alt geworden, einsamer ist, als er es je zuvor war. In einem Gewande aus blumendurchwirktem Sammet saß er in seinem düsteren kleinen Gemache in London, das eine unendliche Güte gleich dem matten Licht in Sturmwettern erfüllte, und wußte nichts mehr zu erwarten als den Frieden des Todes.

Ich grüße dich, mein Bruder Crusoe! Auch mich haben die Orkane des Lebens auf eine wüste Insel geworfen; und nun, wohin immer ich schaue, gewahre ich nichts mehr als das betäubende und eintönige Wasser. Zuweilen trägt es mir treibende Trümmer zu, die ich dann einen Augenblick lang schweigend betrachte. Bald aber ergreift mich mein Träumen wieder, das nun seinen Frieden gemacht hat mit dem großen Dröhnen des unendlichen Meeres, und manchmal schon findet sich ein Lächeln in mein Gesicht. Wie der Zyklon still wird!

O mögen in meinem Alter Gottes Palmen mein Herz wie die friedliche Weinlaube deines Eilandes überschatten!

DAS GRABMAL DES DICHTERS

Wenn ich an meiner Dichtung mit derselben Sorgfalt gearbeitet habe wie ein ordentlicher Schuster an seinem Stücke Leder, dann betrachte ich den schönen Baum im Garten des Hauses, in dem Alfred de Vigny gewohnt hat, als er in Orthez Soldat war. Der Handlungsreisende, der seinen Musterkoffer in die Apotheke oder den Buchladen trägt, weiß so wenig, daß hier der Dichter Alfred de Vigny gewohnt hat, wie das Rind, das zur Weide trottet, oder der Distelfink, der an seinen Futterhalmen pickt.

Diese Unwissenheit der Städte in allem, was ihre großen Männer angeht, hat ihren guten Grund. Sie bewahren von ihnen nur das in ihrer Erinnerung, was im Einklange mit ihrem eigenen Wesen stand. Wenn nur Cervantes, der groß ist wie Homer, einmal wiederkehren wollte in die Francosgasse zu Madrid, in der er gestorben ist, und den Schatten seiner dereinstigen Hauswirtin fragte: „Habt Ihr einen Dichter des Namens Miguel Cervantes de Saavedra gekannt, der den Don Quichote geschrieben hat?" Er bekäme zweifellos zur Antwort: „Wenn Ihr einen Einarmigen meint, den hab' ich gekannt, aber einen Dichter nicht."

Fordert nicht Gott selber durch diese Unwissenheit, daß man die Toten ruhen lasse in Frieden und ihnen nicht allerorten marmorne Denksteine errichte? Stolzer ist kein Denkmal der Toten als das, das sich tagtäglich rings um uns erhebt. Ein jeder Pfirsichbaum, der in der Blüte steht oder die Last seiner Früchte trägt, ist Denkmal eines Dichters so wie jeder Sperling und jede Ameise. Daß im Garten des Dichters des Eloah der Tulpenbaum golden aufglänzt, daß dort bei den Akazien, wo der Brunnen fließt, die Ziegen den Schatten der Mauer entlang gehen, ist das rechte Grabmal.

Ich weiß bestimmt, daß die, die (wie Valéry Larbaud, André Gide und Guillaumin) sich um das Andenken eines Dichters wie Charles Louis Philippe mühen, nur den edelsten Gefühlen gehorchen. Aber sie sollten doch nicht die Büste, die Bourdelle dem Dichter gemeißelt hat, dem Denkmale gegenüberstehen lassen, das Gott selbst ihm in Cérilly errichtet hat: der Werkstattbude (die wie der Himmel nur eine Türe hat), darin ein Handwerker Holzschuhe macht. Ich weiß wohl, daß das Erz widerstandskräftig ist, wie die zähe Unbeirrbarkeit des Dichters, dessen Beruf es ist (in diesem Sinne gleicht er dem des Fliegers), niederzustürzen aus höchster Höhe und sich, wenn er den Sturz überlebt, noch höher zu erheben. Aber das Erz, das unser Gedenken weiterleben sieht, wird von der Zeit versehrt. Dreihundert Jahre werden hingehn; diese Bergketten werden nicht mehr sein und für ihr einstiges Dasein wird nur mehr die menschliche Logik Zeugnis ablegen, denn sie werden abgetragen und in die Winde verweht sein — und wie sie wird auch die Büste aus Erz dem Erdboden gleich geworden sein. Dableiben aber wird der Geruch des Buchen- oder Nußholzes, eine alte Frau wird da sein, eine kleine Katze, die sich in der Sonne wärmt, eine abgetretene Türschwelle und der Azur des Himmels, und all das Bleibende wird Zeugnis ablegen für Charles Louis Philippe wie dieser Tulpenbaum hier für Alfred de Vigny. Und der Wanderer künftiger Jahrhunderte, der die feierlichen Rhythmen des Einen oder das schlichte Wort des Anderen im Herzen trägt, wird, wenn sein Weg Orthez oder Cérilly berührt, auch nicht einmal mehr daran denken, daß es je eine Büste des Einen oder Anderen habe geben können. Aber mit einem Male werden die beiden Dichter ihm erscheinen: Vigny in einem goldenen Baume, wie ein Römer im Sturme sprechend, Philippe in einer kleinen Werkstatt, die nach Suppe riecht, und deren Tür kreischt, wenn sie sich öffnet.

VON DER BARMHERZIGKEIT GEGEN DIE TIERE

Tief im Blicke der Tiere leuchtet ein Licht sanfter Traurigkeit, das mich mit solcher Liebe erfüllt, daß mein Herz sich als ein Hospiz auftut allem Leiden der Kreatur.

Das elende Pferd, das im Nachtregen mit bis zur Erde herabgesunkenem Kopfe vor einem Kaffeehause schläft, der Todeskampf der von einem Wagen zerfleischten Katze, der verwundete Sperling, der in einem Mauerloche Zuflucht sucht — all diese Leidenden haben für immer in meinem Herzen ihre Stätte. Verböte das nicht die Achtung für den Menschen, ich kniete nieder vor solcher Geduld in all den Qualen, denn eine Erscheinung zeigt mir, daß ein Glorienschein über dem Haupte einer jeden dieser Leidenskreaturen schwebt, ein wirklicher Glorienschein, groß wie das All, den Gott über sie ausgegossen hat.

Gestern sah ich auf dem Jahrmarkte zu, wie die hölzernen Tiere im Karussell sich drehten. Unter ihnen gab es auch einen Esel. Als ich ihn erblickte, habe ich weinen müssen, weil er mich an seine lebendigen Brüder, die gemartert werden, erinnerte. Und ich mußte beten: „Kleiner Esel, du bist mein Bruder! Sie nennen dich dumm, weil du nicht imstande bist, Böses zu tun. Du gehst mit so kleinen Schritten, und du siehst aus, als ob du im Gehen dächtest: „Schaut mich doch an, ich kann ja nicht schneller gehen ... Meine Dienste brauchen die Armen, weil sie mir nicht viel zu essen geben müssen." Mit dem Dornstocke wirst du geschlagen, kleiner Esel! Du beeilst dich ein bißchen, aber nicht viel, du kannst ja nicht schneller.. Und manchmal stürzest du hin. Dann schlagen sie auf dich los und zerren so fest an dem Leitseile, daß deine Lefzen sich aufheben und deine armseligen gelben Zähne zeigen."

Auf demselben Jahrmarkte hörte ich einen schreienden Dudelsack. Mein Freund fragte mich: „Erinnert er dich nicht an afrikanische Musik?" „Ja," antwortete ich ihm, „in Tuggurt näseln die Dudelsäcke so. Das muß ein Araber sein, der hier bläst." „Gehen wir doch hinein in die Bude," sagte mein Freund, „es sind Dromedare zu sehen."

Zusammengepreßt wie Sardinen in der Schachtel drehten sich hier ein Dutzend kleiner Kamele in einer Art Grube. Sie, die ich wie Wellen dahinziehen gesehen habe inmitten der Sahara, da es um sie nichts anderes gab als Gott und den Tod, mußte ich nun hier finden, o Elend meines Herzens! Sie drehten sich, drehten sich immerzu in dem würgenden Raume, und der Jammer, der von ihnen ausging, war wie ein Erbrechen über die Menschen. Sie gingen, gingen immerzu, stolz wie arme Schwäne und in einer Glorie der Verzweiflung, mit grotesken Negerlappen bedeckt, verhöhnt von den Weibern, die hier tanzten, und hoben ihren armen Wurmhals empor, Gott und den wunderbaren Blättern einer Oase des Wahnsinns entgegen.

O Erniedrigung der Geschöpfe Gottes! In der Nähe der Kamele gab es Kaninchen in Käfigen, daneben, als Lotteriegewinste zur Schau gestellt, schwammen Goldfische in Glasballons mit so engem Halse, daß mein Freund mich fragte: „Wie hat man sie nur da hineinbringen können?" „Indem man sie ein bißchen zusammengedrückt hat," antwortete ich ihm. Anderswo wieder wurden lebende Hühner, gleichfalls Lotteriegewinste, vom Kreisen einer Drehscheibe mitgeschleppt. In ihrer Mitte lag, von grauenhafter Angst gepackt, ein kleines Milchschweinchen auf dem Bauche. Schwindel befiel die Hühner und Hähne, sie schrien und hackten in ihrem Wahnsinn aufeinander los. Nun machte mich mein Begleiter darauf aufmerksam, daß tote und gerupfte Hühner inmitten ihrer lebendigen Schwestern aufgehängt waren.

Mein Herz wallt heiß auf in diesen Erinnerungen und unendliches Mitleid ergreift mich.

O Dichter, nimm die gequälten Tiere in dein Herz auf, laß sie darin wieder erwarmen und leben in ewigem Glücke! Geh hin und künde das schlichte Wort, das die Unwissenden die Güte lehrt!

BETRACHTUNG ÜBER DIE DINGE

Ich trete in ein großes Viereck sich bewegenden Schattens ein. Ein Mann sitzt hier und klopft beim Licht einer bunten Kerze Nägel in eine Schuhsohle. Zwei Kinder strecken die Hände gegen den Herd aus. Eine Amsel schläft in dem Rohrkäfige. Das Wasser brodelt im irdenen rauchschwarzen Topfe, aus dem ein Geruch von ranziger Suppe steigt und sich mit dem nach Gerberlohe und Leder mengt. Ein Hund sitzt vor dem Herde und starrt in die Glut.

Diese Wesen und Dinge tragen in all ihrer Armseligkeit eine solche Sanftmut in sich, daß ich mich gar nicht frage, ob ihr Dasein einen anderen Sinn habe als eben diese Sanftmut, noch, ob ich mir ihre Dürftigkeit mit irgendeiner Schönheit schmücken solle.

Hier wacht der Gott der Armen, der schlichte Gott, an den ich glaube. Er, der aus einem Körnlein eine Ähre werden läßt, der das Wasser vom Lande scheidet, das Land von der Luft, die Luft vom Feuer und das Feuer von der Nacht; der die Leiber beseelt, der das Laub macht, Blatt um Blatt, wie wir es nie werden machen können, worein wir aber unser Vertrauen setzen wie in die Arbeit eines vorzüglichen Arbeiters.

Ohne Sehnsucht nach Menschenwissen denke ich nach; und so kann es geschehen, daß Gott sich mir offenbart. In der Hütte des Schuhflickers öffnen sich mir die Augen so einfach wie dem Hunde, der da sitzt. Und nun sehe ich, sehe in Wahrheit, was wenige sehen werden: das Bewußtsein der Dinge, zum Beispiel die Opferwilligkeit dieses rauchenden Lichtes, ohne das der Hammer des Arbeiters kein Brot schaffen könnte.

Fast während all unserer Zeit nahen wir uns leichtfertig den Dingen, die doch gleich uns leiden und glücklich sind. Wenn ich eine kranke Ähre unter den gesunden erblicke, wenn ich die fahlen Flecken an ihren Körnern gesehen habe, dann schaue ich sehr klar den Schmerz dieses Dinges. Und in mir selber fühle ich das Leiden der Pflanzenzellen wieder. Ich verstehe, wie schwer sie es haben, auf dem Flecke, der ihnen zugewiesen ist, zu wachsen, ohne einander zu erdrücken, und mich erfaßt heiß der Wunsch, mein Taschentuch zu zerreißen und daraus einen Verband für die kranke Ähre zu machen. Dann denke ich freilich, daß das kein rechtes Heilmittel für eine bloße Kornähre sei, und daß eine solche Behandlung in den Augen der Menschen, denen ich schon sonderbar genug vorkomme mit meinen Fürsorgen für einen Vogel oder eine Grille, eine arge Narretei sein müßte. Doch von dem Leiden dieser Körner habe ich Gewißheit, denn ich fühle es mit.

Eine schöne Rose wiederum flößt mir ihre Lebensfreude ein. Ich fühle, wie glücklich sie an ihrem Stiele ist. Wenn jemand einfach die Worte:

„Es ist schade, sie zu brechen!" ausspricht, bekennt er damit, daß er das Glück der Blume mitempfindet, und daß er es ihr bewahren will.

Ich erinnere mich noch ganz genau, wie sich mir zum ersten Male das Leiden eines Dinges geoffenbart hat. Ich war drei Jahre alt. In meinem Heimatsdorfe fiel ein kleiner Junge beim Spielen auf einen Glasscherben und starb an seiner Wunde. Wenige Tage später kam ich in das Haus, in dem das Kind gewohnt hatte. Seine Mutter weinte in der Küche. Auf dem Kamine lag ein armseliges kleines Spielzeug. Ich sehe deutlich vor mir, daß es ein kleines Pferd aus Zinn oder Blei, vor ein Blechfäßchen auf Rädern gespannt, war. Die Mutter sagte mir: „Dieser Wagen hat meinem armen kleinen Louis gehört, der tot ist. Soll ich dir ihn schenken?" Da ging eine Flut von Zärtlichkeit über mein Herz. Ich fühlte, daß dieses Ding seinen Freund, seinen Herrn nicht mehr hatte, und daß es daran litt. Ich nahm das Spielzeug und empfand solches Mitleid mit ihm, daß ich schluchzte, während ich es nach Hause trug. Ich weiß es noch ganz bestimmt, daß ich weder ein Gefühl für den Tod des kleinen Jungen noch für die Verzweiflung der Mutter hatte, wozu ich wohl noch zu jung war. Ich hatte nur Mitleid mit dem bleiernen Tiere, das mir dort auf dem Kamin ganz verzweifelt erschien und für immer ausgeschlossen aus dem Leben, da es den verloren hatte, den es liebte. Ich erinnere mich an all das, als ob es gestern geschehen wäre, und kann als sicher behaupten, daß der Wunsch, das Spielzeug zu besitzen, um mich damit zu vergnügen, mir gar nicht gekommen ist. Das ist gewiß wahr, denn ich habe, als ich weinend heimkam, das Pferd mit dem kleinen Fasse meiner Mutter gegeben, die übrigens das Ganze vergessen hat.

Die Gewißheit von der Beseeltheit der Dinge lebt in den Kindern, den Tieren und den schlichten Herzen. Ich habe erlebt, daß Kinder ein rohes Stück Holz oder einen Stein so sehr mit allen Eigenschaften lebender Wesen begabt glaubten, daß sie ihnen eine Handvoll Gras brachten, und dann, nachdem ich das Gras heimlich weggenommen hatte, nicht daran zweifelten, daß das Holz oder der Stein das Gras aufgegessen hätten. Die Tiere machen keinen Unterschied in dem, was ihnen geschieht. Ich habe Katzen gesehen, die lange Zeit hindurch etwas, das ihnen zu heiß gewesen war, zerkratzten. Das spricht dafür, daß die Tiere eine Vorstellung vom Kampf gegen die Dinge haben und für sie die Möglichkeit sehen, nachzugeben — und vielleicht auch zu sterben.

Ich meine, daß nur die Erziehung durch eine falsche Eitelkeit es mit sich bringt, daß der Mensch sich solch eines Glaubens beraubt.

Für mich unterscheidet sich die Handlung des Kindes, das einem Stück Holze zu essen gibt, gar nicht von gewissen Opferbräuchen der Urreligionen. Und schließlich bedeutet der Glaube, daß Bäume, die an dem Tage, an dem Kinder geboren wurden, gepflanzt worden sind, siechen und vertrocknen, wenn die Kinder kränkeln und sterben, nichts anderes, als daß man Bäumen ein tieferes Verbundensein mit uns als mit dem Leben zuschreibt.

Ich habe leidende Dinge gekannt, und ich weiß von solchen, die an ihrem Leiden gestorben sind. Das traurige Kleiderwerk, das von unseren Abgeschiedenen zurückbleibt, verfällt rasch. Oftmals hat es die Krankheiten, an denen die litten, die es getragen haben; denn es hat seine Sympathien. Oft habe ich Gegenstände in ihrem Zugrundegehen betrachtet. Ihre Auflösung gleicht völlig der unseren. Auch sie haben ihren Knochenfraß, ihre Geschwülste und ihre Wahnsinne. Ein wurmzerfressenes Möbelstück, ein Gewehr mit gebrochenem Verschlusse, eine Lade, die sich wirft, eine Geige, die ihre Stimme verloren hat, sehe ich an Krankheiten leiden, vor denen ich erschüttert stehe.

Warum sollen wir glauben, daß nur wir Dinge lieb haben können und den Dingen die Liebe zu uns absprechen? Wer bürgt denn dafür, daß die Dinge der Liebe nicht fähig sind, wer zeugt dafür, daß sie kein Bewußtsein haben?

Hatte der Bildhauer nicht recht, der sich mit einem Klumpen Ton in den Händen begraben ließ, von jenem Ton, der seinen Träumen so gehorsam gewesen war. Dieser Ton hatte ihm doch immer die Aufopferung eines guten Dieners, wie wir sie am meisten bewundern, bewiesen: sich schweigend darzubringen, ohne etwas dafür zu erwarten, hingegeben gläubig. Voll Glanz und Erhabenheit ist ein solches Bild, das dem Menschen also dient, wie der Mensch Gott dient. Jener Künstler wußte nicht mehr als sein Ton davon, welchem Geheiße er untertan war. Von dem Augenblicke an, da sie beide die gleiche Erleuchtung empfangen hatten, glaube ich auf gleiche Weise an ihr Bewußtsein und liebe sie beide mit derselben Liebe.

Unendlich ist die Traurigkeit in den Dingen, die keinem Gebrauche mehr dienen. Auf dem Dachboden dieses Hauses, dessen Bewohner ich nicht gekannt habe, liegt das Kleid eines kleinen Mädchens und eine Puppe, der Verzweiflung verfallen. Vor der jahrealten Einsamkeit der Dinge hier fühle ich die Gewißheit, daß der eisenbeschlagene Stock dort, der einst fest in die Erde der grünen Hügel gebissen hat, ebenso glücklich wäre, wenn er noch einmal die kühle Frische von Moos empfinden dürfte wie der Sommerhut, der nun trüb erleuchtet vom armen Lichte einer Dachluke daliegt, wenn er noch einmal einen Sommerhimmel sehen dürfte.

Die Dinge aber, die wir liebevoll bewahren, erhalten uns ihre Dankbarkeit und sind immer bereit, uns ihre Seele darzubringen, auf daß sie sich an uns verjünge. Sie sind wie die Rosen in sandigem Grunde, die unendlich erblühen, wenn nur ein wenig Wasser sie der Azure ihrer verlorenen Brunnen gemahnt.

In meinem bescheidenen Wohnzimmer habe ich einen Kindersessel stehen. Auf ihm saß mein Vater und spielte, als er in seinem siebenten Jahre die Überfahrt von Guadeloupe nach Frankreich machte. Er erinnerte sich noch gut daran, wie er auf ihm im Schiffssalon saß und die Bilder ansah, die ihm der Kapitän geliehen hatte. Das Holz von jenen Inseln muß sehr fest sein, denn es hat den Spielen eines kleinen Jungen standgehalten. Dieses kleine Möbelstück, das in meinem Wohnzimmer einen Hafen gefunden hat, schlief hier lange fast vergessen. In langen Jahren hat es seine Seele nicht geoffenbart, denn das Kind, dem es gedient hatte, gab es nun nicht mehr, und andere Kinder kamen nicht, um sich wie Vögel daraufzusetzen. Doch neuerdings ist das Haus fröhlich geworden; meine kleine Nichte ist da, die eben sieben Jahre alt wurde. Sie hat sich auf meinem Arbeitstische eines alten botanischen Atlas bemächtigt. Und da ich in das Wohnzimmer komme, finde ich sie im Lampenlichte auf dem kleinen Sessel sitzen und, wie dereinst ihr seliger Großvater, die schönen sanften Bilder anschauen. Da sagte ich mir, daß einzig dieses kleine Mädchen den Sessel habe neu beleben können, und daß seine dienensfrohe Seele sachte das arglose Kind dazu gelockt habe. Zwischen dem Kinde und dem Dinge war ein geheimnisvolles Spiel von Anziehungskräften am Werke: das Mädchen hätte es nicht vermocht, nicht zu dem Sessel zu gehen, der einzig dadurch hatte wieder zu Leben kommen können.

Die Dinge sind sanft. Aus eigenem Antriebe tun sie niemals Böses. Sie sind die Geschwister der Geister. Sie nehmen uns in sich auf, und wir bringen ihnen unsere Gedanken, die Sehnsucht nach ihnen haben wie die Düfte nach den Blumen, zu denen sie gehören.

Der Gefangene, den keine Menschenseele trösten kommt, muß seine Zärtlichkeit zu seiner Pritsche und zu seinem irdenen Kruge tragen. Da ihm von seinesgleichen alles versagt wird, schenkt ihm sein armes Lager den Schlaf und stillt ihm sein Krug den Durst. Und selbst die nackten Mauern, die ihn doch von der ganzen Welt trennen, werden ihm lieb, weil sie zwischen ihm und seinen Peinigern stehen.

Das gezüchtigte Kind liebt den Polster, auf dem es weint. Da an einem solchen Abende alles ihm gegrollt und wehgetan hat, tröstet es die schweigende Seele des Federkissens wie ein Freund, der mit seinem Schweigen dem Freunde Ruhe schenken möchte.

Doch nicht allein ihr Stummsein ist es, das uns

ihre Zuneigung empfinden läßt. Sie klingen in so verschwiegenen Akkorden, mögen sie nun in dem Forste klagen, den René mit seiner gewitternden Seele erfüllt, oder sie hinsingen über den See, an dem ein anderer Dichter in Betrachtungen versunken ist. Es gibt Stunden und Zeiten, in denen manche dieser Akkorde ein stärkeres Leben haben, in denen die tausend Stimmen der Dinge lauter zu hören sind. Zwei oder dreimal in meinem Leben habe ich den Ruf dieser Geheimniswelt vernommen.

Gegen Ende August um Mitternacht nach einem sehr heißen Tage geht über die hingeknieten Dörfer ein ungewisses Raunen. Es klingt anders als das der Bäche und Quellen oder das des Windes, anders ist es als das Geräusch, mit dem die Tiere das Gras zermalmen oder das ihrer Ketten, an denen sie über den Krippen zerren, anders ist es als die Laute der unruhigen Wachhunde, der Vögel oder der Schiffchen an den Webstühlen. So mild sind diese Klänge dem Ohre, wie dem Auge der Schimmer der Morgenröte ist. Nun regt sich eine ungeheure und sanfte Welt; die Grashalme lehnen sich bis zum Morgen aneinander, unhörbar rauscht der Tau, und mit jedem Sekundenschlage ändert das große Keimen völlig das Antlitz der Gefilde. Nur die Seele kann diese Seelen erfassen, den Blütenstaub in der Glückseligkeit der Blumenkronen ahnen und die Rufe und das Schweigen vernehmen, darin das göttliche Unbekannte sich vollzieht. Es ist so, als ob man sich mit einem Male in einem völlig fremden Lande befände und hier von der sehnsüchtigen Schwermut der Sprache zart ergriffen würde, ohne doch genau zu verstehen, was sie ausdrückt.

Aber ich kann doch tiefer in den Sinn des Raunens der Dinge eindringen als in den einer Menschensprache, die mir unbekannt ist. Ich fühle, daß ich verstehe, und daß es dazu gar keiner großen Anstrengung bedarf. Vielleicht ist mein Dichten manchmal so weit, den Willen dieser verborgenen Seelen zu übersetzen und einige ihrer Lebensäußerungen auf eine faßliche Art aufzuzeichnen. Ich verstehe es schon, diesem unbestimmten Raunen innerlich Antwort zu geben, wie ich es verstehe, mit Schweigen verständlich die Fragen einer Freundin zu beantworten.

Aber diese Sprache der Dinge ist nicht völlig und einzig mit dem Ohre vernehmbar. Sie bedient sich auch anderer Zeichen, die blaß über unsere Seele hinhuschen und sich allzu schwach noch einprägen, die aber vielleicht deutlicher wiederkommen werden, wenn wir bereiter sind, Gott in uns aufzunehmen.

Es gibt Dinge, die mich in den wehevollsten Umständen meines Lebens getröstet haben. Etliche unter ihnen zogen in solchen Zeiten auf sonderbare Art meine Blicke auf sich. Und ich, der ich

mich nie vor den Menschen beugen konnte, habe
mich demütig diesen Dingen hingegeben. Da
brach ein Strahlen aus ihnen — doch nicht nur aus
den Erinnerungen, die mich mit ihnen verknüp-
fen — und durchdrang mich wie Schauer der
Freundschaft.

Ich fühlte sie und fühle sie rings um mich leben,
leben in meinem verborgenen Reiche, und ich bin
ihnen verantwortlich wie einem älteren Bruder.
Im Augenblicke, da ich dies schreibe, empfinde
ich, daß voll Liebe und Vertrauen die Seelen dieser
göttlichen Schwestern auf mir ruhn. Der Sessel
da, der Schrank, die Feder, sie sind mit mir. Ich
glaube an sie über alle Systeme hinaus, über alles
Verstehen und jede Deutung hinaus glaube ich
an sie. Sie geben mir eine Überzeugung, wie kein
Genie sie mir geben könnte. Jedes System wird
eitel sein und alle Deutung Irrtum in dem Augenblicke, in dem ich in meiner Seele die Gewißheit
dieser Seelen leben fühle.

Als ich bei dem Schuhflicker eintrat, habe ich
mich, mit den Kindern und dem Hunde beim
Herde sitzend, unvermittelt aufgenommen gefühlt
und habe meine Seele den tausend unbekannten
Stimmen der Dinge aufgetan. In dieser andächtigen Besinnung wurde aus dem Niederfall einer
halbverwelkten Ranke, aus dem Knirschen des
Schürhakens, aus dem Schlage des Hammers und
dem Flackern der Kerze, wurde aus dem schwarzen

geblähten Flecke, als den ich die eingeschlafene Amsel sah, und aus dem Auf- und Niedergehen des Deckels auf dem Kochtopfe eine geheiligte Sprache, die meinem Lauschen verständlicher war als die Rede der meisten Menschen. Diese Laute und Farben waren nichts anderes als die Gebärde der Gegenstände, deren sie sich als Ausdrucksweise bedienen wie wir der Stimme und der Blicke. Brüderlich fühlte ich mich diesen demütigen Dingen verbunden. Und ich erkannte, wie armselig es sei, die Reiche der Natur voneinander zu scheiden, da es doch nur das eine Reich Gottes gibt.

Wie darf man behaupten, daß die Dinge uns niemals Zeichen ihrer Zuneigung geben? Rostet nicht das Werkzeug, dessen sich die Hand des Arbeiters nicht mehr bedient, ebenso wie der Mann, der das Werkzeug feiern läßt?

Ich habe einen Schmied gekannt; er war fröhlich in den Zeiten seiner Kraft, und der blaue Himmel leuchtete an strahlenden Mittagen in seine schwarze Schmiede. Lustig gab der Amboß seinem Hammer Anwort. Der Hammer, den der Meister vom Herzen schwang, war das Herz des Amboß. Wenn die Nacht hereinbrach, erhellte er die Schmiede mit seinem bloßen Schimmer und dem Blicke seiner Augen, die unter dem ledernen Blasbalge als Kohlenglut glommen. Eine erhabene Liebe verband die Seele dieses Mannes mit der Seele seiner Dinge. Wenn er sich an den heiligen

Tagen zur Andacht sammelte, betete die Schmiede, die er schon am Abende vorher gesäubert hatte, schweigend mit ihm. Dieser Schmied war mein Freund. Oft stand ich an der schwarzen Schwelle und rief ihm eine Frage zu — und die ganze Schmiede gab mir Antwort. Die Funken lachten über die Kohlen hin, und metallen klingende Silben wurden zu einer tiefen und geheimnisvollen Sprache, die mich ergriff wie Worte von Pflicht. Hier widerfuhr mir fast das Gleiche wie bei dem armen Flickschuster.

Eines Tages wurde der Schmied krank. Sein Atem ging kurz; wenn er jetzt an der Kette des Blasbalges, der vordem so stark gewesen war, zog, merkte ich deutlich, daß dieser keuchte und allmählich von der Krankheit seines Herrn befallen wurde. Sprungweise und ungleich ging nun das Herz des Mannes, und auch der Hammer, den er über dem Amboße schwang, fiel verstört auf das Eisen nieder. Und im gleichen Maße, wie das Licht in den Menschenaugen abnahm, leuchtete auch das Feuer in der Esse weniger und weniger. Abends flackerte sie dann noch weiter, und an den Wänden und der Decke erblich lange das Zucken ihres Vergehens.

Eines Tages fühlte der Schmied bei der Arbeit seine Hände und Füße kalt werden, und am Abend starb er.

Ich betrat die Schmiede; sie war kalt wie ein

Körper ohne Leben. Ein bißchen Glut nur fand ich im Kamine als eine armselige Totenwache neben dem Sterbebette glimmen, an dem zwei Frauen beteten.

Drei Monate nachher kam ich wieder in die verlassene Werkstätte, um an der Schätzung ihrer geringen Einrichtung teilzunehmen. Alles war feucht und schwarz wie in einem Grabe. Das Leder des Blasbalges war angefault und löchrig geworden und löste sich, da jemand an der Kette ziehen wollte, von seinem Holzrahmen los.

Die einfachen Leute, die mit mir die Schätzung vornahmen, erklärten: „Der Amboß und der Hammer haben ausgedient. Sie haben mit ihrem Meister zu leben aufgehört."

Ich stand erschüttert. Denn ich hörte den geheimen Sinn dieser Worte.

LOB DER STEINE

Strahlende Schwestern der Bergströme, denen ich am Ufer des Alpensees begegnet bin: Steine, Geliebte der Iris und des kalten Azurs, ihr, auf die sich das Salz niederschlägt, das die Lämmer auflecken; ihr Spiegel voll Helle, schillernd wie der Hals der Taube, ihr, die ihr mehr Augen habt als der Pfau! Im großen Feuer seid ihr Kristalle geworden, und eure schneeigen Adern sind ewig, ihr Gefährten der Urzeitfluten; seit Anbeginn hat die Meerflut euch gebadet und gewiegt bis zu der Stunde, in der die Taube aus der Arche voll Liebe aufgurrte, da sie euch erblickte.

Bald ist das leuchtende Korn eures Fleisches blaugeädert weiß wie eine Kinderfaust, bald schimmert es kupfergolden wie die Hüfte einer schönen schwerblütigen Frau; zuweilen blinkt der Glimmer darin silbrig wie eine Wange in der Sonne, dann wieder ist es bräunlich wie die Haut der Frauen, der das goldene Rot der Mandarine und das stumpfe Blond des Tabaks die Farbe gab.

Ihre Steine, aus dem Herzen des Bergstroms gebrochen, gegeneinandergeschmettert, dahingerissen durch den Seidelbast der Schluchten, gepeitscht von den Rauhfrostwettern, von den Lawinen begraben, von der Sonne wieder ans Licht geholt, vom Fuße der Gemse losgebrochen: ihr seid kühl und schön — und ihr seid, über all das hinaus, rein.

Ich kenne eure Schwestern in Indien wenig; es gibt solche unter ihnen, deren Klarheit mit dem Wasser, das aus dem Marmor quillt, wettstreitet, andere, die mich an das leuchtende Grün der Wiesen in den Talen meiner Heimat denken machen, welche wieder, die wie erstarrte Tropfen Blutes sind, und endlich die, die Kristall gewordenes Sonnenlicht sind.

Aber ich ziehe euch diesen vor, obwohl ihr nicht so kostbar seid, ihr, die ihr zuweilen die Balken der Strohdächer tragen müßt und so das Sprühen der Sterne spiegeln könnt, und ihr anderen, auf die sich der Schäferhund hinstreckt und traurig nun über seine Herde wacht.

Empfanget tief im Äther, wo ihr auf den Gipfeln ruht, weiter die reinliche Nahrung, die eurem friedlichen Reiche zugemessen ist. Das Licht möge eure unbekannten Zellen durchdringen, und die leichten wirbelnden Flocken sollen sie tränken. Das Schwirren der Winde mache sie erklingen, und endlich mögen sie jene vollkommene Nahrung empfangen, von der einst Maria Magdalena in einer Felshöhle gestillt worden ist. Rings um euch werden eure Freunde blühen, die reinsten Blütenkronen dieses Gestirns: aber auch sie werden nicht so keusch sein wie ihr, denn sie duften nach Schnee.

Arme graue Schwestern in den Rinnsalen, denen ich in den Ebenen begegnet bin, traurige Steine ohne Glanz, ihr, die ihr den Regen sammelt, auf daß der Sperling zu trinken habe; ihr, über die die Füße der Eselin stolpern, ihr armseligen Wächter, die ihr die elenden Gärten umfriedet, die ihr die hohlgetretenen Schwellen seid und die Brunnengeländer, glattgerieben von der Eimerkette, ihr Bettler, blank wie das Eisen der Ackergeräte! Ihr werdet heiß gemacht im Armenherde, auf daß ihr die Füße der Großeltern erwärmet, ihr werdet ausgehöhlt für die niedrigsten Verrichtungen, und ihr müßt in eurer Armseligkeit Tisch sein für den Hund und das Schwein. Durchbohrt werdet ihr und müßt, zu Mühlsteinen geworden, das knirschende Korn mahlen. O ihr, die ihr fortgeholt werdet, und ihr, die ihr liegen bleibt: o ihr, auf denen der Irrgegangene schlafen wird — o ihr, unter denen ich schlafen werde!

Ihr habt euch nicht wie eure Gefährten in den großen Gebirgen eure Freiheit wahren können, aber ich achte euch darob nicht geringer, ihr meine Freunde. Ihr seid schön wie alle Dinge, die im Schatten sind.

BETRACHTUNG ÜBER EINE SCHNEPFE

„Ich bin eine Schnepfe. Um die Zeit, in der der herbstliche Ozean fürchterlich wird und die Schiffe im gelben und schwarzen Himmel tanzen, wohne ich hier, denn ich mische mich nicht ein in die verschiedenen großen Angelegenheiten der Natur, ich Schnepfe, die ich nicht weiß, daß tausend und tausend Kreolenjungfrauen jetzt verblüht sind wie feurige Rosen im zerstörenden Hauche eines Vulkans. Hier wohne ich, zwischen den Binsen und einer Lache, in der Gleichförmigkeit von Tag um Tag. Mein Tal zieht von Norden nach Süden, es ist morastig, waldverwachsen und traurig. Aber es stimmt recht hübsch überein mit meinem Kleide, das wie ein totes Blatt gefärbt ist, und man könnte mich schon für eine Dame nehmen, wenn ich da mit meinem Stocke, der mein Schnabel ist, spazierengehe ... Man weiß von mir auch, daß ich die schönsten Augen auf der Welt habe, und daß von ihnen die Sage geht, sie weinten, bevor ich sterbe."

„Kommen Sie und sehen sie mich in meinem Salon an! Wissen Sie denn, wie der Salon einer Schnepfe aussieht? Die Jäger mögen Ihnen davon erzählt haben. Haben Sie Ihnen aber auch gesagt, was ein Schnepfenspiegel ist? Das ist nämlich etwas, das ein bißchen schwierig zu erklären ist. Meine Spiegel sind aus blankem Silber und haben einen dunklen Punkt in der Mitte .... sie sind das, was ich hinter mir fallen lasse. Mein Parfüm ist das frischgeschlagene Holz. Lieben Sie den Geruch von Heu? O, in der Natur sind alle Gerüche vereinigt. Würziger aber riecht doch nichts als der Saft der Erle, den der Holzhauer abzapft. Das ist ein Geruch, der schön ist, während doch Gerüche für gewöhnlich nur gut sind. Aber dieser Duft ist schön wie das Blut, das in der stillen Stunde aufsteigt in die Wangen des Heidekrautes, wenn die Sonne müde ihre Haare auflöst und sich lang über den Hügel hinstreckt. Wenn ich meine Füße auf das setzte, was von einem Erlenstamme am Erdboden übrigbleibt, kommt es mir vor, als ob ich auf duftenden Purpur trete und ich die Königin von Saba bin."

„Die Wohnung, die ich habe, ist gottlob recht brauchbar. Ein paar Verbesserungen täten ihr freilich schon not: der Wind hat nämlich die Dachschindel aus Blättern, die mir der Dachdecker Frühling darauf gelegt hat, schon wieder zerblasen. Der Herr Herbst hat sie durch Klematisfrüchte ersetzt — aber die saugen mit ihrem Flaum den Regen aus der Luft."

„Ich habe nur ein Erdgeschoß. Der Flur ist ein Wassergraben, dunkel genug, daß ich darin ordentlich sehe. Man weiß ja, daß meine Augen das grelle Licht schlecht vertragen. Mir ist auch ein einfacher Stern lieber als die beste Kerze. Der Herr hat mir gesagt: ‚Geh, kleine Schnepfe. Ich schenke dir alle Sterne des Himmels, daß sie dir leuchten.'"

„Mein Park ist unermeßlich, er schließt die ganze Welt in sich. Aber ich gehe doch erst in die Berge, mir kleine Eisstückchen zu holen, wenn die große Hitze kommt. Denn man muß es verstehen, seine Wünsche einzuschränken — sonst muß man die Geschichte vom Weinberge des Naboth wieder von frischem beginnen. Ich wohne also hier, sage ich Ihnen, zwischen diesen Binsen und der Lache, und ich komme auch kaum fort von meinem runden moosigen Platze da und von der Quelle, deren Wasser ein Hirt in einen Dachziegel geleitet hat, von dem jetzt, durch einen Stein festgehalten, ein Kastanienblatt herunterhängt. Man darf aber nicht vielleicht glauben, daß es da weiter unten nicht eine herrliche Landschaft gibt: die Ufer und Inseln des Wildbaches, wo inmitten von rosa Nebeln der Herr Reiher auftaucht und wieder verschwindet, je nachdem der Nebel sich hebt oder sich ausbreitet. Und in einiger Entfernung von ihm unter dem silbernen Himmel schnellen über das silberne Wasser die Silberfische, auf die er lauert, empor."

„Ich wünsche mir, glücklich und verborgen wie ein Veilchen zu leben. Eine Schnecke in der Schale genügt für mein erstes Frühstück, währenddessen ich entzückt bin von all dem Nebel, der von jedem Zweige fällt wie ein Hagelschauer aus lauter Regenbogen. Was brauche ich auch Luxus und Eitelkeit? Wenn ich doch lieber das große Buch der Natur lesen könnte, das Buch, von dem ich selber ein bescheidenes Exemplar bin. Sehen nicht wirklich meine Rückenfedern aus wie der Ledereinband eines ganz alten Folianten — und die Federn auf meiner Brust wie seine bunten Ränder? Ja, ich lese in mir selber, in dem wirklichen Buche, das ich bin, und ich muß nicht meine Zuflucht zu all den Mitteln nehmen, deren sich die unwissenden Dichter bedienen. Was ich weiß, weiß ich ordentlich, weil ich es mir nicht nur vorstelle, sondern es mit dem Schnabel und den Füßen angreifen kann, und weil es doch die Frucht meiner Erfahrungen und meiner Weisheit ist."

„Was ich weiß? Ich weiß, daß ich gerade vor mich hinmarschiere, die Füße auf der Erde und den Kopf im Himmel. Ich weiß, daß es ganz gewöhnliche Sachen gibt, über die man sich doch sehr wundern muß. Und ich weiß, daß die Welt zusammengesetzt ist aus lauter Schnepfen, die gar keine Schnepfen sind. Ich weiß, daß ich leide, wenn man mir Blei in meine Flügel schießt. Ich weiß, daß ich glücklich bin, wenn ich im Mondschein durch das sanfte Gras der Waldränder irre, mit gezählten Schritten, den Kopf nach rechts und links drehend und bereit, mit der Spitze des Schnabels die Würmer aufzupicken. O, von was für wunderbaren Nächten habe ich nicht schon die Quellen singen gehört, wenn ich mir in ihnen säuberlich die Füße wasche! O das fließende Blau, das die Schatten des Gebüsches liebkost, bis sie zittern und den ersten Himmelschlüsseln weichen!"

„Ich weiß, daß ‚es muß sein' ein großes Wort ist, und daß danach mein ganzes armes Tierleben abgewandelt wird. Es muß sein, daß ich, wenn es April wird, diese wunderbaren Täler verlasse und es meinem Fluge anheimgebe, dahin zu fliegen, wohin er fühlt, daß nun geflogen werden muß. Das habe ich verstehen gelernt, daß so einfach dahinzureisen besser ist, als sich abzuquälen mit Landkarten, Kompaß und Sextant, mit alldem, wodurch die Menschen Schiffbruch leiden. Es muß sein, sage ich, ist ein großes Wort! Darum habe ich Schnepfe mir auch nicht mein Dasein durch Weltkarten, Luftballons, Dampfmaschinen und Theorien verwirrt, denn es mußte sein, daß ich Flügel habe. Und so ist meine ganze Wissenschaft ganz einfach die, daß ich mich auf meinen Schnabel, meine einzige Bussole, verlassen kann, um inmitten der Schneefelder (die die Orangenblütenhaine des Gebirges sind) die süßeste Braut wiederzufinden."

So spricht die kleine Schnepfe. Und ich beneide die kleine Schnepfe um ihren guten Sinn und um ihr Glück. Kleine Schnepfe, es gibt noch anderes Blei als das, das dir durch die Flügel schlägt: das Blei, das ich im Herzen trage. Und andere Stechpalmen gibt es als die, die sich mit Moos umgeben, so daß du verlockt bist, darauf auszuruhen: die Stechpalmen, die meine Schläfen kränzen und die mein einziger Lorbeer sind.

O, warum hat Gott mir nicht wie dir Flügel gegeben? O, warum kann ich, wenn der Duft des Flieders den liebesbleichen Frühling in seinem Gewande schwanken und hinsinken macht, und wenn der Seidelbast wieder blüht, nicht am Rande der durchstürmten Schlucht die erwarten, von der ich getrennt bin? O kleine Schnepfe, warum bin ich nicht lieber in deinem kleinen Salon aus welken Blättern geblieben, um im langen Regnen dem Seufzen der Winterwinde zuzuhören, anstatt in diesem Zimmer zu sitzen und meinen Betrachtungen nachzuhängen, indes der Herd braust wie der Ozean und mir im Uhrenschlagen geschieht, als ob ich eine reine und traurige Stimme wiederhörte.

Kleine Schnepfe, möge das wilde Wetter mit dir gnädig verfahren! Die Windstöße sollen deine Spuren verwischen, so daß der Hund sie morgen nicht spüren kann, sich von seinem Herrn prügeln lassen muß und endlich schlammbeschmiert, verdutzt, den Schweif eingeklemmt, zurückkommt, ohne dich gefunden zu haben!

BETRACHTUNGEN
ÜBER EIN SPEISEZIMMER

Nicht das Familienspeisezimmer ist es, über das ich jetzt sprechen will. Zwar war das wie ein Spiegel im Schatten und roch nach Obst, nach Wein und dem Wachse des Fußbodens, und wenn man eintrat, glitt man aus und fiel hin. In diesem Zimmer wurde ein jeder zu Eis so wie in Gegenwart meiner hugenottischen Großtante, die in ihre Bibel den Spruch des Psalmisten geschrieben hatte: „Wahrlich, Schein ist es, darinnen der Mensch wandelt. Wahrlich, eitel ist, was er treibt."

Dieser Raum hatte einst bessere Tage gesehen. Aber um die Zeit, von der ich jetzt spreche, wohnte nur mehr ein schmerzliches Schweigen darin, das wie das Schweigen der Abwesenden, die voll Traurigkeit den Kopf schüttelten, anmutete. Man hat mir hier eine Ecke gezeigt, in der mein Vater nach seiner Ankunft aus Guadeloupe (er war damals sieben Jahre alt) allerlei Grimassen versucht hat, um seine Eltern zu erheitern, und vielleicht auch, um sich selber zu erheitern. Armes verstörtes Kind, das noch traumtrunken war von den grünen Kokosnüssen, von zärtlich rosigen Blumen und dem klingenden Schimmern der Kolibris.

Das Speisezimmer von heute liegt gegen Osten, auf den Garten hinaus, der sich längs der Straße hinzieht. Es ist ohne allen Luxus eingerichtet und ein rechtes Durchschnittszimmer, aber die Götter besuchen mich darin, und ein paarmal haben Göttinnen, müde der Welt, hier mein grobes Brot gegessen. Man kann dieses Speisezimmer gar nicht besser als mit den Versen des Mong-Kao-Jen beschreiben:

... Ein alter Freund reicht mir ein Huhn und Reis dazu.
... Und unser Horizont sind blaue Berge, deren Gipfel
Aus blauem Glanz des Himmels ausgeschnitten sind.
Im offenen Saal ist uns der Tisch gedeckt.
Nun überschauen wir den Garten meines Gastfreunds,
Nun reichen wir einander die gefüllten Becher.
Wir reden sacht von Hanf und Maulbeerbaum.
Wir warten auf den Herbst: dann werden hier im Garten
Die Chrysanthemen blühn.

Hier in diesem Raume geschieht es mir zweimal im Tage, daß ich mir der Dinge bewußt werde, sei es dadurch, daß aus dem Brote die Seele des fahlen Korns, das unter dem Hundsstern des Juli knirscht, mich durchdringt, sei es, daß aus dem Weine mich die purpurne Landschaft der Weinlese überkommt und die Fröhlichkeit der Mädchen, die singend die dunklen Trauben schnitten. Und ein jedes Gericht wird mir geheiligt um alles dessen willen, was es an Kraft dichterischer Ahnung in mein Blut schickt. So muß ich auch nicht den demütigen Küchengarten mißachten, in dem die duftende Goldrübe wuchs, noch das herbe Gras der erlengesäumten Wiese, auf der das Rind gelebt hat, dessen Fleisch ich esse, nicht die von welken Blättern bedeckte Hütte, verkrochen im innersten Gebirge, in der dieser Käse entstanden ist, noch endlich den Obstgarten, wo in der betäubenden Glut der Sommerferien ein Schulmädchen es über sich gebracht hat, inmitten von bläulichen und granatroten Himbeersträuchern (deren Früchte ich genieße) ihren brennenden Mund lange auf dem Munde eines Jungen zu vergessen.

Ich kenne die Einsamkeiten, in denen das Wasser, das ich trinke, entspringt, und die traurigen Forste, die sie umgeben. Dort bin ich dem fröhlichen alten Manne begegnet, dessen Hühner ich in einem Gedichte besungen habe, und jenem anderen Greise, der den Wahnsinn seiner Tochter beweinte.

Ich muß mir aber auch zu Bewußtsein bringen, daß die Schüsseln, die alle diese Gerichte bergen, irgendwoher stammen, und zwar ebenso aus der Erde wie ihr Inhalt, und daß die Früchte da in der Schale aus Steingut mir in einem Gefäße aus dem Urstoffe selber dargebracht werden. Und ich muß mich endlich auch daran erinnern, daß das Glas der Wasserflasche, in der das Wasser eben schwankend ins Gleichgewicht strebt, aus dem Wasser selber hervorgegangen ist, aus dem natriumreichen sandigen Meere, das ihm seine Durchsichtigkeit gegeben hat.

Speisezimmer, du göttliche Vorratskammer, in dir gibt es die Feige mit den Bißspuren der Amsel und die Kirsche, die der Sperling angepickt hat. Der Hering liegt da, der die Korallen und die Schwämme des Meeres gesehen hat, und die Wachtel, die durch die Nacht der Minze geschluchzt hat; in dir ist der Herbsthonig aufbewahrt, den die Bienen in der schon bräunlichen Sonne eingeheimst, und der Akazienhonig, den sie im fahlen Lichte einer Tränenallee gesammelt haben. Das Öl, das die Lampen der Provence speist, ist da, das Salz, das perlmuttern schimmert, und der Pfeffer, den die Kauffahrer auf ihren Galeeren geheimnisvoll lächelnd gebracht haben.

Mein Speisezimmer, ich habe dich oft aus der Beute meiner Botanisiergänge geschmückt und deine Luft mit dem Geruche der Feldblumen erfüllt.

Und dann warst du eines Tages mit Sträußen seltener Blumen geschmückt, mit denen eine Frau deine Bescheidenheit geehrt hat. Aber du hast es verstanden, du selbst zu bleiben, nicht allzu geschmeichelt noch auch abweisend. Als die erlesenen Blumen auf deinem Tische standen, hast du sie durch deine Schlichtheit so sehr entzückt, daß sie schön erschienen wie ihre ländlichen Schwestern.

Du bist es, mein Speisezimmer, das, nahe der Straße, meine Heimkehr vom Walde erwartet, wenn die Stunde gekommen ist, in der mein Hund in Nacht verschwimmt und sich das Paffen meiner Pfeife mit dem Nebel, der meinen Bart feuchtet, mischt. Da horchst du wie eine brave Dienerin auf den Tritt meiner benagelten Schuhe. Ich erkenne dein brennendes Herz, du Hüterin ohne Makel: die Lampe, die zu Ende flackt wie diese meine Träumerei. Da ich an dich denke, schwingt meine Seele sich auf, und ich möchte Hosianna! rufen und mich vor deine Knie hinwerfen, auf deine Schwelle, du Bewahrerin der Dinge, die mir die Vorsehung bescheert hat. Mit gekreuzten Armen verharrest du über der Straße, auf der die Bettler dahinziehen, wenn die Stunde gekommen ist, in der das Aveläuten in verzweiflungsvoller Liebe zittert und gleich Weihrauchfässern die elendsten Hütten aus der Finsternis ihren Rauch emporschicken zu den Füßen Gottes.

BETRACHTUNGEN
ÜBER EINEN TAUTROPFEN

Das anbetungswürdige alte Fräulein starb in einem kleinen Schlößchen, das einst Jean Jaques Rousseau gefallen hat. Ein Wildbach schauerte an den Grundmauern des Türmchens vorbei, das überblüht war von gelben Rosen, und der nahe Teich einer verlassenen Mühle machte die Gegend mit ihren schattigen Baumgruppen vollends poetisch.

Reiche Äcker dehnten sich da und dort. Einst, als
der Tag zu Ende ging, sah ich an der Ecke eines
Feldes auf dem Marksteine einen alten Mann
sitzen. Er stützte sich auf einen Stock mit einem
Schnabelgriffe. Von seinem Platze aus überwachte
er gemach die Erntearbeit. Ich wünsche mir sehnlich dieses Alter herbei, in dem die stillen Blicke
nur mehr nahe trauliche Dinge vor sich haben.
Vielleicht wird das Gewesene dann zur Gegenwart?
Dieser friedliche Greis, der mich eines anderen
Greises gedenken ließ, jener edlen Gestalt aus
„Paul und Virginie", rief sich vielleicht, da er die
schönen Schnitterinnen betrachtete, die Zeit wieder
empor, in der noch die Bücher seiner Jugend über
ihn Gewalt gehabt hatten . . . Vielleicht erschien
ihm Ruth, mit Kornblumen und Ähren bekränzt,
oder die myrthenduftende Chloe, wie sie ihren
Ziegen Salz reicht.

*

Lange, bevor ich die Heiterkeit des Tages, der
hier über dem Patriarchen zu Ende ging, erlebte,
war das alte Fräulein gestorben. Sie hatte hier ihre
ganze Jugendzeit verbracht, und sie wohnte auch
später fast immer hier. Denn ihr oblag, nachdem
sie Waise geworden war, die ganze Sorge um ihre
wahnsinnige Schwester. Nur ein paarmal war sie
fortgewesen: als sie einige Jahre hintereinander
eine Zeit in Paris verbrachte. Wenn ich an sie
denke, wie ich sie als Achtzigjährige gekannt habe,

mit ihren schneeweißen Scheiteln, die stets mit Parmaveilchen geschmückt waren, der großen Nase, dem spitzen aufwärtsgebogenen Kinn und den feurigen Augen, wird es mir nicht allzu schwer, mir vorzustellen, wie sie als Achtzehnjährige gewesen sein mag: Da sehe ich sie mit einem biegsamen großen, mit Feldblumen geschmückten Hute, in einem Mousselinkleide, das sich in ihren Knicksen bauscht, und mit einem Gürtel aus einer kolibrifarbenen Schleife.

*

In diesem Schlosse nun habe ich in den letzten Tagen langsam und voll Zärtlichkeit das Album durchgeblättert, darein das Fräulein Sophie F. von B. seine Herzensdinge geschrieben hat, und ein unsagbares Heimweh nach der Vergangenheit überkam mich.

Während sie in Paris lebte, das muß um 1840 gewesen sein, nahm sie Botanikunterricht im Jardin des Plantes. O, von wie viel Liebreiz umgeben sie mir jetzt erscheint! Wer weiß, wie schönheitsentflammt die Seele dieses jungen Provinzmädchens war, das hier nun die strahlenden Farben und den Duftatem irgendwelcher neuer Blütendolden, die vielleicht Laurent de Jussien eben erst von wilden Inseln gebracht hatte, genoß! Ich glaube dieses Mädchen der alten Zeit vor mir zu sehen, wie es sich in einer Allee des Botanischen Gartens auf die Spitze seiner fliederfarbigen Schuhe erhebt, um das Innere einer zottigen Blumenglocke zu erforschen.

Diesem Album, in das sie sorgsam wunderbare Sträußchen gezeichnet und gemalt hat, hat sie ihr Herz anvertraut. Ich nenne ihre Malereien wunderbar, aber ich will damit gewiß nicht sagen, daß sie etwa das Genie besessen habe, in der Wiedergabe der Blumenkronen auch das Geheimnis der Säfte mitzugestalten; ich will vielmehr damit ausdrücken, daß diese Rokokomalereien, fern von jeder künstlerischen Absicht, die Spuren einer hohen und reinen Seele tragen, und daß kein noch so berühmtes Kunstwerk mich mehr ergreifen wird als sie.

*

Man müßte sich einzeln jeden der Tage wieder emporrufen, in deren Kelch diese zarte und zage Seele ein wenig von ihrer Ewigkeit geträufelt hat. Was man auch von ihrem Verlobten redet und geredet haben mag, ich glaube, daß sie nur aus Opferwilligkeit für ihre früher erwähnte Schwester von ihm nichts wissen wollte. Das hat sie den glühenden Blumen, die sie malte, gebeichtet. Das sagen die schwellenden Rosen, die emportaumeln wollen aus ihren Kelchen wie die Herzen der erwachenden Mädchen in den Verzückungen der Maiabende. Von ihren Rosen hat eine besonders und schmerzlich zu mir gesprochen. Die hat sie sicherlich an einem leuchtenden Morgen gemalt,

da sie Gott um Gnade gebeten hatte. Kein Wort
vermöchte die leidenschaftliche Reinheit dieser
Blumenblätter wiederzugeben, aus denen langsam
eine Tauträne rollt. O, wie habe ich diese Träne
verstanden!

*

Du junges Mädchen des hingegangenen Jahr-
hunderts, hättest du, als dir in deinem immer
schattigen Salon diese Träne niederfiel, gedacht,
daß eines Tages ich ihrer voll Verehrung gedenken
würde? Ich habe sie aufgefangen, und nichts mehr
wird ihr köstliches Wasser trüben. Dieser Edel-
stein voll des Glanzes aus deinem Herzen —
O mögest du in Frieden ruhen an der Brust des
Herrn! — ist von würdigen und andächtigen Händen
in dem chinesischen Schränkchen des großen Salons
aufbewahrt worden, und nur zuweilen komme ich
und bitte die Freunde, die ihn verwahren, ihn mir
zu zeigen. O du, vielleicht hast du an demselben
Weh gelitten, davon auch ich ergriffen bin, an der
sinnlosen und schweigenden Leidenschaft, die
einzig deine Zeitgenossen in ihrer müden Anmut
und scheuen Reinheit verstehen konnten!

*

Was wissen wir, wie viele Kalvarienberge es gibt,
und wie oft schon der Kreuzweg beschritten
worden ist! Wenn uns unter Fingerhüten, Scheeren,
Stückchen von Stickerei und Seidenfleckchen,
zwischen kleinen Spiegeln, Haarlocken und Kinder-

zähnen, unter künstlichen Blumen, Fläschchen und längst aus der Mode gekommenen Schmucksachen eine alte „Nachfolge Christi" in die Hände kommt, erscheint es uns, als ob der Duft des Abgeschlossenen, der an den Seiten haftet, nur eine unendliche Sanftheit in sich trüge. Und doch, wie mögen Hände, die jung waren, und die es nicht mehr waren, vor Warten und vor Weh gezittert haben, während sie dieses Buch hielten!

In der Morgenröte ihres Geschickes mag das junge Mädchen diese Seiten wohl noch in der geheimen Hoffnung aufgeschlagen haben, daß an den Bitternissen doch nicht alle Menschen teilhaben müßten, und daß vielleicht gerade ihr das Schicksal sie ersparen werde. Nur in einem entzückenden Gefühle von Pietät streckte sie damals im Erwachen die schon kräftigen Arme nach der „Nachfolge" aus. Erst später, in der Mitte ihres Lebens kam sie wieder zu diesem Buche zurück. Die früchteschweren Apfelbäume waren nicht mehr fröhlich wie ehedem ... eine Freudigkeit (ich weiß nicht, was für eine) hatte sie verlassen. Und jenen bunten Schmetterling, der sich vor ihr im heißen Glanze der Tage in den großen Ferien gewiegt hat, den hat sie später nie mehr über den Wiesen erblickt.

Das Alter kam. Und siehe, nun in der Neige ihres Seins hörte sie kaum mehr auf, in dem Buche zu lesen. Es war sieben Uhr abends, draußen schneite es. Die Lampe, die aufzuckend der Stille den Takt schlug, erleuchtete den großen Spiegel, in dem sich das alte Fräulein als das getrübte Bildnis der menschlichen Wandlungen erblickte. Nun sah sie nichts mehr von dem honiggoldenen Haar, das sie sich einst spielend um die zarte Faust gewunden hatte ... Ihre Scheitel waren weiß und streng wie die Binden, in die man die Toten hüllt. Und ihre Wangen, auf deren Erblühen einst viel helles Lächeln wie Apriltage über die Gärten gestrahlt hatte, waren voll der tiefen Furchen, die allgemach der bittere Niederfall der Tränen eingräbt.

*

Möge Gottes Frieden sich auf diese Leben der alten Zeit herniedersenken! O, sie haben für mich immer noch die Jugend der Rose, auf der ein Tropfen in solcher Reinheit schimmert, daß man zweifelt, ob er ein Tautropfen oder die Träne eines Kindes, das sein erstes Weh verstört hat, sei. Man tut gut daran, die Toten zu verehren und täglich ihrer zu gedenken! Kein Regenguß rauscht nieder auf die Kronen des Waldes, kein Regenbogen wölbt sich über das wolkendüstere Dorf, keiner Hirtenflöte Klang geht im Herbstwinde verloren, ohne mir Gegenstand für meine Betrachtungen zu werden. Hier, so denke ich, in dieser kleinen Höhle mit ihrem Teppiche aus Farnkraut und Veilchen, mögen sie zuweilen Zuflucht vor den Regenschauern gesucht haben. Hier muß es auch gewesen sein, wo der letzte Guß des Gewitters die Schleife mit den Irismustern davongetragen hat. Und hier, so sage ich mir weiter, in diesem entlegensten Winkel des Parkes, mag das Mädchen vielleicht von ihm geträumt haben, der ihr dort in der Grotte als der Bezauberndste erschienen war. Und wenn sie dann ihre Schwermut fragte, hat ihr nur die Glocke eines verirrten Lammes geantwortet.

*

O wie wird jede Kleinigkeit zu einer Welt, wenn man in ihr nicht nur ein poetisches Spiel sucht, sondern die Spuren Gottes in den geringsten Geschehnissen des Alltags. Dächte nicht ein jeder, es sei keine Sache von Bedeutung, um welche Stunde und an welchem Tage ein Kind im Walde Erdbeeren pflückt? Und ist es nicht doch voll Bedeutung, daß an einem Morgen, von dem ich nichts weiß, ein Mädchen in vergangener Zeit unwissentlich einen Tropfen Tau auf einer Rose schimmern ließ und so den Anlaß gab zu dieser meiner Träumerei, die nun zu Ende geht?

BETRACHTUNG ÜBER ASTROLOGIE

Was kann das sein, das mich so bedrückt? Aus welcher Ferne kommt das Schwere, das sich auf mein Herz legt und es bitter macht, wie die Frucht war, die ich eines Morgens im Sande der Sahara gefunden habe?

Der Rosenkäfer ist der Rose untertan, die Rose dem Mädchen, das Mädchen der Liebe und die Liebe wiederum den großen Kreisen der Kräfte, das das Auf und Nieder meines Atmens in Einklang mit dem Meere bringt.

Dem Monde ist die Macht gegeben, über die großen Wasser zu herrschen und sie stöhnen oder singen zu machen; welches Gestirn aber in der Tiefe der himmlischen Abgründe vermag es, gerade meine Gedanken stöhnen oder singen zu machen?

Sicher ist eins: wenn meine Seele in ihrer Verstörtheit übereinstimmt mit einem Sterne, den ich gar nicht kenne, dann muß dieser Stern seit Jahren den schrecklichsten Ausbrüchen, Erschütterungen und Erdbeben preisgegeben sein.

Es macht mir Freude, mir auszumalen, daß das ganze Wesen eines Menschen dem Charakter des Planeten entspräche, dessen tyrannischem Geheiße er untertan ist: dann untersteht Edgar Poe sicherlich irgendeiner Welt, die an den äußersten Grenzen eines düsteren und schneereichen Himmels kreist, und auf der die grünen Tale voll blühender Lilien, Hyazinthen und Anemonen nur in den Fernen jenseits wattiger Nebelbänke erscheinen. Und Lamartine muß einem Gestirne gehorcht haben, das kein Ozean ausgehöhlt hat, darauf es nur einen himmlischen See gibt, über den die sanfte Brise mit Erzengelfingern hinstreicht und an die zitternden lyrageschwungenen Flügel der Schwäne rührt.

Der Stern, mit dem dieses junge Mädchen verwandt ist, lacht und weint in tausend Wasserfällen. Murmelt das Wasser dieser Wasserfälle gerade jetzt mehr als sonst? Denn das Mädchen hört nicht auf zu plappern, solange die Schneeschmelze da oben die Wildbäche des Sterns so überreichlich füllt. Säumt der Schaum der Wildbäche den Azur, unter dem er schauert, jetzt mit köstlicheren Spitzen? Das Mädchen zieht ein Kleid von zartem Blau an, das es mit quellenden Spitzen, die durchsichtiger sind als die Wasser der Felsen oder böhmische Gläser, ziert. Sind die Quellen jetzt, austrocknend in der glühenden Sonne, verstummt? Das Mädchen wird schweigsam. Und wenn da oben die Wasser zu schluchzen beginnen, entströmen dem Mädchen die Tränen, die man hier auf Erden sinnlose Tränen nennt. Das Mädchen errötet plötzlich: das kommt daher, daß auf seinem Sterne eine Pfingstrose aufblüht. Es erbleicht — denn dort oben ist eine Lilie aufgegangen.

Sind die Bezeichnungen: ein Mensch hat einen finsteren oder klaren oder verbitterten Charakter nicht dem Horoskope dessen, auf den man sie anwendet, entnommen? Was wohl die Astrologen damit ausdrücken wollten, daß sie die alte Selenographie mit solchen dichterischen Bezeichnungen schmückten, wie da sind: das Meer der Krisen, das Meer der Feuchtigkeit, das Meer der Tränen, der Golf der Verzweiflung? Ich vermute, daß sie jene menschlichen Veränderungen, die sie dann mit Recht die lunatischen nannten, von den Umwälzungen auf unserem Satelliten ableiteten. Das Meer der Krisen beginnt unruhig zu werden — und alle Gichtkranken, Asthmatiker, Hypochonder und Narren werden von ihren Übeln befallen. Ein Zyklon wirbelte über das Meer der Feuchtigkeit dahin — und die Wassersüchtigen fühlen ihre Anschwellungen wachsen. Der Sturm wütete über dem Meere der Tränen — und alle kleinen Kinder weinen. Wenn aber der Golf der Verzweiflung sich verdüsterte, geschieht dem Herzen eines jeden Menschen ein Gleiches.

Nach dieser Betrachtung des Einflusses der Gestirne auf die Menschen wollen wir erforschen, wie eine solche Einwirkung auch auf die Pflanzen möglich wäre. Wir stellen also die Hypothese auf (die wir untersuchen wollen,) daß Mensch und Pflanze der gleichen Ausstrahlung untertan sind, und schließen, daß es eine schicksalhafte Sympathie zwischen ihnen geben müsse.

Die Theorie des Professors Philipp van Tieghem ist bekannt: sie ermächtigt uns, zu denken, daß der Pflanzenwuchs der Erde von Samen abstammt, die von Meteoriten auf sie herabgebracht worden sind. (Beim Lesen einer bestimmten Stelle dieses Forschers kam mir einmal nachts der belustigende Einfall, meine Hände gegen den Mond zu strecken, um den Flug bestimmter Arten von Mohn aufzuhalten, deren hinfällige Blüten freilich in der Berührung mit meinen Fingern hätten zerstieben müssen.)

Mit dieser Hypothese wollen wir nun die Darwinsche verbinden, nach der wir Pflanzen waren, ehe wir Menschen geworden sind. Daraus ergibt freilich für jeden das Recht, zu fragen, was für eine Feuerkugel ihn denn auf die Erde gebracht, und was für eine Konstellation diese sonderbare Saat bewirkt habe.

Nun gibt es aber zweifellos Menschen, deren ganzes Leben im Gegensatze steht zu dem aller anderen Menschen — was demnach auf eine Sternenherkunft von besonderer Art schließen lassen müßte —, genau so, wie gewisse Pflanzen in ihrem Verhalten dem sämtlicher anderer Pflanzen widersprechen.

Von jener Regel zum Beispiel, die den Stengeln der Schlingpflanzen zu gebieten scheint, der Drehung der Erde folgend von links nach rechts zu ranken, sind Hopfen, Geißblatt, Stickwurz, Schildkrötenkraut sowie das knotige und das Kletter-Polygonum ausgenommen, die alle, Newton und Laplace mißachtend, sich von rechts nach links winden. Rührt das daher, daß diese Pflanzen von Gestirnen stammen, die sich in entgegengesetztem Sinne drehen wie die Erde?

Übrigens, wenn Rose und Iris, Orchydee und Seerose, solcherart auf unsere Erdkugel gelangt, von den unbekannten Gesetzen ihrer vorherigen Heimat geleitet werden — sei die nun Mars oder Venus oder ein ganz anderer Planet —, ist es reizvoll, sich vorzustellen, daß die Blüte der Wunderblume nicht eher sich schließen und einschlafen mag, bevor sich nicht der Abend auf ihren Heimatstern gesenkt hat, das heißt ehe es nicht Tag geworden ist auf der Erde.

Das früher Gesagte vorausgesetzt, wäre es unterhaltend, die Blume oder den Baum zu kennen, die jeder einzelne bevorzugt, und zu beobachten, ob die Menschen, die Sympathie für die gleiche Blume haben, nicht denselben Sterneneinflüssen unterworfen sind wie diese Blumen. Was mich anlangt, so liebe ich die Pflanzen zu sehr, um mich für die eine oder die andere zu entscheiden — denn das schiene mir eine Untreue gegen alle übrigen zu sein. Aber einen Strauch und eine Blume kann ich doch angeben, deren Anblick mich in eine unerklärliche Erregung versetzt: die lagerstroemia Indica und die amaryllis belladonna. Die lagerstroemia blüht gegen Ende des Sommer. Ich habe sie einmal in einem Prosagedichte „Flieder einer anderen Welt" getauft. Sie ist ein Strauch ohne Rinde. Ihr glatter Stamm breitet nur im Schlafe die Zweige aus, was ihr das unglückliche Aussehen eines Besens oder einer riesenhaften Rose von Jericho verleiht. Aber ihre Blüten! Unter den azurnen August- und Septemberhimmeln heben sie sich aus ihrem Laube, das fremdartig grün ist und sehr ähnlich dem des Granat- und des Spindelbaumes, und bilden Szepter von einem unsagbaren Rosa, das nie der Erde angehört hat, einem Rosa voll schwermutschönen Heimwehs nach einem verlorenen Paradiese. Warum liebe ich diesen Baum mit solcher Liebe? Es gibt eine lagerstroemia, die ich Jahr für Jahr besuche, und die in jedes neue Blühen meine Trauer oder meine Freude mitempfängt. Sie schmückt mit ihren geheimnisvollen Korallen einen Garten im nördlichen Spanien. Auf meine Bitte hat man mir erlaubt, durch eine kleine Tür ihr sorglich verschlossenes Reich zu betreten. Und ich bin, einer sonderbaren Unruhe verfallen, durch die Alleen geirrt, die ihre glorreiche Majestät zu verdunkeln schien.

Die amaryllis belladonna ist vom Kap der guten Hoffnung zu uns gebracht worden. Inmitten eines Büschels schwertförmiger Blätter, die sich weich nach außen biegen, strebt ihre rosige Lilie empor. Aber ihr Rosa hat nichts von dem außerirdischen der lagerstroemia, es ist samtig wie Aprikosen, es gleicht dem der Wassermelone, der Meerfrüchte oder des Lachses. Ein paar von diesen Pflanzen sind meine Freunde: die stehen nicht in dem spanischen Garten, von dem ich früher gesprochen habe, sondern in einem alten kleinen Garten in Frankreich. Er wölbt sich wie ein Dach über die Landstraße, auf der dereinst die Postkutschen, in denen die Mädchen der alten Zeiten mit wehenden Hüten durch den Glanz der untergehenden Sonne gegen Paris fuhren, hinholperten . . . .

Ich empfinde eine trübe und schmerzliche Freude, wenn meine Blicke über diese rosigen Kelche hingehen. Wer wird mir die sonderbaren Gefühle, die mir diese beiden Pflanzen einflößen, erklären? Ihr Anblick verwirrt meinen Verstand und läßt im Spiegel meiner Seele das Bild eines ganz traurigen Traumes erstehen: auf einem Sterne erwartet mich widerwillig und sehnlich zugleich ein dunkelhaariges Mädchen in einem amaryllisrosa Kleide. Sie sitzt unter einer lagerstroemia an einem Grabhügel, über dem in unbekannten Zeichen ein Name, vielleicht der meine, geschrieben steht.

Meine Freundin, eines Abends wirst du mich aus der Tiefe des Tales kommen sehen, und ich werde dir deine Lieblingsblumen bringen. Es wird schon spät sein. Mit meiner grünen Trommel auf dem Rücken werde ich den ganzen Tag ohne Rast auf der Suche gewesen sein, das Herz voll Tränen, und werde unter den Blicken Gottes mit meinem kleinen Spaten in allen Einsamkeiten die Erde durchwühlt haben. Werde ich aber die Pflanze, die unser beider Geschicke einen muß, wirklich gewünscht haben? Schon ahne ich, wie ein Edelsteinsucher, den ein geheimnisvoller Sinn leitet, deine liebste Blume voraus. Sie wächst nicht im Schnee, nicht auf den Gletschern noch unter den

Lärchen der Alpen, nicht am Rande der Kressebeete noch auch in der lügnerischen Sahara, deren Spiegelungen meinen Fieberdurst heimgesucht haben. Sie erblüht in meiner Seele.

NOTIZEN
I.

Ich habe mir oft den Himmel ausgemalt. In der Kindheit war er mir die Hütte, die sich ein alter Mann in unserer Gegend hatte auf der Höhe eines steilen Bergweges errichten lassen, und die „das Paradies" genannt wurde. Mein Vater pflegte um die Stunde, in der das schwarze Heidekraut der Hügel golden wird wie eine Kirche, mit mir dahin zu gehen. Am Ende jedes dieser Spaziergänge wartete ich darauf, Gott in der Sonne, die oben am Kamme des steinigen Steiges einzuschlafen schien, sitzen zu sehen. Habe ich mich getäuscht?

Weniger leicht kommt es mir an, mir das katholische Paradies mit seinen azurnen Harfen und dem rosigen Schnee der himmlischen Heerscharen in den reinen Regenbogen vorzustellen. So halte ich mich doch immer noch an mein erstes Gesicht. Aber seitdem ich die Liebe kennen gelernt habe, habe ich zu dem himmlischen Bereiche vor der Hütte des alten Mannes noch eine sonnenwarme Bergwiese, auf der ein junges Mädchen Blumen pflückt, dazugetan.

II.

Ich habe die Seele eines Fauns und zugleich die eines ganz jungen Mädchens. Wenn ich eine Frau betrachte, empfinde ich eine völlig andere Art von Erregung als beim Anblicke eines Mädchens. Wenn man sich mit Hilfe von Blumen und Früchten verständlich machen könnte, würde ich einer Frau glühende Pfirsiche, die rosigen Glocken der Tollkirsche und schwere Rosen reichen, dem Mädchen aber Kirschen, Himbeeren, Quittenblüten, Heckenrosen und Gaisblatt.

Es gibt kaum ein Gefühl, das ich erlebe, ohne daß es vom Bilde einer Blume oder Frucht begleitet wäre. Wenn ich an Martha denke, sehe ich Gentianen vor mir, Lucie ist mir mit den weißen japanischen Anemonen verbunden, Marie mit Maiglöckchen und eine andere wieder mit einer Zedratfrucht, die aber ganz durchsichtig ist.

Zum ersten Rendezvous, das ich mit einer Freundin hatte, habe ich Schwertlilien mit aprikosenrosa Halse mitgebracht. Wir stellten sie über Nacht ins Fenster, und dort vergaß ich sie, um mich nur meiner Freundin zu erinnern. Heute wollte ich gerne der Freundin vergessen und nur mehr der Schwertlilien gedenken.

All meine Erinnerungen gehören also sozusagen der Pflanzenwelt an. Bäume, Blüten und Früchte sind meine Merkzeichen für Menschen und Gefühle.

Die Pflanzen, aber auch die Tiere und die Steine haben meine Kindheit mit geheimnisvoller Lieblichkeit erfüllt.

Als ich vier Jahre alt war, stand ich und betrachtete die Haufen zerschlagener Bergkiesel am Straßenrande. Wenn man diese Steine in der Dämmerung gegeneinanderschlug, gaben sie Feuer — rieb man sie aneinander, dann rochen sie verbrannt. Die geäderten hob ich auf: sie waren schwer, als ob sie Wasser in sich verborgen hielten. Der Glimmer im Granit bezauberte meine Neugier so sehr, daß nun nichts anderes mehr sie stillen konnte. Ich fühlte, daß da etwas war, das niemand mir zu erzählen vermochte: das Leben der Steine.

Um dieselbe Zeit war man einmal böse mit mir, weil ich die künstlichen Käfer von einem Hute meiner Mutter weggenommen hatte. Das war meine Leidenschaft: Tiere aufzuheben, und ich war so voll Freundschaft zu ihnen, daß ich weinte, wenn ich sie unglücklich glaubte. Noch heute erlebe ich die namenlose Angst wieder, wenn ich daran denke, wie die kleinen Nachtigallen, die mir jemand geschenkt hatte, in unserem Speisezimmer zugrunde gingen. In dieser Zeit mußte man mir, damit ich einschlafe, das Glas mit meinem Laubfrosche in meine Nähe stellen. Ich fühlte, daß er mein treuer Freund war und mich auch gegen Diebe verteidigt hätte. Als ich das erstemal einen Hirschkäfer sah, war ich von der Schönheit seiner

Geweihzangen so ergriffen, daß die Begierde, einen zu besitzen, mich krank machte.

Meine Leidenschaft für die Pflanzen zeigte sich später, als ich gegen neun Jahre alt war. Die rechte Einsicht in ihr Leben aber fing erst an, als ich ins fünfzehnte Jahr ging — ich erinnere mich noch, unter welchen Umständen. An einem Donnerstage, einem lähmend heißen Sommernachmittage, ging ich mit meiner Mutter durch den botanischen Garten einer großen Stadt. Weißblendende Sonne, dicke blaue Schatten und schwere zähe Gerüche machten aus diesem fast verlassenen Orte das Reich, dessen Pforte ich nun endlich überschritt. Im lauen goldkäferfarbigen Wasser der Bassins gediehen kümmerlich allerlei Pflanzen, lederige graue und hohe weiche, durchsichtige. Aber aus der Mitte dieser armen traurigen Wassergewächse erhoben sich in den großen Azur grüne Lanzenschäfte und hielten die Anmut ihrer weißen und rosigen Dolden in den lodernden Tag: die Wasserlilien über ihren Blättern, in vertrauensvollen Schlaf versunken. Mit den Wasserpflanzen hielten die Pflanzen der Erde stumme Zwiesprache. Ich erinnere mich einer Allee, in der Studenten, ein Sacktuch im Nacken, unter der Schönheit der Blätter begraben lagen. Das war die Allee der Ombelliferen. Fenchel und Steckenkraut drehten ihre Kronen über die Stengel, deren Blattscheiden platzten, empor. Schweigend unterredeten sich die Düfte miteinander, stumme Verständigung wob fühlbar von Pflanze zu Pflanze, und über dem vereinsamten Reiche schwebte Entsagung.

Seit damals verstehe ich die Pflanzen: ich weiß, daß ihre Familien sich miteinander verschwägern, und daß sie alle von Natur aus einander lieben. Aber ich weiß auch, daß diese Verwandtschaften nicht da sind, um den Klassifikationen zur Unterstützung unseres trägen Gedächtnisses zu dienen.

Die Pflanzen sind lebendige, tätige Geometrie, die irgendwelchen Auflösungen zustrebt — wie die sein werden, weiß ich nicht. Da läßt sich nun ein reizvolles Geheimnis beobachten: die Arten, die in denselben geologischen Epochen vorkamen, haben einander ihre Sympathien geschenkt und bleiben auch heute noch im Wechsel der Jahreszeiten einander nahe. Wie vermöchte sonst das Wesen der frierenden schneeigen Winterliliaceen mit dem der purpurnen Herbstnachtschatten so zusammenzustimmen?

Es gibt noch andere Pflanzengemeinschaften, die nicht so sehr durch Menschenbemühungen als dadurch zustandekommen, daß gewisse Arten andere als Freunde bei sich haben mögen und sich nach ihnen sehnen. Wie schön sind die Bauerngärten, in denen die strahlende Lilie — gleich den Göttern, die die Niedrigen besuchen — zwischen Kohlköpfen, Knoblauch und Zwiebeln (die in den Töpfen der Armen kochen werden) wächst! O, wie liebe ich diese ländlichen Küchengärten, wenn mittags der traurige blaue Schatten der Gemüse auf den Vierecken körniger weißer Erde einschläft, der Hahnenruf das Schweigen noch tiefer macht und das geduckte Huhn unter dem schrägen gewundenen Fluge des Habichts aufgluckst! Da wachsen die Blumen der schlichten Liebenden, die Blumen der jungen Frauen, die den blauen Lavendel trocknen und zwischen ihr grobes Leinen legen. Da wächst auch der treue Buchsbaum, an dem jedes Blättchen ein Spiegel von Azur ist, und die Stockrose, an der die sanfte reine Flamme der Blüten sich in Schwermut verzehrt: fromme Blumen, dem Schweigen und der Entsagung geweiht.

Ich liebe auch die Wiesenblumen: die Königin der Fluren, schaukelnd in leichten Winden und vom Glucksen des Baches in den Schlaf gewiegt. Ihre duftende Krone schmückt sich mit Wasserkäfern schimmernder als der Hals der Kolibris. Sie ist die Geliebte der Halden, die Braut der grasigen Lichtungen.

Tief in den verlorenen alten Parks aber gibt es die geheimnisvollen Pflanzen: da gedeihen die alten Blumen, der Erdflieder, die amaryllis belladonna und die Kaiserkrone. Anderswo müßten sie sterben, hier aber beharren sie, behütet von den Vorbildern der jahrhundertealten einzigartigen Bäume mit den verschollenen Namen. Diese vornehmen, verwöhnten und gezierten Blumen erheben ihre schwanken Köpfe nur, wenn der Wind durch die Amberbäume und Ahorne streicht und aufseufzt wie einst Chateaubriand.

III.

Die Traurigkeit der kleinen Stadt tut mir wohl: die Gassen mit ihren finsteren Laden, die abgetretenen Türschwellen, die Gärten, die in der schönen Zeit des Jahres über einem Grunde von blauem Brodem schwimmen, über dem Gewirre von Stockrosen, Glyzinien und Weinreben — und dann jene anderen Gärtchen, räudig wie Esel, mit schwärigen Buchsbaumhecken, darauf Lumpen zum Trocknen liegen, und das Rinnsal der Gerber, das den dünnen Perlmutterglanz des Himmels mitschleppt und zwischen seinen Schlammpflanzen hart die Dächer widerspiegelt, o — und der Wildbach, der die Felsen höhlt, sich windet und eilig dahinblinkt! Der kleine Stadtplatz ist hübsch, ob die Zikaden in den sommerlichen Buchen schrein, ob der Herbstwind auf ihm scharrt oder die Regen ihn zerkritzeln. Es gibt auch einen kleinen Stadtpark da, von dem Bernhardin de Saint Pierre entzückt gewesen wäre: unter seinen Kastanienbäumen sind die Mainächte tief, blau und sanft.

Ich komme seit Jahren in diese Stadt, die einst mein Großvater und mein Großoheim verlassen haben, um die überblühten Antillen zu suchen. Dann haben sie das Brausen des Meeres gehört, musselinene Kleider glitten unter ihren Veranden dahin — und als sie starben, waren sie vielleicht voll Sehnsucht nach diesen Gassen mit ihren Laden, den Gärten hier, den Rinnsalen und diesem Wildbache.

Wenn ich dann meinen kleinen Meierhof aufsuche, denke ich daran, daß sie einst hier gewesen sind. O, ihre Ausflüge! Das Frühstück trugen sie in einem Körbchen mit und einer hatte eine Gitarre umgehängt. Leichten Ganges folgten ihnen die jungen Mädchen; zwischen taufeuchten Hecken summte eine Romanze auf und erschreckte die Vögel mit einer unaussprechlichen Liebe. Die Maulbeeren waren noch grün. Man marschierte im Takte. Der Schrei eines Mädchens zitterte durch die Luft, an eine Wegecke wurde ein großer Hut geschwungen, und ein kühles Lachen flog zwischen den regenversehrten Heckenrosen empor.

Diese Gitarre habe ich im Hofe meiner hugenottischen Großtanten an einem Sommerabende gehört, als ich vier Jahre alt war. Der Hof schlief in weißer Dämmerung, und von den Dächern sank eine unbekannte Zärtlichkeit auf die Rosenstöcke und das helle Pflaster. Meine Verwandten saßen auf einem Balken, waren froh und lachten darüber, daß ich so ein kleines Kind war und eine weiße Schürze anhatte. Dann sang mein Großonkel ein Lied aus der Hauptstadt. Ich seh ihn noch mit vorgestrecktem Kopfe stehen. Die Luft zitterte sacht.

Am Ende einer Koloratur machte er eine komische nette Verbeugung.

Ich segne dich, kleine Stadt, in der kein Mensch mich versteht, wo ich meinen Stolz, mein Weh und meine Freude in mir verberge und ich keine andere Zerstreuung habe, als meine alte Hündin kläffen zu hören oder arme Gesichter anzuschauen. Aber dann steige ich die Hügel empor, wo der dornige Stechginster wächst — und dort erlebe ich in der Betrachtung meiner Kümmernisse das sanfte Glück, das Verzichten heißt. Jetzt quält mich nicht mehr das rohe und verächtliche Lachen der Leute noch auch das Zweifeln an allem. Das Lachen derer, die mich verachten, ist verstummt — und ich werde gleichgültig gegen alles, was ich bin. Aber ich bin indessen ernst geworden gegen mich selber und die andern. Mit furchtsamer Freude sehe ich nun die Sorglosigkeit der Glücklichen. Ich habe verstehen gelernt, wieviel Leiden aus der Liebe wachsen kann und wie tiefe Blindheit aus einem Blicke. Und um dieser meiner Leiden willen möchte ich eine traurige zarte Liebkosung denen schenken, die noch nichts anderes wissen als das Glück.

IV.

Im Garten tut mir der Duft des Flieders plötzlich weh, denn ich bin todtraurig.

Flieder, seit der Kindheit bist du mir teuer. Damals habe ich deine Blütensträuße angeschaut, die schönen Bilder, auf eine Spielzeugschachtel gemalt. In dem vertrauten Obstgarten meiner Jugendzeit blühtest du auch. O, in diesem Garten gab es Igel! Sie glitten die alten Balken entlang — wie unschuldig und sanft sind die Igel trotz ihrer Stacheln. Ich erinnere mich noch meiner Erregung, als ich an einem Winterabende einen auf der Schwelle unserer Küche fand. Der Schnee hatte ihn vertrieben und nun steckte er seinen kleinen Rüssel in die Abfälle, die da liegengeblieben waren.

V.

Ich liebe die Wesen der Nacht, die Käuzchen mit hauchendem Fluge, die Fledermäuse, die Dachse — alle ängstlichen Tiere, die durch die Luft und das Gras gleiten, und die wir so wenig kennen. Was für Feste mögen sie wohl unter den Pflanzen, ihren Schwestern, feiern?

In der Stunde, da der Mensch ruht, springen die Kaninchen silberig von Tau über die Minze der Gräben hin und halten ihre geheimen Versammlungen ab; die Frösche quaken und platschen in den Pfützen, aus den Glühwürmchen sickert der weiche gelbe, feuchte Schimmer, der Maulwurf bohrt sich unter den Wiesen hin, die Nachtigall schluchzt auf wie ein Springbrunnen, und die Schleiereule läßt ihr trauriges Lachen hören, als ob sie sich in ihrer Furchtsamkeit zu der Freude Gottes gesellen wollte.

Wie oft habe ich mir gewünscht, ein solches Wesen der Nacht zu sein! Ein schauerndes Kaninchen unter der Weißdornhecke oder ein Dachs, von den saftigen grünen Blättern gestreichelt. So hätte ich keine anderen Sorgen gekannt als die um meine leibliche Verteidigung — und ich hätte nicht lieben müssen und nicht hoffen.

ENDE

ALEXEJ REMISOW
LEGENDEN UND GESCHICHTEN

LEIPZIG
KURT WOLFF VERLAG

BÜCHEREI „DER JÜNGSTE TAG" BAND 60/61
GEDRUCKT BEI DIETSCH & BRÜCKNER · WEIMAR

BERECHTIGTE ÜBERTRAGUNG VON ARTHUR LUTHER

LEGENDEN

Als ich meine Tage in der Lehre bei einem weisen Greise verbrachte, zündete ich einst in der Nacht in tiefer Seelenverwirrung eine Kerze an und schlug ein Buch auf, das der Greis, mein Meister, in meiner Stube liegen gelassen hatte. Ich wandte die vergilbten, mit Unzialschrift bedeckten Blätter um und begann zu lesen.

Und die Sterne gingen mit dem nächtlichen Dunkel, der Morgen graute, ich aber las und las und hatte nicht gehört, daß man drüben von der Erlöserkirche längst schon zur Frühmesse geläutet hatte.

Und der weise Greis, mein Meister, gab mir seinen Segen, daß ich Euch aus jenem wunderbaren, mit Unzialschrift geschriebenen Buche einige Gleichnisse, Geschichten und Sagen erzähle.

ADAMS SCHWUR

1.

„Geht und glaubt nicht, daß ihr je zurückkommen könntet! Und flucht eurem Gotte nicht. Euer Zorn würde machtlos sein und auf euch zurückfallen."

Und das feurige Schwert in der Hand des Cherubs flammte auf. Die Pforte des Paradieses fiel zu.

Verzweifelt warfen sich Adam und Eva nieder und weinten. Sieben Tage weinten sie, ohne die Augen aufzuschlagen, ohne sich vom Boden zu erheben.

Und sie vernahmen die Stimme Gottes:

„Ich breite meine Gnade über euch aus. Die Stunde der Verheißung wird kommen, und ich werde euch das Paradies wiedergeben."

Sie hoben die Augen auf, aber sie sahen Gott nicht wie früher.

An der Pforte des Paradieses stand der Cherub, grimmig, mit dem flammenden Schwert.

Und sie baten den Cherub, ihnen zu sagen, wann Gott kommen und ihnen das Paradies wiedergeben werde.

„Fünftausend fünfhundert und acht Jahre werden vergehn," sprach der Cherub, „und Gott wird euch befreien. Jetzt aber geht, sage ich euch, und wagt nicht zurückzukommen. Und flucht eurem Gotte nicht. Denn euer Zorn würde machtlos sein und auf euch zurückfallen."

Und sie gingen demütig, um nie mehr zurückzukommen.

Und die Schlange kroch ihnen nach.

Sie aber erkannten die Schlange nicht.

Denn die Schlange war schöner gewesen als alle Tiere, und jetzt kroch sie auf dem Bauche; sie hatte reden können, und nun war sie stumm. Sie konnte Adam und Eva nur vorwurfsvoll ansehen.

Trübe Tage wechselten mit bangen Nächten. Das Leben war schwer.

Die unfruchtbare, von Gott verfluchte Erde war eine Wüste. In der Behausung der ersten Menschen war es eng und finster. Wilde Tiere bedrohten sie. Sehnsucht, Angst, Müdigkeit...

„O weh, du mein schönes Paradies!" weinte Adam und weinte Eva.

Sie konnten das Leben im Paradies nicht vergessen, immer wieder dachten sie daran, und dann gingen sie bis zur Mauer des Paradiesgartens, knieten nieder und weinten.

Und die Schlange war mit ihnen.

Sie war schöner gewesen als alle Tiere, und alle Kreatur hatte sich an ihrem Anblick gefreut, — und nun kroch sie auf dem Bauche und spie Gift aus, und alles floh vor ihr.

„O weh, du mein schönes Paradies!" weinte Adam und weinte Eva.

Aber keiner hörte sie, keiner gab ihnen Antwort.

An der Pforte des Paradieses stand der Cherub, grimmig, mit flammendem Schwert.

Und verzweifelnd gingen sie zurück zu ihrem verhaßten Felsen in die finstere Höhle.

Und die Schlange kroch ihnen nach.

Als das erste Jahr zu Ende ging, gebar Eva dem Adam einen Sohn, den Kain.

Er war der Erste, der auf der Erde geboren war, schön wie die Schlange und schrecklich. Auf seinem Haupte wanden sich sieben giftige Schlangenköpfe.

Eva war bitter geplagt. Müde und schwach, mußte sie alle nähren — den Sohn und die Schlangenköpfe, die wie ein Kranz seine Stirn umgaben.

Und Adam konnte seinem Weibe nicht helfen, konnte ihre Schmerzen nicht lindern.

Die Schlange aber, die mit ihnen in der Höhle wohnte, war stumm und sah sie nur vorwurfsvoll an.

Und die Erde war voll Weh und Leid.

Trostlose Tage wechselten mit trostlosen Nächten.

Da kam Satan und sprach zu Adam:

„Was gibst du mir, wenn ich Eva helfe?"

„Alles, was du willst," erwiderte Adam, der zu allem bereit war, wenn nur Evas Schmerzen gelindert würden und er nicht mehr den Sohn mit dem greulichen lebendigen Schlangenkranze ums Haupt zu sehen brauchte.

„Schwöre mir," sprach Satan, „daß du und deine ganze Nachkommenschaft mir gehören sollen!"

Und er ergriff einen weißen Stein und reichte ihn dem Adam.

Und Adam schwur.

Und Adam schrieb den Schwur mit seinem Blut hin, daß er dem Satan angehören wolle, er und alle seine Nachkommen bis auf den letzten.

Und alsbald fielen die sieben Schlangenköpfe von Kains Haupte ab.

Da freute sich Eva und Adam freute sich mit ihr.

Und es war dies die erste Freude auf der Erde.

Satan aber nahm den roten Stein mit dem Versprechen und die sieben Schlangenköpfe und ging von der Höhle nach dem Fluß Jordan. Und dort, am Jordan, unter einem Felsen, wählte er einen versteckten Platz und legte den Stein dahin und befahl den sieben Schlangenhäuptern, ihn zu hüten.

Und als Adam starb, kam seine Seele zu Satan. Dann starb Eva, und auch ihre Seele kam zu Satan. Und alle, die nach Adam und Eva starben, folgten ihnen in das Reich Satans, in die Hölle, wie Adam es geschworen hatte.

2.

Die Tage und Jahre gingen, wie Gott es bestimmt hatte.

Die Menschen wurden geboren und breiteten sich über die Erde aus; sie hofften und verzweifelten, bangten und freuten sich ihres Lebens, verlangten nach Macht, nach Reichtum, nach Ruhm, liebten und haßten, halfen einander und töteten einander.

Und der rote Stein lag immer noch am Jordan unter dem Felsen, und die Schlangen hüteten ihn. Und das Reich Satans ward größer mit jedem Jahr, jedem Tag, jeder Stunde, denn immer mehr Söhne Adams kamen hinein.

Und Satan freute sich seiner wachsenden Macht und Größe.

Die Tage und Stunden gingen hin, wie Gott sie festgesetzt hatte. Sie blieben sich immer gleich, heute war wie gestern, und jede Stunde war ein stiller, geheimer Gottesdienst.

Die erste Nachtstunde brach an — die Stunde, da die Dämonen sich vor Gott beugen. Und die Dämonen schadeten dem Menschen nicht, das Böse ruhte, wurde nicht größer, nicht geringer.

Die zweite Stunde kam — die Stunde der Fische. Und es erhob sich der Ozean mit seinem ganzen Reich, und die tiefsten Tiefen des Meeres beugten sich vor dem Herrn.

Es kam die dritte Stunde — die Stunde der höllischen Abgründe.

Es kam die vierte Stunde — die Stunde, da die Seraphim den Herrn preisen, und das Rauschen ihrer Flügel füllte die himmlischen Tempel mit süßer Musik.

Es kam die fünfte Stunde — die Stunde der Wasser über dem Himmel.

Es kam die Mitternacht — die sechste Stunde der Nacht —, und es zogen sich die Wolken zusammen und erfüllten die Welt mit einem großen, heiligen Schauer.

Es kam die siebente Stunde — die Stunde der Ruhe für alles Lebende.

Es kam die achte Stunde — und die Erde freute sich des Taus, der auf Saaten und Gräser niederging.

Es kam die neunte Stunde — die Stunde des Dienens für die Engel, die vor dem Throne der ewigen Allmacht stehen.

10

Es kam die zehnte Stunde — die Stunde des Gebets, und die Himmelstore gingen auf, und die Gebete traten vor Gott, und Gott war gnädig zu den Menschen, und die Seraphim schlugen mit den Flügeln, und Musik tönte durch den Himmelsraum, und unten auf der Erde krähte der Hahn.

Es kam die elfte Stunde — und die Sonne ging auf und brachte der Welt Freude und Licht und Wärme.

Und es kam die zwölfte, die letzte Stunde — die Stunde der Hoffnung und des Schweigens der Engelchöre vor dem Throne Gottes.

Aber der rote Stein lag am Jordan unter dem Felsen. Und die Schlangen hüteten ihn. Und das Reich Satans ward größer mit jedem Jahr, jedem Tag, jeder Stunde, denn immer mehr Söhne Adams kamen hinein.

Und Satan freute sich seiner wachsenden Macht und Größe.

Das währte so fünftausend fünfhundert und acht Jahre.

Nun kam die Stunde, die verheißen war, Christus kam auf die Erde, der Sohn Gottes.

Niemand wußte von ihm, niemand dachte an ihn. Wie bisher aßen und tranken die Menschen, freiten und ließen sich freien, stritten und versöhnten sich, töteten sich selbst aus Liebe und töteten andere aus Haß. Ebenso wie bisher ging die Sonne auf und grünten die Bäume im Frühling. Ebenso wie früher gingen nachts die geheimen Stunden hin.

Einzig Johannes der Täufer harrte des Heilandes am Jordan.

Und als die Zeit erfüllt war, kam Christus aus der Wüste an den Jordan zu Johannes. Und Johannes erkannte den Heiland.

Und Christus trat unter den Felsen auf den roten Stein und ward von Johannes getauft.

Und das Wasser ward unter den Füßen Christi zu Feuer. Das Feuer verbrannte die Schlangenköpfe, das Feuer zerfraß den roten Stein.

Der Heilige Geist stieg auf den Gottessohn herab, und es ward eine Stimme vom Himmel gehört:

„Siehe, das ist mein lieber Sohn, an dem ich Wohlgefallen habe."

3.

In Zorn geriet Satan, als er den gespaltenen, vom Feuer zerfressenen roten Stein und die sieben toten Schlangenhäupter sah.

Er sammelte die schwarzen Stücke des roten Steins und fügte sie mit höllischer Kunst zusammen, und den neuen schwarzen Stein trug er hinab in sein Reich, die Hölle.

Noch war die Zeit nicht erfüllt, drei Jahre sollte Christus noch auf Erden wandeln. Noch drei Jahre mußten Adam und Eva in banger Sehnsucht harren.

Und Satan gab sich kühnen Träumen hin.

Er hatte den schwarzen Stein in der Hölle versteckt und wartete auf die letzte Stunde des Gottessohnes, um dann seine ganze Kraft zusammenzunehmen, den Unüberwindlichen zu besiegen, ihn zu zerreißen, ihn zu verspotten in seiner Kreuzesnot und dann seine schwarze Finsternis über die ganze Welt zu breiten.

Und groß war in der Hölle die Freude des von seinem Wahn betörten Herrschers am Vorabend seiner Schmach und seiner Vernichtung.

DIE GEBURT CHRISTI

1.

In der Nacht, da Christus geboren werden sollte, befand sich die Gottesmutter mit dem heiligen Joseph auf dem Wege nach der Stadt Bethlehem.

Und unterwegs geschah etwas Seltsames mit der heiligen Jungfrau: sie lachte und weinte zu gleicher Zeit. Joseph hielt sein Rößlein an. Der Alte dachte: „Ist der Maria nicht wohl, oder hat sie Angst vor den Wölfen bekommen?" Denn Wölfe gibt es viel in der Gegend.

Die Gottesmutter aber sprach zu ihm:

„Ich sehe zwei Männer, Großväterchen: der eine lacht, und mit dem freue ich mich, denn ihm steht ein großes Glück bevor. Der andre aber weint, und mit dem traure ich, denn ihn erwartet ein großer Schmerz."

Der Alte verstand die Worte der Gottesmutter nicht, aber er merkte sie sich wohl. Sie verhießen der Erde zugleich eine große Freude und ein bitteres Weh.

Die Gottesmutter war auf dem Wege nach Bethlehem. Sie mußten beide zur Schätzung. Es sollten alle Bewohner des Landes geschätzt werden, und in welcher Stadt einer angeschrieben war, in die mußte er sich begeben.

Es war Winterszeit. Und ein sehr schneereicher Winter. Bergehoch lag der Schnee überall. Mit großer Anstrengung kam das Pferdchen vorwärts. Joseph hätte sich die beschwerliche weite Reise gern geschenkt, doch er wagte es nicht, ungehorsam zu sein. Es war ein strenger Befehl vom König ausgegangen, daß ein jeder sich nach seiner Stadt zu begeben habe.

Joseph war ein ganz alter Mann. In jungen Jahren war er ein Zimmermann gewesen, aber jetzt gehorchte ihm das Beil längst nicht mehr. Der Alte hatte geglaubt, sie würden vor

Abend in der Stadt sein, doch sie waren vom Wege abgekommen. Und so überraschte die Nacht sie im freien Felde.

Es war eine helle, sternklare Nacht und bitter kalt.

Die Gottesmutter stieg nicht vom Schlitten herab, — es fror sie zu sehr. Der Alte ging neben dem Pferde und trieb es ab und zu an.

So kamen sie langsam vorwärts.

Und die Gottesmutter fühlte, daß ihre Stunde gekommen war.

Was war zu tun? Wie sollte sie hier nachts auf freiem Felde bleiben?

Da, Gott sei Dank, zeigte sich abseits vom Wege, am Waldrand, eine Erdhütte.

Der Alte band das Pferd an. Sie traten in die Hütte ein. In der Hütte aber standen ein Pferd und ein Öchslein. Sonst war keine lebende Seele zu sehn. Ganz in der Ferne hüteten Hirten ihre Schafe.

Aber die Zeit drängt und Hilfe tut not.

Die heilige Jungfrau bittet den Joseph, eine Wehmutter zu holen. Wo aber wäre hier draußen im Felde eine Wehmutter zu finden?

Der Alte ging traurig die Landstraße weiter und wußte doch gar nicht, wo er eine Wehmutter suchen sollte.

Und als Christus geboren ward, da ward es hell in der Erdhütte.

So hell, als wenn die Sonne aufgegangen wäre.

Die Gottesmutter nahm den Sohn auf ihren Arm, hob ihn empor und legte ihn auf das Stroh in der Krippe, wie in eine Wiege.

Das Pferd und das Öchslein sahen das Kind und kamen näher heran. Sie erkannten den Heiland und bliesen ihn an, um ihn mit ihres Atems Hauch zu wärmen. Und der Knabe streckte spielend die Ärmchen nach ihnen aus und streichelte sie.

Die Tiere aber fuhren fort, ihn mit ihrem Atem zu wärmen.

Und er segnete sie, — segnete das mühevolle Dasein des Rosses und des Ochsen.

Joseph geht über das Feld, er wankt und stolpert, seine Augen sehen nichts mehr, seine Füße versagen ihm den Dienst, — er ist eben schon sehr alt. Er fängt an zu rufen. Aber wer wird ihm nachts im Feld Antwort geben?

Nur die Sterne flimmern, — und so hell, als sängen sie über der Erde.

Und da sieht Joseph eine alte Frau ihm entgegenlaufen. In atemloser Hast klettert sie über die gewaltigen Schneehaufen. Joseph ruft sie an. Da bleibt sie stehn und verschnauft.

Sie war aus der Stadt Bethlehem und hieß Solomonida. Sie hatte ihren kleinen Enkel, den Peter, den unartigen Bub, eben zu Bett gelegt und wollte sich nun selbst zur Ruhe begeben — man wird müde, wenn man den ganzen Tag gearbeitet hat — da war's ihr, als riefe sie jemand.

„Geh ins Feld hinaus, Solomonida, man braucht deinen Beistand," hörte sie eine Stimme. „Und da kam so eine Angst über mich, daß ich aufsprang und hinauslief, so schnell ich konnte."

Da freute sich Joseph und führte die Alte nach der Erdhütte.

Die beiden Alten liefen in größter Hast. In der Hütte aber war es hell, als wäre drinnen die Sonne aufgegangen.

Und die Alten sahen das Kind und erkannten den Heiland und wagten nicht näher heranzutreten. Das Kind aber winkte ihnen aus der Krippe mit der Hand und segnete sie.

Es segnete die alte Wehmutter Solomonida und den alten Zimmermann Joseph, der die heilige Jungfrau bei sich aufgenommen hatte, segnete ihr schweres, arbeitsvolles Leben.

Draußen hüteten Hirten ihre Schafe vor den Wölfen. Denn Wölfe gibt es viel in der Gegend. Den Hirten ward es bange in der Nacht, und um ihre Angst zu vertreiben, erzählten sie sich schauerliche Geschichten.

Da standen die Schafe auf und gingen zum Eisloch trinken. Aber sie tranken nicht, sondern blieben dicht gedrängt rund um das Loch stehen und hoben die Köpfe in die Höhe. Und so standen sie unbeweglich da.

Dergleichen war den Hirten noch nie vorgekommen. Was bedeutete das? Waren sie starr vor Schreck, weil Wölfe in der Nähe lungerten?

Die Hirten traten näher heran. Und wie sie zum Himmel emporschauten, da zeigte sich ihnen ein Engel und sprach:

„Was steht ihr da, ihr Hirten? Christus, der Heiland, ist geboren! Geht schnell nach der Erdhütte. In der Hütte, in der Krippe liegt der Heiland."

Und es zeigten sich unzählige Engel. So viele Engel, wie Sterne am Himmel sind.

„Ehre sei Gott in der Höhe und Friede auf Erden und den Menschen ein Wohlgefallen!" sangen die Engel um jenen geschart, der den Hirten die Geburt des Heilands verkündigt hatte.

Und der ganze Himmel war in kreisender, wirbelnder Bewegung.

Die Schafe aber standen am Eisloch, die Köpfe emporgereckt und starrten in die Höhe.

Da nahmen die Hirten jeder ein Lämmlein und liefen nach der Erdhütte. Und die Hunde liefen ihnen nach.

In der Hütte aber war es hell, als wäre drin die Sonne aufgegangen.

Da sahen die Hirten das Kind, Christus, den Heiland, wie der Engel es ihnen verkündet hatte. Und sie legten ihre Lämmer vor ihm nieder und neigten sich bis zur Erde. Das Kind sah sie an und berührte auch die Lämmer. Es segnete die Hirten, segnete ihr schweres, arbeitsreiches Leben.

Und die Hirten gingen zurück zu ihrer Herde. Und ihre Hunde liefen hinter ihnen her.

Und die Hirten sangen, wie sie es von den Engeln gehört hatten:

„Ehre sei Gott in der Höhe und Friede auf Erden und den Menschen ein Wohlgefallen!"

Da kamen ihnen Wölfe entgegen. Aber die Wölfe hatten die Schafe nicht angerührt, — ein Engel hütete ihre Schafe! Die Wölfe gingen nach der Erdhütte und wichen den Hirten aus!

Auch die wilden Tiere hatten erkannt, daß der Heiland der Welt geboren war.

Weit drüben aber, hinter Feuer und Rauch, hinter Wäldern und breiten Strömen, hinter dem faulen Sumpf am Eismeer, am Ozean, wo der Wind die blauen Eiszacken bis zum Himmel emportreibt, in dem kalten, düstern Land der Zauberer dröhnte und klirrte mitten in der Nacht das Tamburin. Und drei weise lappländische Zauberer und Könige sahen am Himmel den Stern Christi. Sie erkannten ihn wohl, denn ihr Lebenlang hatten die Weisen seiner geharrt und den Tag seines Erscheinens auszurechnen versucht. Und sie nahmen ihre Geschenke und gingen ohne Knechte und ohne Renntiere dem Sterne mit dem Schweif nach.

Und der Stern Christi führte die Zauberer in die Stadt Jerusalem.

2.

Viel Volks war zur Schätzung nach Bethlehem gekommen, doch viel mehr noch nach Jerusalem. Das Stadttor blieb die ganze Nacht offen. Und in den Straßen war ein Lärm, wie zur Messe.

Am frühen Morgen nach der Geburt des Heilandes zeigten sich zwei Wanderer auf der Straße von Bethlehem nach Jerusalem. Es waren keine gewöhnlichen Wanderer: es waren ein Rößlein und ein Öchslein.

Sie gingen ohne Treiber, geradewegs nach Jerusalem. Und als sie in die Stadt gekommen waren, liefen sie unbeirrt durch Lärm und Gedränge die Gassen entlang. Sie atmeten, wie sie in der Nacht geatmet hatten, als sie mit ihrem Hauch das Christkind in der kalten Erdhütte wärmten.

Ein Lümmel warf einen Stein nach ihnen, doch der Stein glitt an ihnen ab wie eine Feder: sie spürten seine Berührung nicht und zuckten nicht einmal zusammen.

Das Rößlein und das Öchslein gingen schnaufend die Gassen entlang. Ihre Augen waren wie Menschenaugen, hell und klar. Und wenn sie hätten reden können, so hätten sie gesagt — sie brachten ja die Kunde von der Geburt des Heilandes — so hätten sie gesagt, daß in dieser Nacht der Herr Christus geboren sei, der Erlöser, daß sie ihn gesehen hätten und daß er sie gesegnet hätte.

Kinder, Pilger und Narren neigten sich vor dem Roß und dem Ochsen, wo sie ihnen begegneten.

Nachdem sie die ganze Stadt durchschritten hatten, verschwanden die beiden jenseits der Stadtgrenze.

Und sie gingen weiter die Landstraße entlang, wie sie auch heute noch gehen und immer weiter gehen werden, bis das Ende aller Tage gekommen ist. Und in der letzten Stunde werden sie reden ... sie werden reden, die Stummen, das gesegnete Rößlein und der Ochse.

Am Abend desselben Tages erschienen in Jerusalem die Hirten von Bethlehem, vier Hirten.

Sie gingen durch die von Menschen erfüllten Gassen, aber es war, als sähen und hörten sie nichts von dem, was rundum geschah. Sie machten auf den Plätzen halt und stimmten einen seltsamen, unverständlichen Gesang an.

Sie sangen das Lied der Engel:

„Ehre sei Gott in der Höhe und Friede auf Erden und den Menschen ein Wohlgefallen!"

Und Kinder und Pilger und Narren drängten sich, wie

Schafe, an sie heran und starrten zum Himmel empor und fielen plötzlich mit wildem Geschrei und Gelächter mit ein:
„Ehre sei Gott in der Höhe und Friede auf Erden und den Menschen ein Wohlgefallen!"
Und der ganze lärmende Marktplatz geriet gleich dem stillen Sternenhimmel in wirbelnde Bewegung.
Nachts verschwanden die Hirten jenseits der Stadtgrenze.
Sie gingen weiter, dem Rößlein und dem Öchslein nach, wie sie auch heute noch gehen und das Lied der Engel singen, und wie sie gehen und singen werden, bis das Ende aller Tage gekommen ist. Und in der letzten Stunde wird man ihnen lauschen, den gesegneten Hirten von Bethlehem.
Rößlein und Öchslein waren verschwunden, die Hirten wurden nicht mehr gesehn, und die Nacht war vorüber.
Mit dem Morgengrauen des folgenden Tages aber zeigte sich in Jerusalem eine alte Frau. Sie ging durch die Gassen, und keiner konnte verstehen, wovon sie sprach und was ihre Gebärden bedeuteten. Sie tat, als wiege sie ein Kind und als spräche sie ihm freundlich zu und scherze mit ihm — und dann fiel sie plötzlich auf die Knie und fing an zu weinen, doch nicht vor Schmerz, sondern vor Freude.
Das war die alte Solomonida, die erzählte von der Geburt des Heilandes und zeigte, wie sie das Kind auf ihre zitternden, abgearbeiteten Arme genommen, wie sie es geherzt und geschaukelt hatte, — sie, die schon so vielen Kindern zur Welt geholfen hatte.
Kinder, Pilger und Narren liefen der Alten nach, und wenn sie weinend auf die Knie fiel, wiederholten sie weinend ihre unverständlichen Worte.
Und die dunkle Straße geriet gleich den Sternen am stillen Himmel in wirbelnde, kreisende Bewegung.
Als sie alle Gassen durchschritten hatte, verschwand Solomonida jenseits der Stadtgrenze.
Und sie ging weiter die Landstraße entlang, wie sie heut

noch geht und von dem Christkind erzählt und vor Freude weint, und wie sie gehen wird und weinen, bis das Ende aller Tage gekommen ist. Und in der letzten Stunde wird man sie verstehen, die gesegnete Greisin Solomonida.

Und eine bange Spannung legte sich über die königliche Stadt, das große Jerusalem.

Drüben aber vom Eismeere her, vom Ozean, wo der Wind die blauen Eiszacken bis zum Himmel emportreibt, durch Sümpfe und Ströme, durch Wälder, durch Feuer und Rauch schritten die drei lappländischen Zauberer und Könige dem Sterne Christi nach.

Ihre königlichen Gewänder waren beschmutzt und zerschlissen, die Fetzen hingen ihnen, wie Bettlern, von den Schultern herab, und nur die Königskronen strahlten wie Sterne.

Am dritten Tage brachte der Stern die Könige nach Jerusalem. Der Stern erhob sich über die Königsstadt und verschwand.

Und als die drei Zauberer in den Gassen Jerusalems erschienen und zu fragen begannen, wo Christus, der König geboren sei, dessen Stern sie gesehen hätten, da geriet die Königsstadt in große Aufregung.

„Wo ist Christus, der Heiland der Welt, geboren?" fragten die Zauberer die Leute auf der Gasse. „Wo ist der König geboren?"

„Wir haben keinen König außer Herodes," antwortete man ihnen, „und wir kennen keinen andern König außer Herodes und seinem Sohn Archelaos."

Aber nicht nach Archelaos, dem Sohne des Herodes, nicht nach dem König Herodes fragten die weisen Könige, sondern nach Christus, dem Könige, der alle Könige besiegen und alle Reiche der Erde erobern würde, nach Christus, dem Könige, dem Weltheiland, fragten die weisen Könige und Zauberer.

20

Dicht hinter ihnen, wie sie selbst dem Sterne nachgegangen waren, gingen Kinder, Pilger und Narren. Und wenn die Könige nach Christus, dem Weltheiland, fragten, dann erstarrten jene in banger Erwartung.

Aber es ward ihnen keine Antwort.

Von Gasse zu Gasse, von Haus zu Haus, von Mund zu Mund ging die Kunde von den lappländischen Königen und Zauberern und von dem Stern, der sie geführt hatte, und von der Geburt des Königs Christus, — des Königs, der alle Könige überwinden würde. Und am Abend drang die Nachricht auch über die hohen, unübersteigbaren Mauern des Königspalastes.

Und das Gemüt des Königs Herodes ward verwirrt.

Herodes ließ die fremden Könige zu sich rufen.

Man brachte die fremden Könige vor Herodes.

Herodes kam ihnen entgegen.

Als sie den Herodes erblickten, fragten die Zauberer den König, wie sie an dem Tage alle Leute gefragt hatten, nach dem neugeborenen König.

„Wo ist der König geboren?"

„Ich bin der König!" antwortete Herodes den Zauberern.

Er war klein und mager, mit einem kleinen Kopf auf einem kurzen, unverhältnismäßig dicken Halse, er kniff die Augen ängstlich zusammen und sprach mit unerwartet lauter und tiefer Stimme.

Und dieses Unerwartete betrog und verblüffte die Leute.

Aber die lappländischen Könige ließen sich nicht verblüffen. Die lappländischen Könige waren Herr über die Winde, konnten den Sturm entfesseln, konnten die Inseln im Meere von ihrem Platz rücken, konnten alles Lebende in Stein verwandeln, drangen in alles Verborgene, wußten durch ihre geheimen Künste, was auf Erden und im Meere geschah, selbst in fernen Ländern bei fremden Völkern.

Die lappländischen Könige kannten keine Furcht.

Die Weisen hatten ihr ganzes Leben auf den Stern Christi gewartet, und nun hatte der Stern Christi sich ihnen gezeigt.

Die lappländischen Könige kannten keine Furcht.

Ohne sich an die Wege und Straßen zu halten, waren sie dem Stern mit dem Schweif gefolgt: Tag und Nacht sahen sie nichts als den Stern und fühlten keine Ermattung und keinen Hunger. In drei Tagen legten sie eine Strecke zurück, zu der man sonst ein Jahr braucht.

„Wo ist Christus, der König, geboren?" fragten die Zauberer den Herodes abermals.

Herodes hielt eine Schale in der Hand. Er erhob die Schale nach königlichem Brauch zu Ehren der ruhmreichen lappländischen Könige.

Und über dem königlichen Palast stieg der Stern auf und blieb im Fenster gegenüber den Zauberern stehen und ließ ihre Kronen wie tausend Sterne flimmern und blitzen.

Und die Sterne sahen aus den Augen der Zauberer.

„Wo ist Christus, der König, geboren?" fragten die Zauberer zum drittenmal. „Er wird alle Könige besiegen und alle Länder, alle Reiche erobern."

Und die Schale entfiel den Händen des Herodes.

„Geht, ihr Könige," sagte Herodes und zitterte am ganzen Leibe, „geht und erkundigt euch nach dem Christkind und kommt nach Jerusalem zurück. Ich will als erster hingehen und ihm huldigen."

Die Zauberer versprachen nach Jerusalem zurückzukommen und dem Könige vom Christkind zu berichten, und verließen den Palast.

Und die Zauberer sahen den Stern Christi und freuten sich seiner.

Und der Stern führte sie aus der Königsstadt Jerusalem nach der Stadt Christi Bethlehem.

3.

Der Stern Christi ging den Zauberern voraus, und eilig folgten sie ihm nach.

Die Menge, die ihnen nachgelaufen war, blieb bald weit zurück. Auch die Kundschafter des Königs konnten nicht mit ihnen Schritt halten.

Wenn der Stern sich im Kreise bewegte, folgten die Zauberer ihm. Wenn er von der Landstraße in den Wald einbog, folgten sie ihm.

Und so gingen die drei Könige bald die Straße entlang, bald über das Feld, bald durch den Wald.

Es wurde Nacht, und der Frost ward stärker.

Sternklare Nächte sind immer kalt.

Der Schnee knirschte unter den Füßen der Wanderer.

Nun hatte der Stern den Fluß überschritten und blieb am Waldrande stehn und senkte sich langsam über der Erdhütte nieder.

Und es war hell in der Erdhütte, als wäre die Sonne drin aufgegangen.

Und die Zauberer sahen das Kind und reichten ihm ihre Gaben: Gold und einen knöchernen Stab und eine Kutja[1]. Und sie neigten sich vor dem Kinde.

Das Christkind schaute die Gaben lange an — das Gold, den Stab und die Kutja. Dann segnete es die Zauberer, — segnete das schwere, arbeitsreiche Leben der Könige, die dem Sterne Christi entgegengesehen hatten.

Und die enge Erdhütte war voller Sterne.

Und die Engel sangen:

„Ehre sei Gott in der Höhe und Friede auf Erden und den Menschen ein Wohlgefallen."

Und der Glanz der Sterne blendete die Zauberer.

Da trat aus dem Reigen der Engel ein strenger Engel und

---

[1] Speise aus Reis und Honig, die in Rußland am Weihnachtsabend gegessen wird.

löste die Zauberer von dem Schwur, den sie dem Herodes geleistet hatten, und befahl ihnen, nicht mehr nach Jerusalem zurückzugehen.

„Geht nicht zum Herodes, ihr Zauberer," sprach der strenge Engel, „geht einen andern Weg: der König hat Böses im Sinn, der König will das Kind töten."

Und der strenge Engel verschwand im Reigen der Engel.

Und die Zauberer erwachten wie aus einem Traume.

Die heilige Jungfrau hielt ihr Kindlein auf dem Arme und machte sich zur Reise bereit. Joseph war am Schlitten beschäftigt und sprach mit dem Pferde. Als er die Muttergottes mit dem Kinde in den Schlitten gesetzt hatte, winkte der Alte mit seinem Fausthandschuh.

Und das Pferdchen lief die Straße ins Zigeunerland hinab, die der Engel dem Joseph gewiesen hatte, die Straße nach Ägypten.

Der Stern schwebte ganz niedrig vor ihnen her und beleuchtete dem Christkinde den weiten Weg nach Ägyptenland.

Die Engel sangen:

„Ehre sei Gott in der Höhe und Friede auf Erden und den Menschen ein Wohlgefallen!"

Und der ganze Himmel war in wirbelnder Bewegung.

Die Zauberer aber zogen mit Sturmeseile durch Feuer und Rauch, durch Wälder und Sümpfe und Ströme, an der Königsstadt vorbei, vorbei an dem König Herodes, zu dem Eismeer, dem Ozean, in ihr Lappland, in das kalte, finstre Land der Zauberer.

Und dort, in ihrem öden Zauberland, malten sie den Stern Christi auf ihr geheimnisvolles, zauberhaftes Tamburin, und dann stiegen sie mit den blauen Eiszacken empor und schwammen über das Eismeer, über den Ozean, leise und still von der Erde zum ewigen Leben, zur ewigen Ruhe hinüber. ———

Wilde Aufregung herrschte in Jerusalem, in der großen Königsstadt.

Nachdem er die Zauberer entlassen hatte, stellte Herodes sich ans Fenster und schaute auf die Straße hinaus, blickte dem Leuchten der goldenen Kronen der lappländischen Könige nach. Wie Sterne strahlten sie in der Abenddämmerung auf der Straße nach Bethlehem.

Und der König zitterte am ganzen Leibe.

„Die Zauberer werden das Christkind finden, sie werden nach Jerusalem zurückkehren, werden von dem Kinde erzählen, und ich, der König, werde als erster hingehn, dem Kinde zu huldigen!" Und ohne den Hals zu wenden, am ganzen Leibe zitternd, fing Herodes plötzlich an, mit unerwartet tiefer Stimme laut zu lachen ... „Ich werde als erster dem Kinde huldigen! ... Noch ehe der Tag graut, wird er nicht mehr am Leben sein, der König Christus, der alle Könige überwinden soll, alle Länder, alle Reiche erobern!"

„Ich bin der König!" wiederholte Herodes zitternd und lachend.

Den ganzen Abend blickte der König den Zauberern nach, in die Fensternische gedrückt, und zitterte und lachte.

Die Nacht brach an.

Die Zauberer kamen nicht zurück.

Die Kundschafter des Königs meldeten, daß die Zauberer aus Bethlehem verschwunden wären.

Nein, sie waren nicht verschwunden. Sie hatten den König betrogen. Die Zauberer trieben ihren Spott mit König Herodes.

Der König hatte niemand und nichts mehr zu erwarten.

„Christus lebt! Er wird alle Könige überwinden, wird den König Herodes besiegen, wird alle Reiche erobern, wird dem König Herodes sein Reich nehmen!"

Der König geriet in Wut. Er stampfte mit den Füßen und schrie und weinte wie ein Kind, vor Zorn, Hilflosigkeit und Angst.

Und der König Herodes befahl seinem Heer, nach Bethlehem zu gehen und dort alle Kinder zu töten, alle Knaben unter zwei Jahren.

Trommelwirbel, Trompetengeschmetter mitten in der Nacht in der Königsstadt Jerusalem.

Auf den Plätzen drängt sich das Volk. Entsetzt rennen die Leute hin und her, wie bei einem Brande.

Mit klingendem Spiel zogen die Soldaten aus nach Bethlehem, den Blutbefehl des Königs zu erfüllen.

Die Nacht war sternklar und grimmig kalt.

Der Schnee knirschte unter den Schritten der Marschierenden.

Um Mitternacht hatten die Soldaten Bethlehem erreicht und zogen mit klingendem Spiel in die Stadt ein.

Und das blutige Werk nahm seinen Anfang.

Die Kinder ahnten nichts. Sie wußten nichts von Königen, — weder von Herodes, noch von seinem Sohn Archelaos. Sie kannten keinerlei Eide, keinerlei Gebote. Sie konnten kaum sprechen. Sie redeten ihre eigene Sprache und sahen die Welt auf ihre Weise, mit ihren Augen. Sie lächelten, wie nur Kinder lächeln. Sie weinten, lachten, spielten.

Und es war auf Erden keine Nacht so grauenvoll, und ist keine grauenvoller und wird nie eine grauenvoller sein, als jene Nacht in Bethlehem nach der Geburt des Heilandes.

Die Soldaten stürmten in die Häuser und rissen die Kinder von der Brust der Mutter und erwürgten sie, andere warfen sie aus ihren Wiegen und zerstampften die Schlaftrunkenen mit ihren Stiefeln.

Die Kinder erwachten von dem Lärm: sie begriffen nichts und boten selber ihre Hälse den Säbeln der Soldaten.

Und sie wurden gleich ohne weiteres abgeschlachtet.

Man schleppte die Kinder wie junge Katzen auf die Straße hinaus und ließ sie von Pferden zertreten, man hängte sie auf, man erstach sie mit Lanzen, man riß sie in Stücke, man ersäufte sie im Eisloch, man begoß sie mit siedendem Wasser, wie Ratten, man warf sie ins Feuer.

Die mächtigen Schneehaufen schmolzen von dem heißen Kinderblut und bedeckten die Erde mit einer Eiskruste.

Die Sterne flammten noch einmal blutigrot auf und erloschen.

Und die Soldaten kümmerten sich nicht mehr darum, wie alt die Kinder waren und ob es Knaben oder Mädchen waren.

Anläßlich der Schätzung hatte jemand unter den Kindern im Armenviertel von Bethlehem das Gerücht ausgesprengt, man werde nachts kommen und die Kinder aufschreiben, die zur Sonnenwendfeier geladen und beschenkt werden sollten.

Die größeren Kinder schliefen in dieser Nacht nicht: sie warteten. Und als die Soldaten kamen, da stürzten die Kinder ihnen entgegen, denn sie dachten, nun käme man, sie anzuschreiben zur Bescherung.

Peter, der Enkel der alten Solomonida, hatte die ganze Nacht gewartet und war endlich auf dem verlassenen Bett der Großmutter eingeschlafen. Und im Schlaf hörte er draußen Lärm, wachte auf, dachte: „Jetzt kommen sie!" — und lief auf die Straße hinaus.

Peter rief den Soldaten zu:

„Vergeßt mich nicht!" Tränen erstickten seine Stimme: er war noch nie bei einer Bescherung gewesen.

Ein Soldat packte ihn:

„Nein, nein, wir vergessen dich nicht!" Und er schnitt ihm mit dem Messer den Hals durch, wie einem jungen Huhn.

Trommelwirbel, Trompetenschmettern, Musik konnten das Wehgeschrei der Mütter und das Ächzen und Weinen der Kinder nicht übertönen.

Ein steinernes Herz muß beim Weinen eines Kindes erbeben!

Bis zum Morgengrauen währte das Gemetzel in Bethlehem und den Vorstädten. Vierzehntausend Kinder wurden in Bethlehem geschlachtet.

Nachdem sie des Königs Befehl erfüllt hatten, müde von der blutigen Nacht, verließen die Soldaten die Stadt und gingen nach Jerusalem zurück. Das Blut troff von ihren Händen und ihren Waffen auf die Straße, die das Pferd und der Ochse, die Hirten und die alte Solomonida gegangen waren.

Die Musik dröhnte und trieb die blutbefleckten Füße zu schnellerm Schritt an.

Und das Geschrei und Geheul und die Flüche der wahnsinnigen Mütter eilten den Abziehenden nach.

Und weit über das Weichbild Bethlehems hinaus hörte man Weinen und Flüche auf allen Straßen.

Ein steinernes Herz muß erbeben beim Wehklagen einer verzweifelten Mutter!

Das Pferdchen schnaubte. Joseph stieg vom Schlitten herunter und horchte. Die Erde selbst schien dem Alten zu schreien.

Und Joseph gedachte der Worte der Gottesmutter und verstand sie, die der Erde eine große Freude und einen bittern Schmerz verheißen hatten.

„Ich sehe zwei Männer, Großväterchen: der eine Mann lacht, und ich freue mich mit ihm, — ihm wird ein großes Glück zuteil werden. Der andre aber weint, und ich traure mit ihm, denn ihm wird großes Leid widerfahren."

König Herodes aber, der die ganze lange Nacht schlaflos in Unruhe verbracht hatte, ging, als der weiße Tag gekommen war, in seinem öden Palast umher und kniff die ängstlichen Augen zusammen und lachte plötzlich laut auf, vor Freude, daß er das Christkind aus der Welt geschafft hatte...

DIE LEIDEN DER HEILIGEN JUNGFRAU

1.

Als sie den Purpur von seinen Schultern gerissen und ihn in seinem ärmlichen Gewand auf die Gasse geführt hatten, als er unter dem Geschrei und Pfeifen der erregten Menge nach der Schädelstätte getrieben ward, — da wußte alle Kreatur davon: es wußte es der Wald, wo der Dornstrauch stand; es wußte es das Meer, wo der Schwamm wuchs; es wußten es die Tiere und der Weingarten, die Berge und das Feuer, das die Nägel und den Speer geschmiedet hatte. Nur die heilige Jungfrau wußte es nicht.

Das ganze jüdische Volk verlangte nach seinem Blut:

„Sein Blut komme über uns und unsere Kinder!"

Das reine Blut des Heilands tropfte in den Straßenstaub, während er in der Dornenkrone unter der Last des schweren Kreuzes vorwärtsschritt; — schon stand die Sonne feuerrot über Jerusalem und verkündete einen heißen blutigen Tag — — wie viel hatte sich ereignet! — — und die heilige Jungfrau wußte nichts.

Die heilige Jungfrau schlief.

Die ganze Nacht hatte sie kein Auge zugetan, und erst gegen Morgen war sie am Fenster sitzend eingeschlafen.

2.

In der Hölle ging es hoch her. Ihre Bewohner gebärdeten sich wie toll.

Wie ein Blitz hatte die Kunde eingeschlagen, daß das Licht und die Sonne, die Krone und der Ruhm der Welt, der eingeborene Sohn Gottes, der Menschensohn gefangen genommen sei und nach Golgatha geführt werde.

Und die rasende Hölle donnerte, wie eine dräuende unbarmherzige Gewitterwolke; die Hölle brüllte, wie ein gereizter Löwe; die Hölle brummte, wie ein tollgewordener Stier; die Hölle stöhnte, wie das weite Meer bei Unwetter; die Hölle glühte, wie ein verwundetes Herz.

Mit dem Reiche Christi, das ewig sein sollte, war es zu Ende!

Und die finstern Teufel heulten und schwangen sich vor Freude in wildem, rasendem Tanz.

Der Teufel, der nur ein Hühnerbein hatte, der böse Knecht der Schlange, hüpfte auf dem einen Hühnerbein bis zu den höchsten Türmen empor, die den Eingang in den finsteren Wohnort der finstern, stolzen, unglücklichen Dämonen, in das Reich der ewigen Qualen, schützten. Und die boshaften Ratgeber der Schlange, die nur Knorpeln statt Knochen haben, kletterten in tollem Spiel einer auf den andern und bliesen und pfauchten, daß der giftige Dunst und Staub, der ihren Mäulern entquoll, durch die Mauern der Hölle bis auf die Erde drang. Und inmitten des wüsten Gewirbels leuchtete wie ein Smaragd das grüne Auge Satans.

Die wächserne Brücke der Prüfungen zwischen Paradies und Hölle und die Brücke der Toten, die über den brausenden Pechstrom führt, brach zusammen. Und die unersättliche höllische Flamme leckte an den Säulen des Himmels.

Mit dem Reiche Christi, das ewig sein sollte, war es zu Ende.

3.

Entsetzen packte die Engel und Erzengel, die Seraphim und Cherubim. Alle himmlischen Heerscharen gerieten in Bewegung.

Hilflos schlossen die Engel ihre unsterblichen Augen.

Wer wird zur heiligen Jungfrau gehn, wer soll ihr die traurige Kunde bringen, wer soll ihr den unerschütterlichen Willen des allwaltenden Gottes mitteilen, der von Ewigkeit den Tod seines Sohnes beschlossen hat?

Der Heilige Geist, der Tröster der Mühseligen und Beladenen, konnte ihnen keinen Trost geben.

Der Herr sprach:

„Du, Gabriel, warst der Bote der Freude. So sei denn heute der Bote des Leids."

Und Gabriel antwortete:

„Wie soll ich, der ich die große Freude von der Fleischwerdung des Wortes verkündigte, nun seine Kreuzesmarter verkündigen?"

Und der Herr sprach:

„Du, Michael, du Führer der himmlischen Heerscharen, der du im Namen des Allmächtigen mit deinem Speer deinen größern Bruder Lucifer trafst, du Sieger, gehe hin und bring ihr die Kunde. Du wirst als Kriegsmann den Schmerz leichter tragen."

Und Michael antwortete:

„Mein Arm hat den Stolzen geschlagen; ich bin stark im Kampf gegen Gewalt und Macht, aber nicht gegen Demut und Leid."

Da sprach der Herr:

„Du, Rafael, der du deine Hand hilfreich aller Kreatur entgegenstreckst, du Fürsprecher vor dem Antlitz des Allgegenwärtigen, — gehe hin und hilf dem ewigen Willen, daß die Marter des Wortes kund werde der, die das Wort geboren hat."

Und Rafael antwortete:

„Ich bin das Werkzeug der Liebe Gottes, ich bin der Trost der Leidenden, — soll ich der größten aller Frauen Schmerz bereiten?"

In Angst und Schmerz bebten und rauschten die weißen Flügel. Tränen traten in die sonnenklaren Augen.

Hätte doch lieber der Herr seinen Engeln, den sanften, zornigen oder gnädigen, befohlen, die Seele der heiligen, ewigen Jungfrau aus der Gefangenschaft des Leibes zu befreien!

Der Heilige Geist, der Tröster der Mühseligen und Beladenen, konnte ihnen keinen Trost geben.

4.

Ein kleines Vöglein war hoch zu den Wolken empor geflogen. Ein Hänfling war's, der seinen Durst aus einem frischen Waldquell gestillt hatte. Er vernahm, was die Engel redeten, und flog eilig wieder zur Erde hinab, zum Hause, in dem die Mutter des Heilands wohnte.

Er setzte sich aufs Fenster und zwitscherte traurig, den sonnenbeschienenen Hals hin und her drehend.

Da schlug die heilige Jungfrau die Augen auf.

Sie erhob sich und fiel gleich wieder auf die Bank zurück.

Ein Augenpaar, weiß vor Verzweiflung, ohne Lider, blickte sie aus dunkeln Höhlen an: Judas Ischarioth, einer der zwölf Jünger Christi, der den Meister verraten hatte, stand vor dem Fenster.

Traurig zwitscherte der Hänfling, das graue, einfältige Vöglein.

Und ein Schauer überlief die heilige Jungfrau, ihr Herz ahnte, was geschehen sollte. Sie sprang auf und stürzte zur Tür.

„Maria," trat ihr an der Schwelle ein anderer Jünger entgegen, der Liebling des Meisters, Johannes, „Maria, wo ist dein Sohn, wo ist unser Herr und Meister?"

Und die Straße entlang, am Hause vorbei, an den Fenstern vorbei, ging der Zug, der den Heiland zur Schädelstätte geleitete.

Freiwillig ging er in den Kreuzestod...

Wer hilft einer Mutter, die ihren Sohn verloren hat? Wer beschützt sie, wer hütet sie in der finstern Nacht? Zu wem soll sie gehen?

Erschreckt durch das Lärmen, Pfeifen und Schreien, war das Vöglein davon geflogen. Der bittre Schmerz preßte dem Johannes die Lippen zusammen. Wer wird sie trösten?

Allein war die heilige Jungfrau geblieben, allein, wie das Gras, das Rosseshufe zerstampft haben.

Halb von Sinnen warf sie sich auf den Boden. Und dann

sprang sie wieder auf. Sie stöhnte. Ihr Haar löste sich, vor den Augen flimmerte es, ein Schwindel packte sie. Sie lief auf die Gasse hinaus.

Und als sie ihren Sohn sah, zerriß sie ihren Schleier.

Bittre Tränen brannten ihre Augen. Ihr Herz blutete, es suchte einen Ausweg und fand keinen. Und sie schlug sich an die Brust, zerkratzte ihre Wangen, raufte ihr Haar.

Barhäuptig, leise vor sich hin murmelnd, schwankenden Schritts ging die heilige Jungfrau hinter ihrem Sohn her.

„Wehe mir vor allen Müttern! Wehe mir vor allen irdischen Kreaturen!"

Das schwere Kreuz drückte seine Schultern. Seine Knie knickten unter den Schlägen zusammen. Mit jedem Schritt beugte er sich tiefer und tiefer zur Erde nieder.

Und die Last ward ihm zu schwer, und er fiel hin.

Der kräftige Simon von Kyrene, der hinter dem Heiland in der Menge ging, trat vor, nahm das Kreuz auf seine Schulter und trug es.

Die Menge pfiff. Steine flogen. Ein Wind erhob sich, wirbelte Staub auf, blies ihn den Leuten in die Augen, daß sie kaum sehen konnten.

„Freue dich, König der Juden!" spotteten sie des Gepeinigten und trieben ihn mit Stößen vorwärts.

Und nicht Tränen — Blut rann seine Wangen hinab. Kein heiles Fleckchen war mehr an seinem Leibe.

Wer hilft einer Mutter, die ihren Sohn verlor? Wer beschützt sie, wer hütet sie in der finstern Nacht?

Man sagt zu ihr: „Geh nach Hause!"

Wer aber zeigt ihr jetzt ihr Haus? Wer stillt, wer bändigt ihren Schmerz, wer gibt Antwort auf die Seufzer ihres Herzens?

Barhäuptig, leise vor sich hin murmelnd, schwankenden Schritts ging die heilige Jungfrau hinter ihrem Sohne her.

„Wehe mir vor allen Müttern! Wehe mir vor allen irdischen Kreaturen!"

5.

Als sie ihn ans Kreuz geschlagen hatten, strömte das Blut aus seinen Wunden.

Und der Boden unter dem Kreuz wurde rot.

Trostlos stand die heilige Jungfrau unter dem Kreuz und neben ihr Johannes, des Meisters Lieblingsjünger.

Schwer litt der Heiland. Sie sah es und konnte ihm nicht helfen.

Er bat zu trinken. Sein Herz verging in bitterer Pein.

Und sie konnte ihn nicht tränken, denn sie wagte nicht von dem Kreuze fortzugehn. Sie fürchtete, er könnte in ihrer Abwesenheit sterben.

Und der Himmel verfinsterte sich.

Gewitterwolken türmten und ballten sich am Himmel. Eine tiefschwarze Wolke hing über der Stadt. Und Funken sprühten über der Stadt, als brenne oben in den Wolken ein mächtiger Feuerherd.

Das Gesicht des Heilands am Kreuz verzerrte sich. Es war ganz bleich.

Die Haare klebten an der Stirn.

Und seine Stimme ertönte vom Kreuze:

„Mein Gott, warum hast du mich verlassen!"

Und das Blut rann über sein Antlitz und verschloß ihm den Mund.

Und sein Haupt senkte sich auf die Brust.

Und am andern Ende der Stadt Jerusalem, im Garten der Magdalena, hing an seinem Ledergürtel bis tief zur Erde herab Judas, der den Herrn verraten hatte. Die verzweifelten weißen Augen ohne Lider blickten aus ihren dunkeln Höhlen auf die schwere Erde und sein Mund war voll Erde.

Das Herz der unglücklichen Mutter ward entzweigerissen. Es schmolz, wie rote Kohlen, es glühte und brannte.

Schon schwebte ein Rabe über dem Kreuz.

Wie schmelzendes Pech glänzten die Rabenfedern, wie helle Wachskerzen brannten die starren Rabenaugen.

Dumpf und traurig sprach die heilige Jungfrau:

„War es denn eine Unglücksnacht, in der du geboren wardst, du mein Herr und mein Sohn, Jesus?! Du Unsterblicher, der die Toten auferweckte! Und nun sehe ich, daß der unerbittliche Tod auch dich rauben will! Du konntest ihm nicht entgehn! O mein geliebter Sohn, o mein Jesus, um wen mußt du leiden, für wen nimmst du den Tod auf dich? An das Holz sind deine Hände geschlagen, deine Zunge ist stumm!"

Jesus hob sein heiliges Haupt und sprach zu seiner Mutter:

„Weine nicht um mich, Maria, meine Mutter, habe Geduld. Die Seele verläßt den Leib, ich will meinen Geist dem Vater befehlen. Ich gebe dir den Johannes an meiner Statt, sei du ihm Mutter, er wird dein Sohn sein."

Bitter sprach die heilige Jungfrau:

„Kann ich den Schöpfer für das Geschöpf hingeben? Wo gehst du hin? Und wie soll ich leben ohne dich? Wem lässest du mich? Nimm mich mit! Laß auch mich sterben! Ich leide bittre Pein! Mein Herz bricht."

Und einer weißen Birke gleich beugte sich die heilige Jungfrau auf die Steine vor dem Kreuz hernieder und bat und flehte um den Tod.

Sie mochte die Menschen nicht sehn, mochte das Licht nicht schauen, sie wollte sich nicht wieder erheben.

Entzweigerissen war das Herz der unglücklichen Mutter. Es schmolz wie rote Kohlen, es glühte und brannte.

6.

Drei Stunden waren vergangen, seit man ihn grausam ans Kreuz geschlagen zu ewigem, bösem Gedächtnis und Unheil des jüdischen Volkes.

Drei Stunden hing er, der die Erde geschaffen, über seiner von Ewigkeit freien Erde.

Alle Schmerzensschreie, alle Seufzer, die je auf Erden laut geworden, oder die bis zum jüngsten Tage noch lautwerden sollen, alles Leid, alle Qualen der vom Schicksal Verfolgten drängten sich um das Kreuz und erfüllten sein Herz, brannten es und marterten es mit den furchtbarsten Plagen.

Und er schrie zum Vater und es ward Nacht vor seinen Augen.

Und Finsternis senkte sich auf die Erde herab.

Das Licht erlosch. Die Sonne erstarrte, in Finsternis gehüllt. Die Sterne blitzten auf, zitternd, wie Smaragde, und erloschen. Der Mond verbarg sich in einer Wolke, auch er ward bleich. Und die Erde erbebte. Flüsse und Seen traten aus ihren Ufern. Das Gras auf den Feldern ging in hohen Wellen. Aus dem rauschenden Schilf flogen erschreckte Wildgänse und Schwäne empor. Die Wälder brausten. Die Bäume bogen sich zur Erde. Blätter fielen von den Zweigen. Das trockne Unterholz brach.

Wie ein verglimmendes Holzscheit im Feld lag die heilige Mutter Gottes unter dem Kreuz.

Und das Grauen ging über die Erde.

Die Toten vom Friedhof gingen nach der Stadt. Die Toten mengten sich an den Kreuzwegen unter die Lebenden.

Kalt wehte die Luft.

Es fror.

Und in der Finsternis flog etwas umher, brummte und zischte. Und immer heftiger wehte der Wind. Es dröhnte und hämmerte, als ob irgendwo Eisen geschmiedet würde. Es weinte und seufzte, als ob ein Mensch getötet würde. Feurige Pfeile flogen den Himmel entlang und verschwanden wieder. Und es war, als peitschte eine unsichtbare gewaltige Geißel die zitternde Luft.

Und von einem Ende zum andern erbebte der Tempel. Der Vorhang vor dem Allerheiligsten riß mitten entzwei. Die Steine bröckelten ab. Und alle Kreatur stöhnte auf.

Tiere, Vögel, Felder, Wälder, Sümpfe, Gräser, Blumen, Sträucher, Bäume, Wasser und Steine, — alle Kreatur stöhnte, und die heilige Mutter Gottes weinte:

„Herr, vergib ihnen, sie wußten nicht, was sie taten!"

DIE LEIDEN DES HEILANDES

1.

Auf Golgatha, über dem Grabe Adams, richtete man den Baum der Erkenntnis auf und der Schädel des ersten Menschen ward zur Stütze des Kreuzes, an dem der Menschensohn hing.

Der Baum der Erkenntnis, den einst Satan gepflanzt, da Gott den Garten des Paradieses schuf, dessen Frucht den Menschen die Augen öffnete über Gut und Böse, dessen Zweig die tote Stirn Adams bekränzte, — er ward jetzt zum Baum des Heils, zum Kreuz des Erlösers.

Man schlug ihn mit Händen und Füßen an das Kreuz mit eisernen Nägeln, man kleidete ihn in ein grünes Hemd aus grünen Nesseln, man gürtete ihn mit Weißdorn, band ihn mit Hopfen und Binsen, durchstach seine Seite mit einem Speer, stieß ihm Weidenruten unter die Nägel und legte ihm eine Dornenkrone auf das Haupt.

Wo die Nägel eingeschlagen wurden, da floß das Blut. Wo man ihn gürtete, da floß Schweiß. Wo die Krone sein Haupt berührte, da flossen blutige Tränen aus seinen Augen.

Die am Kreuze vorübergingen, schüttelten die Köpfe und spotteten.

„Der du den Tempel zerbrichst und in drei Tagen wieder aufbaust! Hilf dir selber! Wenn du der Sohn Gottes bist, so steig herab vom Kreuz!"

„Andere hat er gerettet, sich selbst kann er nicht helfen! Wenn du der König von Israel bist, so steig herab vom Kreuz, dann wollen wir an dich glauben!"

„Er hat auf Gott gehofft, so mag Gott ihm helfen, wenn Gott ihn lieb hat! Hat er nicht gesagt: Ich bin Gottes Sohn!?"

„Freue dich, König der Juden!"

Unzählige Scharen von Dämonen und dunkeln Teufeln

kamen von Mittag und Mitternacht, von Ost und West nach der Schädelstätte geflogen, zum gekreuzigten Christus.

Wie weißer Schnee schmolz der weiße Mond, und Tränen verdunkelten das lichte Antlitz der Sonne, bis es sich endlich ganz verbarg.

Und es war Finsternis auf der ganzen Erde von der sechsten bis zur neunten Stunde.

Aus blutunterlaufenen Augen sahen die Dämonen in das gemarterte Antlitz des Erlösers, mächtige Pergamente rollten sie vor ihm auf, — da waren alle Sünden der Menschen vom ersten Tage bis zum letzten verzeichnet. Und kein Ende nahmen die Rollen, kein Ende die Sünden der Menschen.

Und alle diese Sünden wollte er auf sich nehmen.

Und es kamen von allen Enden, da sie von den schweren, blutigen Sünden hörten, schreckliche, erbarmungslose Engel: ihre Gesichter waren wutverzerrt, die Zähne ragten weit aus dem Munde heraus, die Augen waren wie Sterne, und ihr Atem war flammendes Feuer. Das waren die Engel, die nach den Seelen der Sünder kommen, um sie ins Reich der ewigen Qual zu führen. Unendlich war die Zahl dieser Engel, denn nicht zu zählen war die Menge der Sünden, — aller Sünden vom Anfang der Welt bis zu ihrem Ende.

Kein Ende nahmen die Sünden der Menschen.

Und alle diese Sünden wollte er auf sich nehmen.

Die Schächer, die rechts und links vom Heiland an ihren Kreuzen hingen, konnten die Qual nicht länger ertragen, und weil sie auf keine Rettung mehr hofften, machten sie sich in Schmähreden Luft und schalten den Gottessohn einen Betrüger.

Am Fuße des Kreuzes aber, vor dem mit Christi Blut besprengten Haupt Adams, klirrten schon die Folterwerkzeuge: Schwerter, Messer, Sägen, Sicheln, Pfeile, Äxte. Die furchtbaren, unbarmherzigen Engel rissen die Glieder des gemarterten Leibes auseinander, hackten die Beine ab, dann die

Arme, machten sie wieder lebendig, um sie von neuem ans Kreuz zu nageln, rissen das festgeklebte geronnene Blut von den Wunden und leckten die blutigen Schwären mit salzigen Zungen.

Die Dämonen rollten die schwarzen Pergamente zusammen. Und einer von ihnen, ein Teufel mit Gänsefüßen und einem Schweinsleib ohne Borsten, kletterte am Kreuzesstamm hinauf bis dicht vor das Antlitz Christi und hielt ihm eine große Schale hin, gefüllt mit Bitternis bis zum Rand.

Und Christus trank die Schale leer bis auf den letzten Tropfen und schrie: „Mein Gott, mein Gott, warum hast du mich verlassen!"

Da erhob sich auf den Ruf des Verlassenen, der der Welt Sünde auf sich genommen hatte, von seinem Wolkenthron im Norden um die neunte Stunde Satan, der Fürst der Finsternis. Und sein schwarzmähniges Roß trug ihn, wie ein Falke, wie der Sturm, wie der Donner, wie der Blitz, zum Kreuz des Gottessohnes.

Auf flogen die Winde, wie Adler, hoch wirbelten sie den Staub auf den Straßen empor. Die Berge erbebten. Aufgewühlt wurden die Tiefen der Erde. Gewaltig wogte und brauste das Meer. Weit aus ihren Ufern traten die Ströme. Und in der Glut der Höllenflamme rollte der Himmel sich zusammen, wie ein Pergamentblatt. Und die Erde wallte und brannte, wie Eisen im Schmelzkessel.

„Freue dich, König der Juden!" sprach Satan und trat vor das Kreuz hin.

Satan stand vor dem Kreuz und sah Christus an, und vom Kreuz, die schweren Lider mühsam hebend, blickte Christus auf Satan.

So blickten sie sich an, wie König und Sklave, wie Bruder und Feind, wie König und König, wie Bruder und Bruder, wie Feind und Feind, wie der Retter und der Verlassene.

Und alle Kreatur sank nieder in bebendem Entsetzen in dieser Stunde des Grauens.

Und mit schnellen Schritten kam vom blauen Meer, aus unbekanntem Land, über weite Felder, über grünes Gras, über verwehende Spuren, über wogende Saaten ein schöner Jüngling — der sanfte Tod.

Ohne viel zu fragen, schob er das Eisengitter auseinander. Festen Schrittes stieg er den Hügel von Golgatha hinauf und trat vor den Gekreuzigten.

Leise nahm er das Haupt Christi in seine Arme.

Und Christus neigte das Haupt und verschied.

2.

Abends kam zu Pilatus ein reicher Mann aus Arimathia, namens Joseph, und mit ihm Nikodemus, die beide heimliche Jünger Christi gewesen waren, und baten Pilatus, er möge ihnen den Leib Christi überlassen.

Und Pilatus gestattete es ihnen.

Sie nahmen den Leichnam Christi und hüllten ihn in reine, wohlriechende Tücher, und legten ihn im Garten in ein neues Grab. Dann wälzten sie einen Stein vor des Grabes Tür und gingen von dannen.

Und als die letzten Menschenschritte verklungen waren und die Kriegsknechte, die den Schächern die Knie gebrochen hatten, Golgatha verlassen hatten, und die Toten, die aus ihren Gräbern auferstanden waren, sich in den Straßen der Stadt verloren hatten, um die schlaflose Nacht mit Grauen zu erfüllen — da erhob sich ein wilder Lärm, Geschrei, Gestampf, Geheul, als wäre die ganze Welt toll geworden. Und der Garten, da der Leib Christi bestattet war, ward zum höllischen Abgrund, denn Satan selbst, der Fürst der Finsternis, hielt sich hier auf mit all seinen Heerscharen.

Mit höllischen Künsten blendete Satan die Augen der Menschen und aller Lebewesen, hüllte die Seelen in die Nacht des Wahnsinns, senkte sie in einen teuflischen Zauberschlaf, und der finstere Teufelszauber hielt die Welt zwei Tage und zwei Nächte gefangen und betörte sie mit grauenhaften höllischen Gesichten und Versuchungen.

Die Teufel stürzten sich auf den Leichnam Christi, rissen die Tücher herunter, zerteilten den reinen heiligen Leib: das Fleisch gaben sie der Erde, das Blut dem Feuer, die Knochen dem Stein, den Atem dem Wind, die Augen den Blumen, die Adern dem Gras, die Gedanken den Wolken, den Schweiß dem Tau, die Tränen dem salzigen Meer.

Es wogte und brauste das Meer von bösen Geistern. Wild wirbelten die Dämonen durcheinander, stießen sich, schrien, spotteten, grinsten und fluchten. Aus allen Tiefen waren sie emporgestiegen, liefen sie, hüpften sie, krochen sie, wälzten sie sich heran — schmutzig und übelriechend, krummbeinig und bucklig, dickbäuchig und spindeldürr. Und sie traten den Leichnam des Heilands mit den Füßen, zerrten ihn hin und her, beschmutzten und schändeten ihn...

Und um Mitternacht tat sich der Himmel auf und über der Erde stieg eine strahlende Sonne empor, wie die Welt sie noch nie gesehn hatte.

Die Dämonen zerrten den Leib Christi aus dem neuen Grabe und hüllten ihn in köstliche königliche Gewänder und trugen ihn auf den höchsten Berg und setzten ihn auf einen Königsthron.

Und vor den Thron stellte sich Satan hin und zeigte den Völkern der Erde — allen, die schon gelebt hatten, und allen, die noch kommen sollten — den Leichnam im königlichen Purpur und verkündete mit lauter Stimme:

„Sehet, das ist euer König!"

Und von der Höhe des Thrones blickten auf die wogende Menge von Köpfen, auf die flehend ausgestreckten Arme die großen bleiernen Augen des entseelten, verunstalteten Leichnams. Und im grellen Licht des plötzlich aufgegangenen Tages glaubte man sehen zu können, wie unter dem königlichen Gewand die starren Glieder auseinanderzufallen begannen.

Verzweiflung lastete über dem Weltall. Und das Maß der ganzen Erde schien nicht größer als vier Schritte — so lang, wie ein Grab sein muß.

Von Land zu Land, von Reich zu Reich, über Felder und Wiesen, durch Städte und Dörfer, mitten durch die unermeßlichen Menschenmengen aller Zeiten und Völker und Länder, jagte ein Wagen, von wilden Rossen gezogen, und in dem Wagen saß ein zähnefletschendes Gerippe mit einer Dornenkrone auf dem kahlen Schädel.

„Sehet, das ist euer König!" sagte Satan und zeigte den Menschen das grauenhafte, zähnefletschende Gerippe.

Und dunkel wurden die lichten Gewänder der Völker. Das Lachen ward zum Weinen. Die Menschen fielen hin und starben, einer neben dem andern, der Bruder in den Armen des Bruders, das Kind auf dem Schoße der Mutter, die Mutter an der Brust der Tochter.

Von dem Geschrei und den Seufzern bog sich die Erde, spalteten sich die unfruchtbaren Steine, taten sich gewaltige Abgründe auf, und weinten das Meer und die Ströme und alle Tiefen der Unterwelt.

Da zeigte sich hoch über der strahlenden Sonne am Himmel als letzte Verheißung ein Kreuz und an dem Kreuz hing festgenagelt ein entstellter Leichnam.

„Sehet, das ist euer König!" verkündete Satan stolz von seinem Wolkenwagen herab, und er blies das Kreuz an.

Und das Kreuz und der Leichnam wurden zu Staub.

Und die reine Luft der Erde ward vom Qualm aufgesogen, die Quellen vertrockneten, die Bäume verloren ihre Blätter, die Sonne erlosch und der giftige Hauch aus Satans Munde zerfraß die Rinde der Erde.

So wütete Satan zwei Tage und zwei Nächte lang und säte Aufruhr in die Herzen, flößte ihnen das Gift des Wahnsinns ein, erfüllte sie mit Angst und Verzweiflung.

3.

Grausame, undurchdringliche Finsternis hüllte die Stadt in banges Schweigen.

Die Toten irrten in den Straßen umher, klopften an die Türen. Und wie in den Tagen des schwarzen Todes wagten die Menschen nicht, ihre Häuser zu verlassen. In den menschenleeren Gassen tauchten Reiter auf: ihre Gesichter konnte man nicht sehen und auch ihre Pferde nicht, man hörte nur die Hufe aufs Pflaster schlagen.

Und durch die schwarze Einsamkeit ertönte von der verödeten Schädelstätte her das Wehklagen der Gottesmutter.

Marias Herz bebt in bangem Entsetzen, ihr Kopf geht in die Runde, ihre Zunge redet irre. Und sie ist nicht imstande, die Augen aufzuschlagen.

„Steh auf, mein Sohn, erwache, hebe deine Augen auf, sag ein Wort! Fest schläfst du, tief ist dein Schlaf, nie wirst du erwachen! Ich trage Leid um dich! Meine Seele ist betrübt! Du hast dein Herz verhärtet, daß es dem Stein gleich ward, und nirgends sehe ich dich mehr! Steh auf, mein Sohn, erwache, nimm mich zu dir! Ich trage Leid um dich! Meine Seele ist tief betrübt!"

Und neben der Mutter Gottes stand auf dem Hügel von Golgatha, das Haupt an den Kreuzesstamm gelehnt, ein schöner Jüngling.

Und bis zum Morgengrauen des dritten Tages, da mit der auferstandenen Sonne der Engel des Herrn kommen sollte und den Stein von des Grabes Tür wälzen, bis zum lichten Ostermorgen ging er nicht fort von dem lebenspendenden Kreuz, der Unersättliche, der schöne Jüngling, der sanfte Tod.

Der Tod Christi ist das ewige Leben, die Gewähr des Heils.

Herr, gedenke meiner, wenn du in dein Reich kommst!

GESCHICHTEN

DER HOFJUWELIER

1.

"Sie wissen selber nicht, was sie wollen!" sprach der einsame alte Juwelier, der hundert Jahre auf Erden gelebt und in seinem Herzen Generationen zu Grabe getragen hatte.

Zusammengekrümmt, ein richtiger Zwerg, ewig scherzend und spottend, schien er suchend um die Menschenherzen herum zu gehen und mit seinen langen dünnen Fingern nach den verborgenen warmen Lebensquellen zu graben. Er öffnete sie leicht und gewandt, wie seine mit Perlen und seltenen Steinen gefüllten Kassetten, und er schaute mit durchdringendem Blick in die Seele der Worte und Gedanken hinein, die tief im innersten Herzen versteckt saßen.

Tag und Nacht saß er über seinen Steinen; er wusch sie, streute sie auf Sammet- und Seidendecken aus und hielt sie gegen die Lumpen, die ihm als Kleidung dienten. Und seine sonst so winzigen Äuglein wurden dann groß wie Teller.

In dem Flimmern der winzigsten Schleifflächen seiner Edelsteine las er die Geheimnisse von Jahrhunderten. Und eines nach dem andern traten die Verbrechen und Schandtaten vergangener Zeiten vor ihn hin, stellten sich in Reih und Glied, und er spielte mit ihnen wie mit Bleisoldaten.

Und es gab keine Einzelverbrechen mehr, es war nur eine einzige große Schandtat, und die nistete in allen Zeitaltern, an allen Enden des menschlichen Lebens.

Aus allen Zeiten und allen Ländern kamen die kostbaren Juwelen zu dem Alten in seine elende, von Schimmel und Motten zerfressene Werkstatt, die sich in einer Kellerwohnung an der belebtesten Straße der Hauptstadt verbarg.

Seit langem schon träumte der Alte davon, hinauszuziehen in die Berge und sich dort einen festen Turm zu bauen, um von dessen Höhe ungefährdet und unbemerkt die Welt zu beobachten.

Aber diesem Traum sollte keine Erfüllung werden.

Und doch war es eine bewegte Zeit und vieles wäre von der Bergeshöhe aus dem Turmfenster zu sehen gewesen.

Nicht eine einzelne Stadt, nicht ein einzelnes Dorf, — das ganze Land von Meer zu Meer war von einem wahnsinnigen Wunsche beherrscht.

Alle Sehnsüchte, Triebe und Wünsche eines schweren, trüben, qualvollen Alltags verflochten sich ineinander und wuchsen zu einer grausigen Geißel aus, und orkangleich schwang sich diese Geißel, schwer und blind, von Meer zu Meer, auf alles Schreien und Rufen mit dem einen wilden Schrei antwortend:

„Freiheit!"

„Wißt ihr denn, was Freiheit ist?" fragte augenzwinkernd der einsame alte Juwelier, der hundert Jahre gelebt und in seinem Herzen Generationen zu Grabe getragen hatte.

Ein Menschenleben galt nichts mehr. Man spie es aus und trat mit dem Fuße darauf.

Man tötet die Menschen wie Flöhe. Man lauerte ihnen auf, fing sie und vernichtete sie sofort, wie man ein Ungeziefer auf dem Fingernagel zerdrückt.

Aus Barmherzigkeit trieb man die Verurteilten vom Schafott ins Gefängnis. Gnade war es, wenn man einem das Leben schenkte, damit er es in ewiger Kerkerhaft vollende.

Nie bisher war der Mensch so mißtrauisch gegen seinen Nächsten gewesen. Wenn zwei Freunde sich begegneten und einer dem andern die Rechte drückte, fühlte die Linke schon ängstlich nach dem Messer in der Tasche.

In dunkeln Winkeln, in muffigen Löchern lauerte der Verrat.

Und die letzten Stützen, die tiefsten Grundlagen des Lebens wurden unterwühlt.

Sprengstoffe wurden in ungeheuren Mengen angefertigt.

Keine andere Ware ließ sich so leicht absetzen wie diese. Tagaus, tagein wurde sie in Massen verkauft und gekauft, wie in früheren Zeiten Streichhölzer.

In dunkeln Winkeln, in muffigen Löchern erwürgte und erstach der Freund den Freund.

Die blutgetränkten Straßen wurden überall neu gepflastert. Die glühende Sonne sog die blutigen Dünste aus dem Boden, und der berauschende, betäubende Blutgeruch erfüllte die ganze Luft.

Friedliche Gassen, vom Rausch gepackt, gerieten in Raserei und zerfleischten in tobender Wut Frauen und Kinder.

Das Blut klebte an den Hufen der Pferde, und auch die Pferde wurden toll.

Draußen aber vor der Stadt auf den Feldern wogten rote Ähren, und es reifte ein blutgedüngtes Korn, das die Menschen vergiftete.

Hier und da tauchten Tote in den Straßen auf. Sie redeten ihre Bekannten an, mischten sich in das Alltagstreiben, als wären sie noch lebendig.

Die Lebenden aber verließen ihre Häuser, als wenn sie schon tot wären, und begaben sich nach den Friedhöfen und suchten Unterkunft im Reich der Toten, richteten sich in Grüften und Särgen häuslich ein.

Propheten verkündeten ein neues Reich und handelten schamlos mit ihrer Sehergabe.

Die Gläubigen aber verloren den Verstand und töteten sich und warfen der Welt ihr letztes bitteres Wort ins Gesicht:

„Es gibt keine Wahrheit auf Erden!"

Und die erbarmungslose, wahnsinnige Geißel schwang sich empor, blind und schwer, und flog sturmgleich von Meer zu Meer, und donnernd dröhnte ihr grausiger Schrei:

„Freiheit!"

„Wißt ihr denn, was Freiheit ist?" fragte augenzwinkernd der einsame alte Juwelier, der hundert Jahre gelebt hatte und in seinem Herzen unzählige Generationen zu Grabe getragen hatte.

2.

Am Vorabend jenes großen Tages, der die neue Freiheit zu bringen und die ganze Welt umzugestalten versprach, wurde der alte Juwelier in aller Frühe geweckt, in eine schwarze, wappengeschmückte Kutsche gesetzt, wie sie nur den hohen Würdenträgern des Staates zustand, und unter militärischer Bewachung nach dem königlichen Schlosse gebracht.

Durch die zugezogenen Vorhänge vor den Wagenfenstern fühlte der Alte das Bohren von hundert und aberhundert haßgeschärften Blicken. Es war ihm, als würde von diesen stechenden Blicken das Glas glühend heiß, als klirrte und surrte etwas unter den Rädern, was den Wagen in Stücke zu reißen drohte.

Da in den letzten Tagen von den allmächtigen Günstlingen des Herrschers, in deren Gewalt Städte und Provinzen, Leben und Tod des Volkes waren, zahllose Schandtaten begangen waren, so wurden derartige vornehme Geleitzüge stets von bösen Blicken verfolgt, und nicht immer nahm die Fahrt ein gutes Ende.

Aber der Juwelier war ein schlichter Mann. Ihm hatte niemand das Recht zu strafen und zu begnadigen verliehen; ihm war nur der Befehl geworden, die goldene Krone zu putzen, in der nach der Sitte des Landes die Könige vor das Volk traten, wenn sie, was selten genug geschah, dem Volke Regierungsbeschlüsse von außerordentlicher Wichtigkeit zu verkünden hatten.

Wem anders als ihm, dem alten erfahrenen Manne, der es so gut verstand, seine scharfe Zunge im Zaum zu halten, konnte man die furchtbare, durch ihren Glanz blendende Krone anvertrauen?

Scherzend und kichernd stieg der Juwelier die goldene

Schloßtreppe empor, schloß sich in dem Saal ein, den man ihm angewiesen, und machte sich an die Arbeit.

Hier bot sich eine seltene Gelegenheit, Dinge zu sehen, die der Alte bisher höchstens hatte ahnen können.

So manchen Wunders Zeuge war er gewesen, mehr als einmal hatte das rasende Volk seine angestammten Herrscher gleich Taschendieben und Einbrechern davongejagt, aber immer war in solchen Fällen eine neue Krone für einen neuen Herrscher aufgetaucht, und der Alte wurde gerufen, sie in Stand zu setzen und zu flicken. Noch nie aber war aus den verstaubten Speichern des königlichen Schlosses ein so wunderbares Kunstwerk in seine Hände gekommen, von dem man kaum glauben konnte, daß es von Menschen geschaffen sei.

Wahrlich, der morgende große Tag barg Unerhörtes in seinem Schoße.

Mit größter Sorgfalt, zitternd, wie über einem Heiligtum, dem jeden Augenblick der eifersüchtige böse Feind etwas antun kann, nahm er die Steine aus der goldenen, mit Schmutz- und Lehmflecken bedeckten Krone, und, kaum sichtbar in dem Riesensaale, die dürren Schultern in ein zerfetztes wollenes Umschlagtuch gehüllt, wie es die Weiber tragen, fuhr er mit den langen dünnen Fingern über die Juwelen.

Er spielte mit dem Schatze — mit den märchenhaften Achaten, mit leuchtend blauen und blutroten und schwarzen Steinen, mit Frühling atmenden Türkisen; er drehte sie hin und her, er warf sie hin, er sog ihren Duft ein, als wären sie lebende Gewächse, er legte sie auf die gewandte Schlangenzunge, ließ sie über seine feinfühlende Handfläche rollen, stellte sie in Reihen auf, häufte sie aufeinander und bebte wollüstig im grünen, roten, blauen und schwarzen Schimmer.

Unzählige Menschengesichter tauchten vor ihm auf, unzählige Hände reckten sich nach ihm, Scharen von Menschen aller Art gingen nacheinander an ihm vorüber, sie füllten den ganzen Saal, sie bedeckten alle Wände von oben bis unten, und hoch unter der Sternenkuppel des Saales hingen sie und schwankten hin und her, ohne Arme, ohne Beine, und aus allen Ecken und Winkeln starrten ihn staunende Augen an...

Dem Alten verging der Atem, er ließ die Steine fallen. Sie klebten an seinen Lumpen, rollten über die Teppiche, den Brokat, den Marmor, und es war, als ob sie tönten wie dumpfe Glocken.

Dieser Glanz und diese dumpfen Töne ließen ihn die Augen weit aufreißen. Die winzigen Äuglein wurden groß wie Teller.

Er sah zugleich den ersten und den letzten Tag des menschlichen Daseins.

Er putzte die Steine in größter Hast, legte sie in der verschiedensten Weise zusammen, bis er die Verbindung gefunden hatte, die ihm für die Königskrone die schönste dünkte.

Er hatte sie erkannt, die alte Königskrone, die keine Gewalt auf Erden anzutasten wagt, die den Menschen unwiderstehlich zu sich lockt und Leichen auf Leichen häuft.

In der Dämmerung, als die Kronleuchter aufflammten und der Alte sich von seinem Platze erhob und, die Krone auf dem Kopfe, einem König gleich, mitten in den Saal trat, da strömte die Krone einen solchen Glanz aus, daß die unerschütterlichen Wände des Palastes erbebten.

So würde auch die morgende Freiheit, die die Welt von Grund aus umgestalten sollte, gleich am ersten Tage an diesem Glanz zugrunde gehen; zusammenknicken würden die Sklavenknie, und nur ganz im geheimen würde die dunkle Rache schwören, den Thron zu zerschmettern und die leuchtenden Steine der unzerstörbaren Königskrone über die Erde zu verstreuen.

„Sie wissen selber nicht, was sie wollen!"

Der Alte ging die goldene Treppe hinab, durch die Reihen dienernder Hofleute, begleitet von einem schmeichlerischen Lächeln, hinter dem sich schamlose Roheit verbarg und das bange Zittern kleinlicher Sklavenseelen.

3.

Mitternacht war längst vorüber. Der neue Tag der Freiheit erwachte.

Der Freiheitstrieb, der so wahnwitzig, so schmerzvoll vorwärts gedrängt hatte, war stumpf geworden, und die wildrasende Geißel, blind und schwer, flog nicht mehr, schlug nicht mehr. Der Wunsch, von dem königlichen Versprechen betäubt, trieb die Menge auf die Straßen hinaus, drängte sie auf den Märkten zusammen, schmiedete alt und jung aneinander.

Und mit mißtrauisch schielenden Blicken gingen die tausendmal betrogenen Massen, finster, eng aneinandergedrängt, vorwärts, ohne zu wissen wohin, dumpfe Verzweiflung im Herzen.

Der Alte saß in seinem Keller, die dürren Schultern in sein wollenes zerfetztes Umschlagtuch wickelnd, und sah vor sich hin, und seine winzigen Äuglein wurden groß wie Teller.

Und in seinen entsetzten Augen glühte das Grauen, Angst und Hohn.

Am Kellerfenster aber zogen Tausende von Füßen vorüber, unsicher, wie trunken, trunken von Verzweiflung.

Und der Alte rieb sich die Hände und krümmte sich, wie ein Gepfählter, beim Gedanken an die heute geschenkte Freiheit.

Und er, der einmal aus der Tiefe der menschlichen Lebensmöglichkeiten das ganze Leben hervorgeholt hatte, der einmal dem ersten und dem letzten Tage ins Auge geschaut hatte, — er lachte und warf Spott- und Scherzworte in die freie Menge.

Und über der freien Stadt und dem freien Lande stieg die freie Morgendämmerung auf, und immer röter flammte ihr Schein, um blutig und wehvoll einem Zeitalter dem Abschied zu geben . . .

MAKA

1.

Sascha ist im April drei Jahre alt geworden. Seit drei Jahren ist sie die Herrin des alten berühmten Schlosses von Sadory und des ganzen Olenowschen Landes mit der weiten Steppe, den Feldern, Wiesen und Wäldern bis zu Großmutters Kirschgarten in Gajewo, den Sascha auch zu ihrem Besitz zählt.

Drei Jahre brennt nun nach langer Zeit wieder Licht in dem einen Schloßturm, und tagsüber hallt der Garten wider von einer hellen Kinderstimme; abends aber guckt aus dem Turmfenster ein Mädchenköpfchen unter einer roten, goldgestickten Mütze heraus. Und alle, Groß und Klein, die Großmutter Euphrosyne Iwanowna, und der Onkel Andrej, und Tante Wera und Tante Lena, und die Wärterin Halka und das ganze Gesinde mit der Haushälterin Nadeshda, der Kuhmagd Fedoßja, der alten Zofe Polja und den jungen Tagelöhnerinnen Marja, Warwara, Fima und Katharina, und der Kutscher David und der Nachtwächter Taras und der Landmesser Becker, und der Gutsnachbar Bruch und dessen Tochter Manja und ihr Lehrer, der Student Michail Petrowitsch, und der Pfarrer, Vater Eutychios nebst dem ganzen Klerus, und der alte Jagdhund Kadoschka und die beiden Hofhunde Butzik und Mischka und das kleine Hündchen Dranka und endlich die Ziege Maschka, — mit einem Wort alle Bewohner des Schlosses und alle Nachbarn meilenweit herum bis zur Eisenbahn haben das Mädelchen als ihre Königin anerkannt und fügen sich demütig ihren Launen.

Einzig und allein die Tante Tatjana Afanasjewna, die in ihrem Stolz und Eigensinn keinen Willen über dem ihren gelten läßt außer dem Gottes und des Zaren, widersetzte sich lange Zeit, zuletzt aber gab auch sie nach, und zu

Weihnachten hat sie Sascha einen goldenen alten Löffel geschenkt.

Und Sascha hütete dieses Spielzeug mit aller Sorgfalt. Sie verwahrte es ganz hinten in ihrem roten Schränkchen, wo es von dem kahlköpfigen Trommelhasen und zwei vom letzten Christbaum übrig gebliebenen goldenen Nüssen treulich bewacht wurde. Und Sascha sorgte für ihren kostbaren Schatz, so gut sie irgend konnte: sie badete den Löffel in ihrer kleinen Wanne zusammen mit den zwei glatten Steinen, dem schwarzen und weißen; und mit dem Kamel, dem grünen Aufziehfrosch, dem Radfahrer, dem Brummkreisel und den drei Puppen: der Katja mit dem Loch im Kopf, der armlosen Alexejewna, und der am heißesten geliebten Wera, die aus Lappen genäht war und überhaupt keinen Kopf mehr besaß, — warf sie den Löffel zum Fenster hinaus, damit die Ziege Maschka auch ein bißchen mit all den schönen Sachen spielen könne, wie sie auch Tantens klirrende Schlüssel zu den vielen, mit allerlei köstlichen Dingen vollgestopften Kisten und Truhen immer hinauswarf, damit sie sich draußen am schönen grünen Grase satt essen und etwas frische Luft schnappen.

In Saschas rotem Schränkchen gibt es unzählige kostbare Dinge. Von oben bis unten ist er vollgepfropft.

Wenn man Sascha fragt: „Wie liebst du?" drückt sie gleich irgendeinen Teddy-Bären an ihr Herz oder den Springhasen, der keine Ohren mehr und nur noch zwei Beine hat, und sagt: „So lieb ich!"

Jeden Tag wird das Schloß belagert: alle wollen die Königin von Olenowo sehen.

Und Sascha begrüßt alle gleich freundlich, spricht mit allen und schenkt denen, die sich ihrer besondern Huld erfreuen, den ganzen Inhalt ihres roten Schrankes. Später aber nimmt sie alles wieder zurück.

So ist nun einmal der Wille dieses weißen Mädelchens in der roten, goldgestickten Mütze, der Königin von Olenowo.

Sascha ist hübsch rundlich und ihre Backen sind dick und die Lippen auch, und über den Lippen guckt das Näschen frech in die Höhe. Wenn man's sieht, kommt einen die Lust unwiderstehlich an, mal daran zu zupfen. Aber zugleich ist einem doch bang: so klein und weich ist das Stuppsnäschen. Sascha sagt: „Sie ist buttrig." Und wenn man sie an der Nase faßt, dann kneift sie die Augen zusammen und verzieht den Mund, und sieht aus wie ein kleines wildes Tier, ein Tierchen mit blauen, schlauen Äuglein.

Saschas Haare aber sind für ihr Alter zwar nicht zu kurz und nicht zu dünn, sie wachsen ganz ordentlich, wie sie wachsen sollen, aber einen Zopf kann man aus ihnen doch noch nicht flechten, — es sei denn einen ganz winzigen, wie ein Schwänzchen.

Sascha hatte sich angewöhnt, sich die Härchen auszuzupfen.

Und so oft schon war der Mohr gekommen, ganz schwarz, mit gefletschten Zähnen und hatte nach den ausgerissenen Haaren gefragt. Aber Sascha hatte gar keine Angst vor dem Mohren, im Gegenteil, sie machte ihn zum ersten Mann in ihrem Hofstaat und hörte natürlich nicht auf, sich die Härchen auszuzupfen, sondern tat es nach wie vor jeden Tag.

Der eine Finger war dran schuld, der Daumen an der linken Hand, — der hieß auch der Zupfer.

Und so ging es immer weiter, bis Sascha schließlich eine ganz kahle Stelle auf ihrem Kopf hatte. Da mußte Tante Lena auf den Rat desselben Mohren Sascha ganz kurz scheren. Und nun war Sascha ganz kahl mit winzigen Haferstoppeln auf dem runden Kopf. Aber es half alles nichts: auch diese Stoppeln wußte sie noch festzukriegen, als wären es ganz lange Haare: immer wieder rückte der Zupfer an und riß auch die kürzesten Härchen heraus.

Sascha hat ganz kleine Hände, wie Mama und Großmama, und Nägel wie Perlen, und da ist nun wieder ein Unglück: der Daumen an der rechten Hand ist auch ungezogen: immer muß er in Saschas Mund stecken, und Sascha saugt an ihm, wie ein Bär. Man versuchte es ihr durch allerlei Kunstgriffe abzugewöhnen, bestrich den Finger mit Senf und mit Chinin. Aber es half alles nichts: Sascha leckt den Finger ab, spuckt aus, und dann ist der Daumen gleich wieder im Mund.

Man holte den Mohren, glaubte, er würde sie zur Raison bringen, — aber es kam ganz anders. Es erwies sich, daß der Mohr auch lutschte und zwar mit Hochgenuß, denn — so erklärte Sascha — „der Daumen schmeckt noch viel schöner als Schokolade."

Was war da zu machen? Nichts war zu machen. Es blieb nichts übrig, als die Indianer zu holen. Diese Indianer überfallen jene Buben und Mädel, die allein in den Garten schleichen und dort Erdbeeren mit Milch essen. Und solange die Indianer drohten, lutschte Sascha nicht am Fingerlein. Aber es verging einige Zeit, die Indianer verschwanden, es tauchte irgendein Zauberer auf, oder der Ägypter oder der Grüne Kater aus dem Theater, die Gefahr war vorüber — und Sascha machte sich von neuem an ihren Finger.

Der Zupfer und der Lutscher sind eine wahre Plage.

Und wie lustig Sascha ist, — so ganz ohne jeden Grund, bloß weil sie nicht anders kann. Und wenn sie lächelt, dann gibt ein dunkles Leberfleckchen über der Oberlippe dem Lächeln etwas ganz besonders Liebliches. Man möchte es immer nur anschauen und küssen, dieses Fleckchen, das an heißen Tagen immer etwas feucht ist.

„Sascha, ich fresse dich auf!"

„Was?"

„Ich fresse dich auf, weil . . . was soll ich denn mit mir anfangen, du bist so."

„Makig?" — und der kleine Mund mit den spitzen Zähnchen lächelt wieder.

„Grad so ein Leberfleckchen", sagte Tatjana Afanasjewna und sah ihre schelmisch lächelnde Urgroßnichte scharf an,

„hatte die Großtante Elisabeth Michailowna. Die verstorbene Gräfin Lydia Petrowna aber legte an dieser Stelle eine Mouche auf, — das bedeutete Leichtsinn. So ist sie auch gestorben."

Von den Mouches redete die Tante sehr oft und immer mit großer Rührung. Sascha aber wollte dann sofort eine Mouche haben und beruhigte sich nicht eher, als bis man ihr eine lebendige Fliege gefangen hatte.

„Ganz die Mutter," sagte die Tante und erging sich weiterhin für sich allein in köstlichen Erinnerungen an ferne schöne Zeiten, die den jetzigen so gar nicht glichen.

Du magst die ganze Welt nach einem zweiten Mädel absuchen, das ebenso eigensinnig wäre, — du findest keins. Was Sascha haben will, das setzt sie alles durch.

Und auch eine so wilde Hummel findest du nirgends mehr. Wenn es mal über sie kommt, dann gibt es kein Halten. Dann läuft sie die Hände waschen, und ehe man ihrer habhaft geworden ist, ist sie bis an die Schultern pitschenaß. Dann maust sie dem Onkel Andrej den Tabak und macht sich ans Zigarrettendrehen, — und natürlich ist in wenigen Augenblicken der ganze Tabak auf dem Boden verstreut.

Sascha geht gern in die Kirche zur Messe. Kaum hört sie die Glocken läuten, so hat sie keine Ruhe mehr. Sie wird von Mama begleitet. Oder von Tante Lena. Im Winter geht sie seltener, im Sommer öfter. Im Sommer bringt sie auch Blumen für Großvater auf den Friedhof.

Alle wissen, daß Sascha und der Pfarrer gute Freunde sind. Der Pfarrer, Vater Eutychios, schickt ihr oft eine Hostie, und zu Pfingsten bekam sie Blumen vom Altar. Als dann der Pfarrer am ersten Weihnachtstage mit dem Kreuz ins Haus kam, sang Sascha ihm den ganzen Weihnachtschoral vor und sprach alle Worte richtig aus.

Wenn Sascha das Abendmahl bekommen soll, passiert allemal was: entweder fängt sie irgend etwas zu erzählen an, und zwar so laut, daß man es in der ganzen Kirche hört, oder sie verlangt, daß der Priester zuallererst zu ihr komme, oder sie singt, aber nicht was vorgeschrieben ist, sondern was ihr gerade einfällt.

Singen tut Sascha überhaupt sehr gerne. Sie liebt es auch, wenn andere singen.

Und so singt das ganze Schloß von früh bis spät. Großmutter Euphrosyne Iwanowna muß singen, und Tante Wera und Tante Lena und Mama.

Wer aber wirklich sehr schön und sehr gerne singt, das ist der Onkel Andrej. Früher brauchte er bloß den Mund aufzutun, dann geriet alles in die größte Aufregung und bat flehentlich, er solle lieber nicht singen. Jetzt aber hat sich alles geändert, jetzt muß er singen was das Zeug hält, denn Sascha findet es sehr schön und will immer mehr haben.

Wie geht es aber erst zu Weihnachten her, wenn im Schloß der Christbaum angezündet wird und im Ofen das Stroh knistert und draußen der Wind heult und den weißen Schnee in dichten Massen gegen die Fenster treibt!

Dann hallt das alte Schloß von wehmütigen Koljadkas[1] wider. Schon fünfundzwanzig Jahre ist es her, daß der Vater Eutychios das Koljadkasingen streng verboten hat, aber insgeheim wird immer noch gesungen. Und der langgedehnte Refrain, der noch wehmütiger klingt, als das Lied selbst, verschmilzt in eins mit dem Sturmwind draußen:

„Heiliger Abend ..."

Sascha setzt sich zu den Mägden und hockt unbeweglich da, ganz Spannung. Und es ist, als verstünde sie alles und sähe alles: wie die Muttergottes in der Schenke den Sohn in Windeln wickelt, und wie Christus gekreuzigt wird, und wie das falkenschnelle Roß Abschied nimmt ...

„Heiliger Abend ..."

---

[1] Volkstümliche Weihnachtsgesänge, z. T. noch an heidnische Sonnwendgebräuche anknüpfend.

„Noch!" verlangt die Königin und läßt die Sängerinnen nicht einmal zu Atem kommen.

Die Mägde sind schon ganz heiser geschrien, aber Saschas strenges „Noch" und abermals „Noch" hört nicht auf.

Auf die Koljadka folgt der Kasatschok. Fedorka tanzt famos. Und sie tanzt bis zum Umfallen, bis Sascha sich die Pfötchen wund geklatscht hat.

Zur Bescherung kommen auch die Nachbarskinder, die Bruchs, denn außer der Manja gibt's da noch gute zehn Stück. Sascha macht mit ihnen, was sie will: sie läßt sie singen und tanzen und singt und tanzt selber mit, dann gibt sie ihnen ihre Geschenke und schickt sie nach Hause.

Zu Sylvester spricht Sascha den Segen.

„Heiliger Sylvester, liebster, bester, mach uns stark, gib uns Butter und Quark. Ist die Suppe weg, so gib uns Speck, gib uns Mehl und Honigseim, das tragen wir alles heim!"

So klingt es vom frühen Morgen bis zum Abend.

Am Neujahrstage aber, wenn Sascha „sät", wird ebenso oft der Neujahrssegen wiederholt:

„Herr Gott im Himmel, segne die Saat, daß dein Volk was zu essen hat! Frohes Fest, glückliches Neujahr!"

Zu Weihnachten geht's munter zu, — es ist eine „makige" Zeit.

Die Großmutter spielt im langen Winter viel mit Sascha. Morgens fahren sie die Puppen im Saal spazieren und geraten bald ins Eßzimmer, bald ins Schlafzimmer, bald ins Kabinett, bald in die Bibliothek, denn es sieht im Saal immer so nach Regen aus. Und jedesmal werden die Fahrgäste ausgeladen und dann wieder in den Wagen gesetzt. Und dann muß das Essen für die Puppen bereitet werden und sie müssen alle abgefüttert werden. Die Puppen tanzen, gehen in die Schule, werden krank, laufen davon. Und überall muß man aufpassen, immer muß man zusehen, daß die Puppen zufrieden sind.

Kaum ist es draußen ein bißchen wärmer geworden und der Schnee im Garten beginnt sich grau zu färben, so bittet Sascha schon um Erlaubnis, auf der Heuwiese spazieren gehn zu dürfen, und dann träumt sie vom Sommer, wo — so meint Sascha — auch Großmutter ganz jung sein und im Garten herumhüpfen wird.

Mit Tante Lena spielt Sascha oft Heuernte: Tante muß sich auf den Fußboden setzen und ist der Heuschober, und Sascha läuft um sie herum und harkt das Heu zusammen.

Aber nun nehmen die Tage wirklich zu und die Sonne wärmt schon tüchtig. Und tagtäglich versichert Sascha, die Puppen wären draußen gewesen und hätten gesagt, es sei schon ganz trocken, und der Wind habe versprochen, ganz still zu sein und der Regen desgleichen.

Der Schnee schwindet immer mehr, nur noch hier und da sieht man ein weißes Fleckchen, an den gelben Narzissen zeigen sich schon große Knospen.

Und Sascha geht im Garten umher und erzählt lange Geschichten vom vorigen Sommer, wie Mama baden ging, und wo sie mit Lena gespielt hat, und wie sie den Krug in den Brunnen fallen ließen.

„Wenn der Schnee ganz weg ist," sagt Sascha, „holen wir ihn wieder, wir binden einen Lappen an einen Stock und holen ihn raus."

So wartet man sehnsüchtig und ungeduldig auf den Frühling, auf die warme Zeit.

Und der Frühling zieht in Olenowka ein, mit Pflug und Egge, rote Blumen im Haar, strahlend und lachend, und bringt das Osterfest mit.

2.

Alte Leute und kleine Kinder — der Unterschied ist wahrhaftig nicht groß. Die zwei gehören zusammen — Sascha und Tante Tatjana Afanasjewna.

Immer wieder verschwindet Tantens Krückstock, ohne den

sie kaum gehen kann. Tante will hinaus an die frische Luft — der Stock ist weg, als hätte die Erde ihn verschluckt. Überall sucht man ihn, und Sascha sucht mit! Und nicht einmal lächeln tut sie dabei, der Schelm!

Tante weiß sich aber schon zu rächen: Saschas Spielsachen fangen an zu verschwinden.

Die Tante ist gern allein. In der Schummerstunde setzt sie sich in einen Winkel im Bildersaal, der schwarzäugigen Somowschen Kokette mit Löckchen und Bändchen gegenüber, und macht sich an ihr Geduldspiel: Ziegen und Schafe. Die hölzernen Ziegenböcke klappern im Takt, aus dem Rahmen lächelt die Kokette und die Tante lächelt auch, — wieviel lustige Bälle hat sie mitgemacht, und was gab es dazumal für Kavaliere, was für Walzer...

Wenn das Spiel der Tante überdrüssig wird, legt sie es fort und holt ein anderes heraus — den Bären als Schmied. Und der Bär schmiedet ihr die alte goldene Zeit neu.

Dann denkt die Tante nicht daran, daß sie doch bald ins Grab muß. Nein, sie ist sechzehn Jahre alt, vielleicht auch noch viel, viel jünger.

Sascha steht morgens ganz früh auf mit Großmama und der Tante. Nur das Zimmermädchen Polja steht noch früher auf.

Jeden Morgen begibt sich die Tante in den Saal, um vor dem wundertätigen Marienbild von Sadorino zu beten. Mit der linken Faust macht die Tante eine „Feige", den bösen Geist abzuwehren, und die Faust fest an den Rücken gepreßt, fängt sie zu beten an. Sascha, noch nicht ganz angekleidet, nur in Strümpfen und Leibchen, kommt vom Turme auch in den Saal hinunter gelaufen um zu beten, bekreuzigt sich ungeschickt, beugt sich nieder und hascht mit der linken Hand nach Tantens zitternder Feige.

Mit Angst und Beben, ihr Gebet vergessend, sieht die Tante sich um: daß ihr Schutzengel nur nicht davonfliegt!

Und oft scheint es ihr, als flöge der Engel davon. Dann

wird's ein böser Tag, alle kränken die Tante, Tante kriegt ihren geliebten Nabel nicht.

Tante kennt nämlich kein schöneres Essen, als gekochten Hühnernabel. Und Sascha denkt ganz wie Tante. Mit dem Hühnernabel kann man viel erreichen: man kann Sascha dazu bringen, daß sie auch Suppe und Fleisch ißt und nicht bloß Milch ohne Brot; man kann sie dazu bringen, daß sie sich umkleiden läßt, ihr Frätzchen wäscht, — obgleich es dann mit dem Waschen nicht immer sein Bewenden hat: es kommt vor, daß Sascha verlangt, alle sollten sich waschen, und ohne jeden Grund. Aber ein Tag ist eben nicht wie der andere, und das Wichtigste ist doch, daß man Sascha mit diesem Nabel zwingen kann, nicht im Regen spazieren zu gehen.

Tante holt den Nabel von Saschas Teller weg und so geschickt, daß man sie gar nicht dabei ertappen kann. Eben war noch alles in schönster Ordnung, — und mit einemmal ist von dem Nabel nur eine harte Sehne geblieben.

„Man muß es auf einen andern Teller legen," sagt Tante Wera streng.

Aber Tante Tatjana Afanasjewna schaut ganz unschuldig drein. Sie hat den Nabel schon aufgegessen.

Mit dem Mittagessen hat man überhaupt sein Kreuz. Zu Mittag geht immer etwas schief.

Sascha wird auf das hohe Klappstühlchen gesetzt, man bindet ihr die Serviette um. Tante Lena fängt an, endlose Geschichten zu erzählen. Der Inhalt dieser Geschichten ist dem Alltagsleben entnommen, er ist ganz einfach und mit so klaren Details, wie man sie höchstens im Traum sieht. Da wird etwa erzählt, wie Manja Bruch in die Stadt ins Töchterpensionat kam. Manja, Onkel Andrej, der Nachbar Bruch, der Landmesser Becker müssen in jeder Geschichte vorkommen. Und nur wenn solche Geschichten erzählt werden, ißt Sascha ordentlich. Gott bewahre, wenn Tante Lena stecken bleibt oder auf eine der Zwischenfragen keine Antwort weiß! Warum? wo? wieviel? wann? Oder wenn sie auf das unaufhörliche: und dann? und weiter? nicht sofort einfällt. Dann gibt es ein Geschrei und Tränenströme, denen gegenüber selbst Manja, die im Sommer regelmäßig zur ersten Speise erscheint, ganz hilflos ist, und die kein Nabel, kein Pfefferkuchen stillen kann.

Manchmal kommt es auch so: man setzt sich zu Tisch, und Sascha ist nicht da. Man hat sie eben noch gesehen, aber nun ist sie mit einemmal verschwunden, wie weggeblasen. Und alles macht sich auf die Suche. Man läuft durch den ganzen Garten, guckt in die Scheune, in Pferde- und Kuhstall, und wenn alle schon ganz außer Atem sind, kommt sie plötzlich aus dem Ofen herausgekrochen, schwarz, wie ein Mohrenkind, und lacht so, daß selbst ein Toter im Sarge mitlachen müßte, und die Lebendigen vor Lachen sterben möchten.

Auch in der Küche muß man sich vorsehen. Da wird der Teig ausgerollt, damit man die Brote in den Ofen schieben kann; alle Vorsichtsmaßregeln sind ergriffen; die Haushälterin Nadeshda hat die Tür verriegelt und eine Bank vorgeschoben, Halka singt Kosaken- und Zigeunerlieder. Was kann man noch mehr tun? Aber durch irgendeine Ritze ist Sascha doch durchgeschlüpft, und sie muß durchaus ein Brötchen mit ihren kleinen Pfoten formen. Und dann klatscht der Teig auf den Boden und wälzt sich im Staub und Schmutz, — und das soll nun gebacken werden!

Nur der Hund Kadoschka hat was davon — o dieser Kadoschka! Er läßt sich nicht anrühren, nicht aus dem Zimmer jagen. Kadoschka kriegt zuguterletzt alles.

Sadory war von je durch seine Gastfreundlichkeit berühmt. Seit aber Sascha da ist, ist dieser Ruf noch gewachsen. Nicht nur Kadoschka, — jeden, der ihr in den Weg kommt, muß sie füttern und tränken, ob er will oder nicht. Sie stopft es ihm einfach mit Gewalt hinein: iß und trink, bis du platzest. Und da hilft kein Weigern und Sträuben.

Sascha will alles selbst mit ihren eigenen Händen tun. Sie hat einen eigenen kleinen Besen aus Steppengras, damit fegt sie jeden Morgen die Stube. Der Besen macht mehr Staub, als daß er den Staub wegschaffte, — aber wieviel Mühe macht sich Sascha dabei! Unter jedes Bett kriecht sie, vor jedem Sofa bückt sie sich mindestens zehnmal.

Ordnung muß eben sein.

Nach dem Essen spielt Sascha mit Manja „Stöckchen gib acht!", Versteck und Kuchenbacken.

„Stöckchen gib acht!" wird so gespielt: man holt sich irgendwo aus einem alten Lattenzaun ein Stöckchen, stellt es senkrecht auf den Zeigefinger, sagt: „Stöckchen gib acht! Wieviel Stunden sind's noch bis Mitternacht?" und zählt dann, bis das Stöckchen vom Finger heruntergefallen ist. Bei welcher Zahl das geschieht, so viel Stunden sind's noch bis Mitternacht.

Sascha bringt es immer zu sehr hohen Zahlen, denn sie zählt auf ihre besondere Art. Eins, zwei, drei, zehn, zwanzig, zehn, hundert. Außerdem mogelt Sascha: mit dem Daumen, dem Lutscher, stützt sie das Stöckchen heimlich.

Wie man Versteck spielt, weiß jeder. Verstecken kann man sich überall: im Kuhstall und in Drankas Hundehütte, — aber nur nicht lauern! Sascha versteckt sich hinter der Tür. Das ist ganz einfach, aber man kommt nicht so leicht drauf.

Das alles sind friedliche Spiele, aber beim Kuchenbacken gibt es oft Mißverständnisse. Sascha läßt die Möglichkeit nicht gelten, daß irgend jemand außer ihr etwa einen Baumkuchen aus Sand formen könnte. Und wenn Manja Bruch ihr ein Pralinee aus Sand überreicht, dann — — hätte sie's lieber nicht getan!

Wird das Spiel draußen langweilig, geht man ins Zimmer. Dort „liest" Sascha, das heißt, Tante Lena liest ihr vor. Aber Sascha weiß schon eine Menge auswendig und sie hört so zu, als wäre sie selbst der Struwwelpeter und der Hans-Guckindieluft und das schlaue Häschen. Und was sie für Gesichter dazu schneidet! Wo sie die nur alle her hat! Diesen Sommer hat Mama ihr eine Fibel geschenkt mit einem Mohr, einem Indianer und einem Ägypter. Und die Fibel ist jetzt Saschas Lieblingsbuch.

Bilder besehen macht Sascha immer Spaß. Sämtliche Jahrgänge der „Niwa" sind schon durchgeschmökert. Jedes Bild wird in Zusammenhang mit dem Leben auf dem Schlosse gebracht, und wenn das garnicht angeht, so werden neue Geschichten geschaffen, die sich ebenfalls auf dem Schlosse abgespielt haben, und bloß nicht im Gedächtnis der Schloßbewohner haften geblieben sind.

Und immer muß Sascha fragen. Und wenn sie auch alle Fragen selbst auf ihre Weise beantwortet, so überschüttet sie doch jeden, der in ihre Nähe kommt, mit Fragen ohne Zahl. Wenn ein Lied gesungen wird, ein Märchen erzählt, oder überhaupt nur von irgendetwas gesprochen, dann kann man auf die Fragen gefaßt sein:

„Warum ist Herbst? Warum muß man essen? Warum muß man gesund sein? Warum muß man beten?"

Und das nimmt kein Ende.

Sascha kennt die russischen Dichter. Sie zeigt Puschkins Bild und nennt ihn Putzekin. Lermontow kann sie auch richtig zeigen, aber seinen Namen vermag sie nicht auszusprechen.

Wenn das Lesen und Bilderbesehen und Fragen erledigt ist, setzt sich Sascha an Tantens Klavier, läßt sich Noten aufs Pult legen und fängt an zu spielen. Die Notenblätter müssen umgewendet werden, die Hefte gewechselt, sonst wird Sascha sehr böse.

Sie wird überhaupt sehr leicht böse, sie ist grimmiger als der alte Landmesser Becker, den die Leute im Dorfe den Feuerspeier nennen.

So geht der Tag hin, man merkt es gar nicht, wie. Der

Abend kommt heran. Nun geht man noch spazieren. Tante Lena, Manja und Sascha spazieren ins Feld hinaus.

Im Schlosse wird es still. Tante und Großmama spielen Schwarzen Peter, im Garten oder in der Küche wird Fruchtsaft gekocht, dafür sorgt Tante Wera.

Und gerade, wenn den Fliegen der süße Schaum über dem Kessel am schönsten schmeckt, wird es im Schlosse wieder laut und lebendig. Vom Felde bringt man Blumen, Kränze und eine Unmenge Geschichten: irgend jemand hat man sicher unterwegs getroffen, — natürlich nur von jenen Leuten, die bloß Sascha und dem Mohren, ihrem getreuen und ergebenen Kavalier, bekannt sind und nur von ihnen gesehen werden.

Wenn die Sonne sinkt, wird es für Sascha Zeit, zu Bett zu gehen.

Bei dieser Gelegenheit wird sie von den unglaublichsten Krankheiten heimgesucht. Am häufigsten tut ihr der Fuß weh. Sascha hinkt dann. Eine Zeitlang war man ganz unruhig, aber weder der Student Michail Petrowitsch, noch der Doktor Korotok konnten etwas Gefährliches entdecken. Wenn jemand der Fuß wehtat, so allenfalls nur der Großmama, die immer ihr Reißen bekommt, wenn das Wetter sich ändern will.

Ehe Sascha zu Bett geht, müssen alle Puppen zur Ruhe gebracht werden. Wenn sie fertig sind, kommt die Reihe an Sascha.

Vor dem Schlaf, auf dem Töpfchen, erzählt Sascha mit schläfrigen Lippen der Tante Lena, was sie Neues erfahren und gelernt hat, und wen sie heute gesehen und allerlei vom Sandmann und wie die Hunde bellen.

Wenn es am Tage gewittert hat, erzählt Sascha vom Donner; wenn es regnete, so berichtet sie Dinge vom Regen, die ein Erwachsener nur schwer versteht, — Tante Lena nicht ausgenommen, obgleich sie an Saschas Geschichten gewöhnt ist, mit ihr in einem Zimmer schläft und sie fast nie allein läßt.

„Der Donner wohnt über dem Himmel," berichtet Sascha,

„wo auch die Wolken sind. Der Regen wohnt auf dem Dach. Da wohnen auch die Vöglein."

Sascha schläft ein, und auch die Großmutter Euphrosyne Iwanowna schläft und die Ziege Maschka, damit Sascha morgen früh wieder frische Milch hat.

Nur die Tante Tatjana Afanasjewna schläft nicht. Die Tante legt Karten aus. Sie hat ihre besonderen Karten, die lügen nie. Da gibt es im Spiel eine Amazone und einen Spanier, auf die kommt es vor allem an. Die Karten werden in vier Reihen zu je neun ausgelegt. Und wie traurig kann die Arme sein, wenn plötzlich irgendein Astrolog oder die Sphinx oder die Kanone nicht da sind — alles Saschas böse Streiche.

Aus dem Wächterhäuschen kommt der Nachtwächter Taras mit seiner Klapper. Und Butzik und Mischka und Dranka bellen bald laut auf, bald sind sie mäuschenstill, bald heulen sie dreistimmig, daß es weit widerhallt.

Tags schläft der Sandmann, aber nachts wird er lebendig. Abends steht er von seinem Lager auf, und wenn es ganz dunkel geworden ist, kommt er ins Schloß. Er geht geradewegs die Treppe hinauf in Saschas Turm, und selten kommt er allein. Der Sandmann erzählt Märchen oder er nimmt Sascha an der Hand und führt sie aus dem Turm hinaus ins Feld spazieren, im Winter über das weiße Gras, im Sommer über rote Blumen. Der Sandmann kann gerade so, wie Mama, aus Malven Damen machen. Er reißt eine rosa Blüte ab, dreht sie um, bindet die Staubfäden mit einem Grashalm zusammen — und die Dame im Reifrock ist fertig.

Einmal gingen Sascha und der Sandmann über das Feld nach den Tatarengräbern — so nennt man in Olenowka die Hünengräber — und da kam ihnen der Wolf entgegen.

„Nehmt mich mit," sagte er, „ich will auch spazieren gehn."

„Gut."

Und so gingen sie. Alles war in bester Ordnung. Der Wolf kannte die ganze Gegend ausgezeichnet und führte sie zu den schönsten Plätzchen. Aber auf einmal verlor der Wolf seinen Schwanz. Und da wurde er ganz betrübt. Ohne Schwanz fühlt man sich ganz scheußlich, und nun schrie Sascha jede Nacht aus Furcht, sie könnte auch ihr Schwänzchen verlieren.

Tante Lena hörte das Geschrei und dachte, Sascha hätte Magenweh, und man schob die Schuld auf die Ziege und ihre zu süße Milch. Der Student Michail Petrowitsch erschien wieder, der Doktor Korotok untersuchte Sascha, beide verordneten eine Mixtur, alle zwei Stunden einen Eßlöffel voll. Sascha nahm die Mixtur und schrie nachts doch.

Gott sei Dank, daß die Boitschicha da war, sonst hätten sie das Mädel ganz zugrunde gerichtet.

Die Boitschicha ist ein ur-uraltes Weibchen im Dorf. Ihre Hütte ist dicht beim Schloß. Man erzählte, sie sei eine Hexe, die heilen und verzaubern könne. An sie wandte man sich.

„Der Wolf hat sie erschreckt," sagte die Alte. „Das läßt sich wieder gutmachen."

Die Boitschicha kam in aller Frühe ins Schloß, als der Ofen eben angeheizt war. Die Hexe murmelte allerlei vor sich hin, trug Sascha durch das Zimmer, strich mit ihren erdigen, harten Fingern über die rosige Brust und den Rücken, dann nahm sie ein Büschel Bandgras und ließ den Schrecken sich ans Gras hängen. Das Gras aber warf sie sofort ins Feuer. Das Gras verbrannte — und alles war wieder gut. Wenn Sascha auch nur ein einziges Mal in der Nacht geschrien hätte. Wahrscheinlich war dem Wolf sein Schwanz wieder angewachsen, so daß Sascha sich jetzt nicht mehr zu fürchten brauchte.

Ein andermal brachte der Sandmann einen Mönch zu Sascha. So einen hatte Sascha schon auf Bildern gesehen. Ein ganz einfacher Mönch in einer schwarzen Mütze mit gekreuzten Armen. Der Sandmann stellte den Mönch vor Saschas Bett am Fußende hin und verschwand selbst.

Sascha machte die Augen auf und rief Tante Lena. Tante Lena stand auf, zündete das Lämpchen an, sah aber keinen

Mönch. Doch der stand immer noch da, wie der Sandmann ihn hingestellt hatte, mit gekreuzten Armen und starrte Sascha an.

Seitdem brennt im Turmzimmer nachts immer das Lämpchen.

Der Mönch aber mag das Licht wohl nicht, denn er ist nicht mehr wiedergekommen. Dafür brachte der Sandmann die Maka zu Sascha.

Maka gefiel der Sascha sehr gut, und auch Sascha gefiel der Maka. Und Maka gewann Sascha so lieb, daß sie zu jeder Zeit auch ohne den Sandmann bei ihr zu erscheinen begann. Sie tritt ganz dicht an Sascha heran und spricht mit ihr. Makas Stimme kann niemand hören außer Sascha, und was Sascha zu Maka sagt, das hören zwar alle, aber keiner versteht es, denn es sind ganz besondere Worte, keine russischen.

Wenn Sascha an irgendetwas besonderen Gefallen findet, sagt sie: „das ist makig." Mama ist makig, Tante Lena ist makig, die Ziege Maschka ist makig, und Onkel Andrej ist es, wenn er singt oder aus der Stadt Schokolade mitbringt.

Die Freundschaft zwischen Sascha und Maka ist einfach rührend. Die beiden sehen sich sehr oft.

„Lena," sagte Sascha und unterbricht ihr Spiel oder irgendeine interessante Geschichte, „ich muß zu Maka gehen."

Und sie begibt sich nach dem zweiten Schloßturm, wo das Familienarchiv und die Bibliothek sich befinden und wo einst der Großvater Jurij Alexandrowitsch gewohnt hat.

Hier haust jetzt Maka.

3.

Sascha ist drei Jahre alt oder dreitausend, oder vielleicht auch dreimal dreitausend. Sascha zählt ihr Alter nicht nach Jahren.

Sascha meint, sie hätte von Ewigkeit an im Schlosse gelebt, sie wäre die Enkelin nicht der Großmama Euphrosyne Iwanowna, sondern der Tante Lena; sie hält sich für groß und alt, älter als das ganze Geschlecht, das im Schloß gewohnt hat, älter als die Tante Tatjana Afanasjewna, denn die Tante ist ja nicht hundert Jahr alt, sondern erst sechzehn, oder vielleicht noch weniger.

Sascha steigt oft in Makas Turm hinauf.

Der Turm ist alt, und eine Unmenge von Mäusen haust darin: in der Bibliothek und im Archiv haben sie genug zu fressen, und man hört sie Tag und Nacht kratzen und krabbeln.

Dort unterhält sich Sascha mit Maka, dort guckt sie nach den kleinen Mäuschen und freut sich, wenn eins ohne die geringste Furcht ganz dicht an sie herankommt und sich den Bart mit den Pfötchen streicht.

In Großvaters Kabinett hängen Bildnisse: eins zeigt Großvater als jungen Mann in Leutnantsuniform; auf dem andern ist er ganz alt und hat einen langen Bart und helle blaue Augen, ganz wie Saschas Augen.

Sascha kennt Großvater, sie hat Großvater gesehen: einmal nachts kam Großvater mit dem Sandmann an ihr Bett und unterhielt sich mit ihr, Großvater sagte zu Sascha, er werde nach anderthalb Jahren ganz zu ihr ins Schloß kommen. Und wenn Sascha jetzt in das Kabinett läuft, denkt sie immer, Großvater würde einmal da sein.

Mama erzählt Sascha ganz wunderschöne Märchen: von dem Fischer und seiner Frau und vom gestiefelten Kater und vom kleinen Däumling, vom Froschkönig und vom schlauen Fuchs.

„Willst du, Mama? Ich erzähle dir auch ein Märchen," sagt Sascha, als die Mutter mit ihrer Geschichte zu Ende ist.

„Erzähl' mal!"

Und Sascha erzählt ihr Märchen:

„Es waren einmal zwei Bauern, die gingen ans Meer, um Fische zu fangen. Sie fingen aber nichts, und da gingen sie wieder nach Hause und legten sich schlafen."

Damit ist das Märchen aus.

Sie hat noch ein anderes ebenso schönes Märchen vom Hahn und vom Bären, wie der Hahn den Bären auffraß.

Sascha hat es auch sehr gerne, wenn Mama erzählt, was sie alles gemacht hat, als sie, die Mama, noch klein war.

„Als ich klein war, war ich sehr unartig," erzählt die Mutter zum hundertsten Male. „Einmal kam ich in die Küche, als gerade alle hinausgegangen waren. Da stand der Samowar auf der Bank. Ich griff nach dem Krahn, drehte ihn um und blieb mit der Schulter am Samowar hängen, so daß er umfiel — gerade auf mich. Da fing ich furchtbar zu schreien an, denn ich hatte mir die Beinchen verbrüht. Großmama kam gelaufen und Großpapa und Tante und die Urgroßmama. Man legte mich ins Bett und holte den Doktor. Als der Doktor gekommen war, nahm man mir die Strümpfe ab, aber mit den Strümpfen ging auch die Haut ab. Das tat furchtbar weh und ich weinte und schrie. Lange mußte ich im Bett liegen, dann wurden die Beinchen allmählich gesund, eine neue Haut wuchs drüber."

„Und dann noch eine?" unterbricht Sascha die Mutter.

„Nein. Anfangs konnte ich nur kriechen. Ich hatte das Gehen ganz verlernt. Erst nach und nach lernte ich wieder fest auf meinen Füßen stehn."

Sascha hört mit zusammengezogenen Brauen zu, und wenn die schöne Geschichte zu Ende ist, die Beine wieder heil sind und die Mama wieder laufen kann — dann strahlt Sascha über das ganze Gesicht und lacht.

„Noch einmal!"

Und Mama erzählt die schöne Geschichte zum zweitenmal.

„Aber als ich klein war," fängt Sascha dann an, „da lag ich mit dir im Kinderwagen, und dann zog ich dich an..."

Aber das ist schon so lange her, so lange, daß Sascha klein war! Und wenn Sascha ihrer Kindheit gedenkt, behauptet sie, daß sie wieder einmal klein sein werde.

„Wer wird dich liebkosen, wenn ich tot bin?" sagte Sascha einmal, als sie wieder in Kindheitserinnerungen schwelgte und umarmte die Mama so innig, als wäre sie ihr Teddy-Bär.

Jeden Morgen nach dem Gebet begibt sich Sascha gewöhnlich mit der Tante zu Mama, um sie aufzuwecken, und dann geht es hoch her: sie kriechen als Bären auf allen Vieren, stoßen sich als wilde Kühe mit den Hörnern, stellen Gewitter, Sturm, Regen, Hagel dar. Und Sascha sucht der Mama Angst zu machen: sie bläst die Backen auf und sagt mit hohler Stimme, sie wäre nicht Sascha, sondern der Froschkönig. Und dann kratzt Mama Sascha den Rücken und die Schulter: Sascha hat das über alle Maßen gern.

Einmal sagte Mama zu Sascha:

„Weißt du, Sascha, ich habe Maka gesehn."

Da drohte Sascha mit dem Finger, kletterte der Mutter auf den Schoß und flüsterte ihr ganz leise ins Ohr:

„Still du, Mama, das darf man nicht laut sagen."

„Warum denn nicht?"

„Man darf nicht," wiederholte Sascha nun ganz streng und furchte die Stirn.

„Weißt du denn, wie deine Maka aussieht?"

„Sprich nicht so laut, Mama, sag es niemandem," flüsterte Sascha. „Maka ist ein ganz altes zahnloses Fräulein. Immer bittet sie um Zigaretten, und kann doch gar nicht rauchen, denn Maka hat keinen Mund, sondern bloß zwei Zungen."

Und wie sie so von ihrer geliebten geheimnisvollen Maka erzählte, lächelte Sascha, und der dunkle Leberfleck auf der Oberlippe ließ dieses Lächeln unbeschreiblich süß erscheinen.

DIE KRAWATTE

1.

Schon ganz zu Anfang des Semesters hatte man auf dem Newskij-Prospekt einen schwarzhaarigen Studenten bemerkt, der sich von den andern eleganten Studenten in ihren neuen Uniformen scharf unterschied. Die neu immatrikulierten Studiosi, die zum erstenmal nach Petersburg gekommen sind, pflegen scharenweise auf dem Newskij spazieren zu gehen, gucken neugierig nach allen Seiten und stehen lange vor den Schaufenstern.

Der Student, der allen auffiel, war auch ein Neuling und auch elegant gekleidet, aber sein Gesicht und seine Haltung unterschieden ihn von den andern.

Er hatte so feurige schwarze Augen und so schwarzes Haar — es gab keinen zweiten so schwarzen auf dem ganzen Newskij.

Seine Augen behielten, auch wenn er lächelte und sogar sehr schelmisch lächelte, immer denselben Ausdruck: ein alter Schmerz, eine Wehmut, die Jahrhunderte überdauert zu haben schien und immer wieder durch ein verborgenes nie verlöschendes Feuer genährt wurde, sprach aus diesen Augen. Und wenn er, ohne den Kopf zu wenden, nach einer vorübereilenden Dame schielte, dann sah man von den Augen nur das Weiße.

Sein Gang war sehr sicher und solide; er schritt gleichmäßig, ohne hin und her zu wackeln und ohne mit den Armen zu fuchteln. Und doch hatte man das Gefühl, als müßte er von allen Spaziergängern der tollste und phantastischeste sein.

„Abdul Achad," sagte der schwarze Student einmal, als er sich einem semmelblonden, ängstlich dreinschauenden Kommilitonen vorstellte.

„Ein Türke," zwinkerten die Kellner in den Kaffeehäusern

und die Ladendiener einander zu, wenn sie Abdul Achad zu Gesichte bekamen.

Die Liebhaber arabischer Märchen mußten in große Erregung geraten, wenn sie zufällig mit Abdul Achad zusammen kamen, — dem Türken, wie er nur noch von den Kameraden genannt wurde.

Vom Newskij kam der Türke auf Wasili-Ostrow. In der zwölften Linie mietete er sich ein Zimmer. Und schon im November kannte der ganze Stadtteil den Türken.

Der Türke war reich und freigebig. Der Türke fiel allen auf. Und es gab kaum ein junges Mädel im ganzen Stadtteil, in das der Türke sich nicht verliebt hätte; es gab kein einziges, das nicht für den Türken geschwärmt hätte.

Es gingen die unglaublichsten und lächerlichsten Geschichten über den Türken um.

Allerdings liebte er selbst sehr von sich zu sprechen und allerlei unglaubliche, lächerliche Geschichten zu erzählen, von Reisen und Abenteuern jeder Art, — und immer wollte er alles selbst gesehen und selbst erlebt haben.

Die Liebhaber arabischer Märchen mußten in große Erregung geraten, wenn sie zufällig eine Geschichte des Abdul Achad zu hören bekamen.

Und der semmelblonde ängstliche Studiosus, zu dem der Türke sich besonders hingezogen fühlte und den er protegierte, der semmelblonde ängstliche Studiosus, der stete Begleiter des Türken, berichtete einmal voll herausfordernden Stolzes von seinem Beschützer, dieser sei schon als Quintaner Vater gewesen und hätte sich in dieser Rolle keineswegs wohl gefühlt.

Übrigens hatte auch der Türke selber in einem Augenblick besonderer Offenherzigkeit etwas Ähnliches von sich erzählt, und sogar geschildert, wie peinlich es ihm war, als Vater eines kräftigen Jungen vom Lehrer in den Winkel gestellt zu werden.

Man schenkte der Geschichte nicht eben viel Glauben, aber man amüsierte sich köstlich.

„Nun freilich," sagte man, „ein Türke!"

„Der Türke ist da!" rief man mit frohem, freundlichem Lachen, wenn Abdul Achad in der Kneipe erschien.

Der Türke lebte sich in Petersburg ein, wie die andern Türken, die „Schopftürken" — so nannte Abdul Achads Zimmerwirtin die Sphinxe an der Nikolaibrücke — sich an die kalte Newa, an den bleichen Himmel, an den Rauhreif und an den Petersburger Wind gewöhnt hatten.

Der Türke fand es immer heiß und knöpfte seinen kostbaren Pelz nie zu.

„Natürlich," hieß es, „ein Türke."

„Der Türke, der Türke!" wurde Abdul Achad mit frohem, freundlichem Lachen auf der Straße begrüßt.

Aber der Türke war launisch: heute konnte er lustig sein, und tags darauf war er traurig; heute erzählt er die tollsten Geschichten und macht die abenteuerlichsten Pläne, und morgen sieht man nur das Weiße seiner Augen.

Und alle kennen das — sie kennen sein Lachen und seine Tränen und sie liebkosen den Türken, wenn er weint.

„Lieber Türke, laß doch!" — Und sie streicheln ihn wie eine Katze.

Zu Weihnachten tanzte der Türke auf Maskenbällen und nach Weihnachten setzte er sich an die Kolleghefte.

Aber was ist das Kolleg für den Türken? Und was ist der Türke dem Polizeiwachtmeister?

Ganz unerwarteterweise kam der Türke eines schönen Tages nicht mehr nach seiner zwölften Linie und nicht zu den Schopftürken, den Sphinxen, an denen er sonst so oft vorübergegangen war, sondern an das Arsenal-Ufer in das Gefängnis von Kresty.

2.

Man gelangt auf sehr einfache Weise nach Kresty.

Auf dem Newskij gab es eine Straßendemonstration. Unter den Demonstranten befand sich auch der Türke. Wie wäre eine Demonstration ohne den Türken möglich gewesen? Bei Demonstrationen trifft man eine Unmenge Bekannte und es ist sehr lustig, wie auf keinem Ball, keiner Maskerade.

„Der Türke! Der Türke!" riefen die Kameraden freudig, als sie Abdul Achad zu Gesicht bekamen.

Und anfangs ging alles sehr nett und lustig her, aber vor dem Rathause hatte die Polizei den Demonstranten eine Falle gestellt, und nun gab es Knuten- und Säbelhiebe.

Der Türke ist alles, was ihr wollt; er ist nicht erst in der Quinta, sondern schon in der Sexta Familienvater gewesen; das ist alles wahr. In China war er allerdings nicht, wenn er auch sehr schön von lebendig gebratenen Fischen zu erzählen weiß, die ihm irgendein vornehmer Chinese vorgesetzt haben soll. Aber der Türke ist ein Ritter, der Türke kann es nicht zulassen, daß ein hübsches Mädel, noch dazu eins, das er sehr gut kennt, von einem Soldaten mit dem flachen Säbel geschlagen wird.

Drei junge Studentinnen stürzten auf die Treppe des Rathauses, legten die Hände vors Gesicht und knieten nieder, den Soldaten den Rücken zukehrend. Ein Soldat stieg ihnen nach und begann sie der Reihe nach mit seinem schweren, harten Säbel zu schlagen.

Der Türke geriet in Raserei.

In der Menge lachte jemand laut auf und sagte etwas Kränkendes über die unglücklichen, geduldig unter den Säbelhieben knienden Mädchen. Und von allen Seiten tönte Geschrei und Gewinsel. Man stieß sich, rannte, stolperte, fiel.

Der schwarze Türke mit den schwarzen brennenden Augen lief nicht, wie die andern, er schrie nicht, wie die andern, er rollte nur seine großen brennenden Augen.

Und seine Raserei erreichte den Höhepunkt.

Und das Weiße seiner Augen schimmerte so schauerlich, daß dem Schutzmann, der aus seinem zufälligen Opfer die letzten Lebensgeister herausprügeln wollte, plötzlich der Gedanke kam:

„Ist das nicht der Teufel selber, der nicht umzubringen ist?"

Die Lebensgeister ließ der Türke sich nicht herausprügeln, aber nach Kresty kam er doch.

3.

Mit dem Türken hatte man von der Demonstration noch viele Studenten nach Kresty gebracht, und bald zeigte es sich, daß von allen der Ungebärdigste, der Schwierigste Abdul Achad, der Türke, war.

Als alle Beulen, Quetschungen, Risse, Schrammen geheilt waren, wurde auch der Türke wieder lebendig. Und er war wie ein kleines Kind ... Was konnte man auch von einem Türken anders erwarten?

Der Türke bekam Besuch von zwei Bräuten. Der Türke war in die eine ebenso verliebt, wie in die andre, und er wußte selbst nicht mehr genau, welche von beiden die schönere war und welche er lieber hatte.

Die Bräute brachten ihm Blumen, Schokolade, Kuchen ins Gefängnis. Die Zusammenkünfte dauerten immer sehr lange. Aber der Türke war immer noch unzufrieden. Er bat, daß ihn noch eine dritte Braut besuchen dürfe. Und so erhielten drei Bräute die Erlaubnis, den Türken zu besuchen, jede zu ihrer bestimmten Stunde.

Aber auch das war ihm noch nicht genug. Der Türke gab keine Ruhe.

Wie wäre das auch möglich gewesen, da er in Wahrheit doch nicht drei, sondern dreiunddreißig Bräute hatte.

Die Zelle des Türken befand sich im Hintergebäude im vierten Stock. Das Fenster war hoch. Vom Fußboden aus konnte man nicht durchsehen. Der Türke stellte seinen Stuhl auf den Tisch, kletterte hinauf und schaute abends aus dem Fenster.

Dort am Ufer, von den Schopftürken, den Sphinxen, bis zum Arsenal gingen seine Bräute spazieren, alle dreiunddreißig.

Der Türke dachte nur an sie, erwartete ihren Besuch und träumte nachts von ihnen.

Und dann kam der Frühling. Es ward streng verboten, aus dem Fenster zu sehn. Aber wie konnte der Türke nicht aus dem Fenster sehn, wenn der Frühling gekommen war?

Der Türke kümmerte sich um die Vorschriften nicht.

Man drohte ihm mit Karzerhaft — er ließ sich nicht bange machen. Man sperrte ihn in den Karzer — es half nichts. Da ließ man ihn in Frieden. Was sollte man auch mit ihm anfangen?

Früher, als er noch frei war, hatte er die ganze Welt in drei Gruppen geteilt: hübsche Mädel, junge Mädel und Weiber überhaupt. In die ersten verliebte er sich, in die zweiten war er nicht abgeneigt, sich zu verlieben, und den dritten war er stets bereit, den Hof zu machen.

Und nun, da der Frühling gekommen war, da liebte er sie alle, alle gleich und machte keinen Unterschied mehr zwischen hübschen und jungen und Weibern überhaupt.

Und am Ufer gingen abends nicht mehr dreiunddreißig, sondern mindestens dreihundertdreiunddreißig Bräute spazieren, er sah sie mit seinen eigenen Augen.

Alle Frauen waren seine Bräute.

Zu Ostern weinte der Türke sogar. Er weinte, weil man ihn nicht auch in die Kirche gehen ließ, wie alle seine Mitgefangenen, und auch weil er abends, als er aus dem Fenster seine am Ufer spazierenden Bräute sah, ein so großes Mitleid mit ihnen empfand.

Es kam der Mai und die hellen Nächte.

Aus dem Fenster sah der Türke den Mai, die hellen Nächte.

Einmal, als die Kontrolle eben vorüber war, und der Türke auf den Stuhl geklettert war, um nach den Bräuten Ausschau zu halten, bemerkte er einen schwarzen Bart, der aus dem Gitterfenster nebenan heraushing. Der Nachbar hatte den Türken auch bemerkt und suchte ihm durch Zeichen zu verstehen zu geben, daß er nicht reden solle.

Aber wann hätte der Türke je guten Rat angenommen? Er war so erfreut über den schwarzen Bart.

„Sitzen Sie schon lange hier?"

„Zwei Jahre."

„Woher?"

„Aus Wilejki."

„Wofür?"

„Denunziation. Ich weiß selbst nichts Genaues."

„Besucht Sie jemand?"

„Nein. Ich habe daheim eine Frau und ein kleines Mädel."

„Was war Ihr Beruf?"

„Melamed. Lehrer."

„Langweilen Sie sich nicht?"

„Ich klebe Schachteln."

„Sehnen Sie sich nicht nach Ihrer Frau?"

Aber der Nachbar antwortete nicht. Der schwarze Bart verschwand hinter dem Gitter. Und da klopfte auch der Wächter an die Tür. Der Türke mußte von seinem Stuhl herunter.

Als der Wächter vorübergegangen war, kletterte der Türke wieder hinauf und rief wieder den Nachbar an, aber der schwarze Bart zeigte sich nicht mehr, man sah durch das Gitter nur einen gekrümmten müden Rücken. Dann vergaß der Türke den Bart, und endlich wurde der Türke freigelassen. Es war doch nichts mit ihm anzufangen.

4.

Aus Kresty begab der Türke sich geradewegs auf den Newskij. Er wußte gar nicht, was er mit sich anfangen, wo er sich lassen sollte. Seine Bekannten aufsuchen? Dazu war auch morgen noch Zeit genug. Drei Tage war ihm Frist gegeben, drei Tage durfte er sich in Petersburg aufhalten, und in drei Tagen konnte er alles erledigen, alle besuchen.

Der Türke ging auf dem Newskij und lächelte, alle lächelte er an, die Alten und die Jungen.

„Türke, lieber Türke, wie geht es dir?" lächelten die Leute ihm entgegen, oder zum mindesten schien es ihm so.

Er ging in ein Kaffeehaus nach dem andern, trank Kaffee, aß Kuchen, guckte in ein paar Kinos hinein, aber nirgends hielt er's lange aus.

„Türke, lieber Türke! Wie schön, wie herrlich ist die Freiheit!" summten, brummten, flüsterten die Passanten — zum mindesten schien es ihm so.

In einer Schaubude am Newskij gab es wilde Menschenfresser zu sehen. Aus Neu-Guinea hatte man sie nach Petersburg gebracht.

„Das allerwildeste Volk auf dem Erdball!" verkündete das Plakat. Der Türke ging hinein, sich die wilden Menschenfresser anzusehen. Die Menschenfresser sahen ganz wie Theaterteufel aus und lächelten, wie der Türke selbst. Und der Türke konnte nicht anders — er kletterte zu ihnen auf das Podium hinauf. Die Wilden verstanden nicht, was der Türke zu ihnen sagte, und auch die andern, die zahmen Zuschauer, ja der Türke selbst, verstanden kaum etwas, aber die Wirkung war eine ganz unerwartete: die Wilden hielten ihn wohl für einen Gott, sie spannten ihre Bogen, schossen ihre Pfeile ab, reckten sich lang aus, wie Peter der Große, und machten so wüste Känguruspründe, daß dem Publikum angst und bange wurde und alles in größter Hast zum Ausgang drängte.

Im Gedränge kam auch der Türke hinaus.

„Türke, lieber Türke, wie lustig ist es, wie lustig!" rief man ihm nach — oder zum mindesten schien es ihm so.

Die Newa hatte das Eis vom Ladogasee schon ins Meer hinaus befördert. Es war warm. Übrigens hätte der Türke es auch warm gefunden, wenn das Eis noch nicht abgegangen wäre.

Die weiße, durchsichtige Nacht lockte mit fernen silbernen Sternen.

Es war Kaisers Geburtstag. Auf dem Newskij flammten längs dem Bürgersteig bunte elektrische Laternchen auf, an den Häusern leuchtende Monogramme und Wappen. Das Gedränge der Spaziergänger wurde immer größer.

Der Türke sah nach allen Seiten und lächelte. Alles schien ihm so reich geputzt, so jung und rein, er hätte alle ohne Unterschied küssen können.

An der Ecke beim Katharinenkanal blieb der Türke stehen. Von der Kasankathedrale her kamen Gardekürassiere.

Riesengroß, auf prächtigen Pferden, in silbernen Harnischen, bewegten sich die schimmernden Reiter wie Gespenster vorwärts.

Der Türke sah auf die Kürassiere und lächelte. Und lange noch schimmerten die silbernen Harnische durch die weiße Nacht, die bunten grünen Laternchen und die dunkeln, wie Bärte herabhängenden Fahnen. Als die Kürassiere vorüber waren, ging der Türke mit der Menge weiter.

Auf der Brücke fiel ihm ein Mädel auf — schwarzhaarig, schlank, fast wie ein Backfisch, nicht geschminkt, mit Augen, die glänzten, wie die Harnische der Kürassiere. Er lächelte sie an und sie lächelte auch. Er faßte sie unter den Arm. Sie ließ ihn lächelnd gewähren. Und sie gingen weiter.

Sie gingen und lachten, wie alte Bekannte.

Warum auch nicht? Sie war ja seine Braut! Alle waren sie seine Bräute.

Die weiße durchsichtige Nacht lockte mit fernen silbernen Sternen.

„Wohnen Sie weit von hier?"

Sie nannte ein Hotel.

Ihre Antwort belehrte den Türken, daß sie erst seit kurzem auf der Straße war: sie empfing noch keinen Besuch in ihrer Wohnung.

Sie gingen nach dem Gasthaus. Ließen sich ein Zimmer anweisen.

Und noch deutlicher ward es dem Türken, daß sie erst seit kurzem auf dem Newskij war: sie wollte kein Bier trinken.

Der Kellner brachte Limonade. Sie tranken die Limonade. Dann kleideten sie sich aus.

Sie war eine Jüdin und hieß Rosa.

„Sind Sie auch Jude?"

„Nein."

„Grieche?"

„Nein!"

Sie sah ihn mit großen erstaunten Augen an und zählte alle Völker auf, die sie kannte. Sie kam schließlich bis auf die Chinesen und die menschenfressenden Papuas, die sie sich ebenso angesehen hatte wie der Türke.

„Ein Papua?"

„Nein."

„Ein Türke?"

Der Türke konnte sich nicht mehr beherrschen und fing laut zu lachen an.

„Ein Türke! Ein Türke!" rief Rosa erfreut, wie Kinder sich freuen, wenn sie einen Spielgefährten endlich in seinem gar nicht mal besonders schlau gewählten Versteck aufgestöbert haben, und immer wiederholte sie mit gutmütigem Lachen, wie die Kameraden, wenn sie den Abdul Achad irgendwo trafen, wo sie ihn am allerwenigsten erwartet hatten: „Ein Türke! Ein Türke!"

Rosa hatte nur noch das Korsett abzunehmen.

Der Türke schwatzte allerlei tolles Zeug, behauptete, er sei kein Türke, sondern ein ganz richtiger Kannibale und er werde sie gleich mit Haut und Haar auffressen, und dabei lachte er so, daß er ganz außer Atem kam.

Aus Rosas Korsett fiel plötzlich etwas auf den Boden. Der

Türke bemerkte es. Aber Rosa bückte sich in größter Hast und verbarg den Gegenstand in ihrer hohlen Hand.

Was mochte das sein? Und warum wurde sie so rot?

„Was ist das?"

„Nein, nein, das dürfen Sie nicht..." Rosa trat zurück.

„Warum nicht?" widersprach der Türke, umarmte Rosa und setzte sie auf seinen Schoß. „Sag mir doch, was es ist!"

„Es geht nicht," wiederholte sie. „Bitte, fragen Sie mich nicht. Ich will das nicht."

Aber wann hätte der Türke je guten Rat angenommen! Er bestand auf seinem Stück: du mußt es mir sagen! Er schwur, daß er ihr Geheimnis keinem verraten und auch nicht lachen werde: auf ihn, den Türken, könne man sich verlassen.

„Alles geht," sagte er, „und das nicht? Warum denn nicht? Warum nur?"

Aber sie preßte den geheimnisvollen Gegenstand nur noch fester in ihrer Faust zusammen und schwieg. Es schien, als könnte keine Gewalt auf Erden ihr das Geheimnis entreißen, selbst wenn alle Schutzleute vom Newskij sich mit ihren kräftigen Fäusten auf sie gestürzt hätten. Sie weigerte sich, auch nur ein Wort zu sagen.

Dieser kindische Trotz ärgerte den Türken. Er gab keine Ruhe. Er mußte Rosas Geheimnis wissen. Er rollte die schwarzen, brennenden Augen. Er packte Rosas Hand. Und sie öffnete die Faust.

Anfangs verstand der Türke nichts. Er traute seinen Augen nicht.

„Eine Krawatte?!"

Sie hielt eine ganz gewöhnliche, genähte, schwarze Krawatte in der Hand — das Mittelstück, das wie ein schwarzer Schmetterling aussah.

Und Rosa fing an, ganz schnell, stotternd, einzelne Worte bald verschluckend, bald wiederholend, zu reden. So flüstern Kinder, wenn sie sehr froh sind, der Mutter ins Ohr:

„Weißt du, Mama —" oder, wenn sie sich schuldig fühlen, ängstlich und bitter: „Ich will es nie mehr tun!"

Es war eine Krawatte. Eine Krawatte ihres Mannes. Rosa wollte dem Türken nicht von ihrem Manne sprechen. Sie hat auch ein Kind. Ein dreijähriges Mädel. Sie kommt aus Wilejki.

Ihren Mann hat man in einer schwarzen Kutsche nach Petersburg gebracht. Schon vor zwei Jahren. Ein Arbeiter aus der Nachbarschaft hatte ihn angeschwärzt. Ihr Mann war Melamed im Cheder.

„Ein Melamed — ein Lehrer," wiederholte Rosa.

„Ich hab ihn gesehen, deinen Mann, er hat einen schwarzen Bart und einen krummen Rücken. Er ist sehr mager. Ein richtiges schwarzbärtiges Skelet," sagte der Türke ganz erfreut, und deutlich sah er wieder seine Zelle im vierten Stock vor sich und den Abendhimmel und sich selbst auf den Stuhl stehen.

„Ich selbst komme eben aus Kresty, und er ist auch dort, in Kresty. Das Gefängnis Kresty auf der Wiborger Seite, Arsenalufer 5."

Aber Rosa saß nicht mehr auf seinem Schoß, Rosa lag auf dem Boden zu Füßen des Türken und schrie so, als würde sie geschlagen, als wollte sie ihre ganze Seele sich aus dem Leibe schreien.

Der Türke griff nach der Karaffe und goß ihr Wasser ein. Was hatte er denn getan, daß sie sich wie in Krämpfen auf dem Boden wälzte und schrie? Aber Rosa rührte das Wasserglas nicht an, sie stand nicht auf, sie blieb liegen, in Hemd und Strümpfen, sie winselte und schluchzte und preßte die schwarze Schleife, die wie ein Schmetterling aussah, fest in ihrer Hand zusammen.

Der Türke erkannte Rosa nicht wieder. Das war nicht mehr der bleiche, schüchtern-schlaue Backfisch, sondern ein rasendes Weib, das von einem wilden Weh gepeinigt wurde. Und der Schmerz machte ihr Gesicht und althäßlich.

An die Tür wurde geklopft. Man forderte Einlaß.

Der Türke ging um Rosa herum und wußte nicht, was er anfangen sollte.

„Beruhige dich doch," sagte er und streichelte sie, „was liegt denn an einem Schlips? Bei Gott, ich habe nichts Böses gesagt!"

An die Tür wurde geklopft. Und es war, als klopfte man nicht nur an die Tür, sondern an alle Wände und an die Decke, nicht mit der Faust, sondern mit einem Hammer.

Der Türke mußte öffnen: man hätte sonst die Tür aufgebrochen.

Ein Polizeiwachtmeister, ein Schutzmann, der Zimmerkellner, ein Droschkenkutscher und ein Frauenzimmer, wohl aus der Stube nebenan, traten ein.

„Was geht hier vor?" fragte der Wachtmeister und betrachtete den entkleideten Türken und die auf dem Boden liegende Rosa mit strengen Blicken.

„Nichts," erwiderte der Türke, „ich habe gar nichts getan!" Und er stürzte sich auf Rosa, hob sie auf und setzte sie, so gut es ging, auf das Sofa.

Rosa beachtete die Leute gar nicht, sie sah und hörte nichts, sondern winselte nur und schluchzte.

Der Wachtmeister befahl Abdul Achad sich anzukleiden. Der Türke sollte ihm auf die Polizeiwache folgen, wo man die Sache zu Protokoll bringen werde.

Was hatte er denn getan? Hatte er sie denn geschlagen? Hatte er ihr etwas Kränkendes gesagt? Nichts, rein gar nichts! Nichts Böses hatte er ihr getan, ja nicht einmal gedacht.

Der Türke zog sich hastig an, wie einer der sich schuldig fühlt. Aber die Hände wollten ihm nicht gehorchen. Kein Knopf ging zu. Rund herum aber standen die Leute und gafften ihn an wie einen ertappten Taschendieb, und schienen ihm zuzuzwinkern: „Was sagst du nun? Haben wir dich doch?"

Er hatte Gold in der Tasche. Er legte alles in Rosas offene Hand und folgte dem Wachtmeister nach dem Polizeiamt.

Hinter dem Wachtmeister gingen auch die andern hinaus: das Frauenzimmer von nebenan, der Kutscher und der Zimmerkellner — sie hatten ihre Schuldigkeit getan, mehr konnte man nicht von ihnen verlangen.

Rosa blieb allein zurück. Sie saß immer noch in Hemd und Strümpfen auf dem Sofa und weinte und winselte und preßte in der einen Hand die Krawatte zusammen, die wie ein schwarzer Schmetterling aussah, und in der andern das Gold des Türken. Sie war allein in dem Zimmer geblieben, und vor ihr stand der stumpfnäsige Schutzmann vom Newskij-Prospekt...

DER ZERSTÖRTE TASSO

AUSGEWÄHLTE GEDICHTE
VON
THEODOR TAGGER

LEIPZIG
KURT WOLFF VERLAG

Bücherei „Der jüngste Tag", Bd. 62/63
Gedruckt Ende 1918 bei E. Haberland in Leipzig

INHALT

OHNMACHT UND AUFRUHR   Seite

Drei Stoßgebete	9
Der Dichter	12
Abraham und Lot	15
Eva und Susanna	18
Die Eselin	20
Lilie	21
Fantasia Contrappuntistica	23
Preludio, Fughetta ed Fuga Esercizio	25
Die Irren	28
Ariadne	32
Bilder und Aufraffung des Einsamen	35
Der Löwenbändiger	38
Das Bett	42
Der zerstörte Tasso	44

LANDSCHAFTEN

Mann am See	51
Abendsonne	52
Späte Landschaft	54
Nacht	55
Ohnmächtige Stunde, Versailles	56
Landschaft	57
Nasser Abend	58
Mitternacht	59
Mittag	60
Winter	61
Sommerabend	62

PSALMEN DAVIDS

	Seite
Der erste Psalm	65
Der sechzehnte Psalm	66
Der einhundertundzweite Psalm	67
Der siebenundsechzigste Psalm	70
Der fünfundvierzigste Psalm	71
Der dreiunddreißigste Psalm	72
Der neununddreißigste Psalm	74
Der einhundertundneununddreißigste Psalm	76
Der einhundertvierundvierzigste Psalm	80
Der einhundertsiebenundvierzigste Psalm	83
Der einhundertfünfzigste Psalm	86

OHNMACHT UND AUFRUHR

STOSZGEBETE

I.

Ich liebe dich, Herr. Aufgerissen
über alle Maßen stehe ich
zwischen den Tagen. Ich habe keine
Hinneigung mehr, bin nur noch Schwanken,
allem zugeöffnet —, und beraubt.
                           Aber
es kommt einmal deine Hand
und du verschließt mich ·
leise, daß ich reife und mich
ausblaue in mir. O,
hebe mein Weinen auf, Herr,
laß mich erseligen
an dir, du Grünen und du Träne an den Zweigen
                           des Frostes.

II.

Herr, du mein Mond,
o scheine mir wieder nächtliche Erlösung.
Gieße die heißen
und dunkelen Balsame aus deinen Händen,
hebe die Lider vor den Psalmen deiner Augen.

O, wie kannst du kühlen, sänftigen und verscheinen!
O, wie kannst du, Herr, überschleiern!

Sieh, ich leide hier an den schmerzlich schreck-
vollen Tagen,
ach, die brennenden Tumulte der Sonne wirren
mich müd
und schwindelig, daß vor meinen Augen alles
auseinandersplittert. Ich fasse nicht mehr,
was die Erscheinungen sagen,
ich höre nicht mehr die Stillen in den Stimmen,
nur mehr das Klirren, ununterbrochen
und sehne mich, Herr, ach, nach dir, o du, du Herr,
du Nacht, du Dunkelblau der Tröstungen, du
Überschleierer aller Anblendungen.

III.

Alles in mir brüllt zu dir hin,
alles reißt sich dir zu.
Ich bin nicht mehr dein Baum und dein Wild,
dein Knecht und dein Kind.
Ich bin dein Hunger, deine Müdigkeit,
der Schlag aus deinem Mund,
und der Schmerz aus deiner Hand.

O Herr, o Donner
der über meine Himmel weht,
ich will zu dir restlos mich verflüchtigen,
o Blitz du, streife mich an und verbrenne
mich in die Landschaft.

DER DICHTER

I.

Alle Schritte führen
mich den einen Weg,
südliches Orchester des Herzens
tausend Stimmen unter einem Stab.
Ich habe keine Bilder
und keine Gesichte stelle ich
vor den Blick, ihn zu verschließen.

Ungeheuer bauen sich
meine Leben auf.
Was ich fasse
zerteilen meine Hände in die Verse
des Augenblicks,
Ding weilen
in Sänften meines Denkens.
Lang und im geduldigen Lauf
trage ich sie vorüber an den Denkmälern
vergessenen Aufwands.
Anhauchen Herzen,
steigen schlagend vor meinem Munde auf,
Verzückungen der Knie — o welche Strophen!
Lieder, menschliches Veräußern,
strenge Hände, angelehnte Blicke,
und das weibliche Verschaukeln der Schultern,
aufgestellte Seelen und die Verschlingungen des
umrasen sanft meine segelnde Stirn.   [Teppichs

II.

Führen
Zypressen der Blicke
mich in einen Hain,
drehen elektrische Bahnen
auf der Straße,
und klein um mich herum,
Menschen schwimmen.
Aber ich gehe,
wie Moses,
auf den Wellen
schaukelnd über sie hin.

Winkt der Turm Verheißung der Sammlung,
und ich breite die Arme, mich zu zerstreun.
Bahnhofshallen dunkeln
kirchlich an,
Wiesen blühen auf den Asphalten,
Autos werden breite, mähende Kühe,
die Welt steht still auf einer platten Scheibe.
Gott herbstet
vor meinen Augen,
aber ich trage mich nicht
zu seinem Verwelken hin.
Ich blüte,
        unbegrenzt
kommen Farben ohne zu verfallen.

III.

Pole sammeln mit fechtenden Spitzen sich wieder,
meine Brust trägt sie beide im Schoß.
Sommernächtig verkupfern kaum angekündete
　　　　　　　　　　　　　Lieder,
lösen langsame Blätter von den Herzen sich los.

Blutig wandet die Seele Blick und Gedächtnis,
alles wird Einkreis, Brot und gequält.
Bleibt ein Traum, schwarzes, dünnes Vermächtnis,
plötzlich stehen und verzählt.

Landschaften wellen keinen Hügel, und die be-
　　　　　　　　　　　　　rauschten
weißen Hirsche springen nicht mehr auf und ab.
Milchstraße, äthernde Augen, ländliches Geräusch
　　　　　　　　　　　　　vertauschten
sich und dunkelten in den Morgen hinab.

Zinnober und Sepia wäscht der gelbe Aufgang
aus dem Gesichte der Nacht. Ich gehe, unbändig
　　　　　　　　　　　　　angetan,
fröstelnd und vergeblich lang
über die Wiesen der Gassen hinan.

ABRAHAM UND LOT

I.
Da der Herr Abraham aus seinem Lande rief, ihm
 zu folgen:
sanft mit des Gläubigen unbedunkeltem Herzen
 nahm Abraham sich auf und folgte.
Fünfundsiebzigjährig zog er aus Haran mit den
 leichten Schritten des Jünglings
bis zum berühmten Tale und nahm Mühsal und
 Unruh späten Aufbruchs
mit der milden Demut des Wanderers zu Gott.
Gab voll Verheißung sein Weib dem Pharao preis,
 um zu leben,
und war Abraham wie der Strauch Strauch ist
 und blüht
und nicht fertig wird, es zu sein. Dieweil Lot sich
 krümmte
und feilschte um die Worte des Herrn, verbrannt
 sein Gesicht war
und nicht schimmerte zu den blauen Wiesen trächtiger Einfalt.
Doch der Herr hat verflucht sein Geschlecht und
 mit der Faust
gestoßen in die dunklen Keller von Neugier und
 Verbrechen.
Ließ erstarren sein Weib und die Töchter schänden
 vom Vater,

daß in die Ewigkeit sie der Mißbrauchnis des Lebens
unzüchtiges, drohendes Beispiel sind. Straflos schreien
die Taten des Herrn, aus der Menschen Lust und Wildnis
brechen geschlossene Leiber auf, und die Hände des Richters
pressen Eiter und Blut der Verruchnis aus den klaffenden Herzen.

II.

Doch werden einmal Abraham und Lot
freundlich aufeinandergehen und sich umarmen.
Der eine bricht dem andern langsam von dem Brot,
aus dem die Paradiese bluten für die Armen.

Der jüngste Tag errötet alle Städte
und Sodom und Gomorrha duften unter Flieder,
die Wollust kauert sanft an einem Knabenbette,
nächtige Sünder singen Morgenlieder —

der Tiger hebt die ungekrallte Tatze,
schon lächeln Mörder und Blutschänder leise,
sorglos sitzt der Dieb und kaut auf offnem Platze,
und alles Leben stummet auf in niegehörter Weise.

EVA UND SUSANNA

I.

Strahlt deine Keuschheit Schuschan durch das ge-
läuterte Glas erhaben
in das betörte sündenflammende Babel
leicht mit dem Geruch des jungfräulichen Knaben,
der aus dem getöteten Abel
noch heute duftend strömt. Tausend Wege schäumen-
der Verführung miedest du
in der Stadt lauten Versündens sanft wie ein Gruß
des Herzens. Die Wasser der Wollust schiedest du
und gingst, eine himmlische Wolke mit unbefleck-
tem Fuß.
Dieweil Eva, deine Schwester, in die Gärten
mildesten Verscheinens eine Schlange lockte und
die Äpfel giftete.
Panther, Tauben und Hyänen nährten
sich vom sanften Anblick, aber deine Schwester
überließ
sich dunkelnder Versuchung kleiner Triebe, und
sie stiftete
Elend, Verfolgung und Scham in der Stadt warmen
Verstillens, dem Paradies.

II.

Doch werden einmal schwesterlich umschlungen
die beiden in den Himmel fahren
und ihre Körper auferstehend runden.
Engel haben dünne Zungen
schon angehoben, und wilder Honig sprießt ihnen
                                               entgegen.
Umringt von selig aufkläffenden Hunden
und freundlich angetan mit den zahlreichen
                                               Jahren,
kommt Gott und breitet über Niederungen
die eine Hand. Schmelzen die Sünden ausgesungen
und stehen Götter, Heilige und Scharen
himmlischer Geschwister — und alle leuchten im
                                               Gesang —
um dich und sehn dich an —
liegst, Eva, du im Paradiese wieder ausgestreckt,
keusch gehen deine Schenkel auf
und deine Blöße schimmert sanft und lang.

[2457]

DIE ESELIN

Hat der Heiland dich verkannt, du stilles Tier,
und setzte sich auf deinen Rücken, als er einzog.
War es nicht, als wollte er noch mit größerer Zier
strahlen von dir ab, die du so arm bist?

Aber unsäglicher Glanz ging aus von dir,
kahl und voller Dürftigkeit erschienest du auf
und zogst die Blicke nach den ungereinten Hufen,
hinter deinem klaffenden und harten Lauf
sprachloser Magdschaft. Alles auf der Erde hier

färbt ab von deinem langgedrückten Rufen
und erschrickt zu sich und seiner Nüchternheit
und wird ärmlich kahl und schier,
und es grauen die Gefühle an. Auf allen Stufen

stehen Dürftige zu Gott gewandt. Deine Demut
          schreit
häßlich und geschlagen von der Niedertracht,
während Jesus noch in Lumpen auf dir sitzt und
          strahlt.

Doch mild und von den Einfalten des Herzens ein-
          geschlossen
sind deine Blicke blind und offen vorgerichtet und
          es lacht
die Landschaft blitzend erst von weißen Rossen
sanft in seligem Eindummen, während sie schon
          fahlt.

LILIE

Die heilige Gertrudis und Anton von Padua stehen angetan,
aufrechte Statuetten auf den Lüften in deinem rosenlichten Glanz.
Schimmernd umweißt dein sanftes Blühen den heiligen Franz,
dich trägt Josef auf den Bildern mit Maria, der jungfräuliche Mann.

Die keusche Schuschan hat ihren Namen schon von dir,
und sie blaut nochimmer vor den Augen angesonnt.
In den Kirchen aus dem Stengel kelcht der Welten Horizont,
und es umarmen deine Linnen schmelzend Mensch und Tier.

Du arbeitest nicht und du spinnest nicht, und selbst Salomon
hat Gott nicht bekleidet wie dich und deine Blumen.
Du wächst leise scheinend in den überhellten Ruhmen
aus des Heilands rechtem Auge, sitzt beim Weltgericht er auf dem Thron.

Schießt das Schwert aus seiner Linken gegen die
Verdammten,
Lilie, den Verklärten öffnet deine Taufe sich und
leuchtet lang,
überscheinet sie wie Morgensonne rot verperlt
und samten,
und sie sternen vor dir ein, fromm und langsam
zu Gesang.

FANTASIA
CONTRAPPUNTISTICA

An Ferruccio Busoni

Choral auf dem Klavier, der vergeistigten Orgel.
Sanfte Weisen des Orchesters scheinen eines Chores
                  ausspannenden Meergesang.
Gott ist in den Welten, geistlich Lied: die Welt,
männliches Thema, von mondenen Wolken bald
                  umspielt und himmelgezogen.
Sanft und leicht, leise und begeistert
ruht entscheidender Aufstieg
auf frauenhaften Schultern.
Hebt des Chores Inbrunst
entbürgerlichten Bach in die Reiche
volkloser, geistoffenbarter Musik.
Wunder,
das Pianoforte von erlauchter Überstimmenschaft,
überstrahlt feuernd der Orgel erstickendes Gleich-
                  maß,
blendet in Farben, orange, purpur und ocker
kommen die Klänge, festliche Gestalten,
Prozessionen mit Fahnen, Weihrauch und marien-
                  haftem Blau.
Arien der Madonna
in leise durchlichtetem Sopran
lagern, schweben schäferwolkenweiß über den
                  Köpfen mit.

Aber Nerven und Zuckungen und
die Konfessionen ekstatischen Gefühls
verschmelzen, aus Tasten gehoben
zu lebendigem Zittern angespannte Saiten.
Kommt die Fuge, zweifach,
dreifach und vierfach in das Firmament der Klänge
und die Wölbungen der Kontrapunkte aufgebaut.
Majestätisch, gütig, schweigsam und erhaben dringt
    B, A, C, H
in die Führung vor, und es gehen
mild und im milden Duft der Milch
die vier Stimmen schwesternhaft
ineinander ein.
Noch einmal erbraust, aus dem erstickenden Gleich-
    maß der Pfeifen gehoben,
der lebendigen, verzückt aufgespannten Saitenleiber
unbeschreibliches Schwingen,
ehe sie selig verklingend sich in der Ruhe süd-
    licher Sonne dehnen
und das weiße Meer der Tasten
ebbt zur klaren, sanft spiegelnden Fläche.

PRELUDIO, FUGHETTA ED ESERCIZIO

An Ferruccio Busoni

I.

PRELUDIO

Zartgestrichene Monotonie
italienischer Landschaft,
und braungrauende Horizonte wandern
in gleichmäßigen Hügeln.
Langsam beschattet die Sonne
unbewegte Luft und die getragenen Züge
ferner Schalmei.

Winzer im offenen Hemd
lesen gebückt und in frommer Trägheit.
Und der jungen Mägde gedehnter Ton
geht bedürfnislos und lang.

Pianopianissimo schreiten tänzerische Quarten
Triolen abwechselnd mit Achteln
durch die einschlafende Campagna.

II.

FUGHETTA

Hebt mit süßer Ausdruckslosigkeit des Kanons
junger Bursche dunkelen Tenor in C.
Kommen bald die Mägde weich im **Mezzo**
und der Alten melodischer Baß.
Führen ihre unbesorgten Stimmen
freundlich und in abendlicher Rast.
Schimmerndes Untergehn der Sonne
rötet ihre offenen Brüste an.
Nun noch knabenhaft Soprane
singen ihr die letzten Töne nach,
lassen schon die Stimmen etwas steigen
weil es dunkler wird.
Unversehens
kommen sie zu viert in den Choral,
breiten angehaltne Töne
ehrfürchtig und dankbar.
Gehn die Mägde jetzt nach Brot und Beeren
und der Mezzoalt verstummt.
Werden die Tenöre ruhiger,
wischen sich die Stirn,
und die Bässe sagen wenig,
legen noch befriedigt, ungenau
letzte, tiefe, angeruhte Töne,
und verstummen trocken.

III.

ESERCIZIO

Lachen schon in einem Walzer
ihre ländlichen Gesichter,
bläst der Hirt die Melodie
durchgehend und ohne einmal
seine Flöte aus dem Mund zu nehmen.
Steht er plötzlich allegretto elegante
im Vierviertel, bleibt das tanzgewohnte Mädchen
                             der Gitarre
doch entschlossen auf dreiviertel.
Lautes Durcheinander
rhythmischer Vergnügung,
springt der Bursch mit seinem Mädchen
unbeirrt im festen Tritt und heiß.
Geht der Weinkrug bei den Alten
her und hin, und sie lachen rot.

Sanfter, angelehnter Hirte,
schwarz gelockt und umschattet
sind die Augen, er verläßt den Takt jetzt gänzlich,
stürzt vom höchsten F
in sprudelnden Triolen
delikat herunter,
läßt sich kurz nur fangen
und wird wieder boshaft,
und die Tänzer, schwitzend, braun und ohne Atem,
lösen ihre abendlichen Reihn.

DIE IRREN

I.

Wenn sie langsam die Arme breiten,
mit glashart aufgezückten Mienen,
dann ist es ihnen
als würden ihre Herzen schreiten
in Prozessionen unter Baldachinen.

Die Hände weihrauchweit in dem Empfang
und jenseits aller Berge stehn die Augen.

Doch manchmal halten sie, plötzlich aufgestummt,
als würden sie das Graun
gräßlich weiß und grell
ihrer Tage schauen:
sie haben die unbegrenzte Welt in sich,
und Wärterschritte rund herum.

II.

Doch finden sie zu der Unendlichkeit die Brücken,
wenn ihre Seele einen Festtag fastet,
da ihnen königliche Herrlichkeiten glücken.
Nur schmerzt sie etwas, daß auf ihrem Rücken
der schwere Purpurmantel großer Herren lastet.

Als wenn sie über allen Hindernissen
ein wenig müde, aber sicher ständen,
sprechen sie viel von ihren Überflüssen
und greifen ein fühlbares Besitzenwissen
in ihren aufgeweißten Händen.

Sie haben eine enge Zelle.

Ihr Geist entfliegt, weil sie ihn quälen.
Er türmt sich sichtlich groß und stürzt in das Gefälle
ihrer Gedanken, wild, breit, und da wird der helle
Osterhimmel ein wallender Mantel ihrer Seelen.

III.

Auf Filzspuren kommt die Nacht.
Fisteldünne Stimmen, müd gemacht,
singen in den geschlossenen Zisternen
Lieder von unerhört aufgetanen Fernen.

Jetzt ziehn Legenden durch das Herz der Kranken.
Wie gekühlt von schmalen Scheiben Eis
fühlen sie die Stirn.
Es summen selige Gedanken
in dem verwundeten Gehirn.

Immer dunkler eingeträumt, kommt,
auf Filzspuren, mondangepflanzt, die Nacht.
Nun sehn sie sich, einer hinter dem andern, in
                ihren weißen Nachtgewändern
und barfuß schreiten
auf Seide, Düften, Seligkeiten,
die sie unter die Füße hingedacht.

IV.

Jetzt, da sie wie die Kinder schlafen,
mit offnem Munde und ganz leicht,
fühlen sie die Stunde nicht mehr, die vorüber-
schleicht
und die Wunden nicht mehr, die sie einstmals
trafen.

So werden sie mit offnem Munde sterben,
und wie hinübergleitend, und leise
aufgestummt in das Gestern.

ARIADNE

I.

Schreiende Landschaft steht gefaltet
gegen den bergigen Himmel auf. Bäume blasen
Verlassenheit, und ich finde dich nicht. Täglich
    altet
ruhig Sonne bronzen auf dem Rasen.

Dringen zisternende Lieder schmerzlich aus mir
    her,
wachsen vergeblich Schiffe und verschwinden
    wieder,
irrvoll gelassen, übernächtig duftend geht das
    Meer,
Arien und Einsamkeit senken sich undurchdring-
    lich nieder.

Immer gleichförmig schaukelt das rote Beet
von Himmel und Wasser. Ich winke, Nacht tanzt,
am fernen Firmament, dünn und heiß, steht
Theseus mit dem Rücken gegen mich und ver-
    glanzt.

II.

Habe ich dich gerettet aus gefräßigen Händen,
aber du fliehst. Brüllen schon Gräser mich an,
die ich wachsen sehe langsam an den Wänden,
Kuh und Hirsch und die Leoparden werden Untertan

meiner Verlassenheit. Alle geben mir ihr Gefühl,
ich zerfalle langsam und die langsamen Gesänge
halten mich nicht mehr. Kommt ein dünner Kiel,
leicht und unhörbar, an den ich meine Augen hänge,

landet er leer, und ich versinke staubend
zurück in meine monotone Ausfahrt.
Alle deine Bilder und die Küsse klaubend
bleibe ich arm und verwesend aufgespart.

III.

Theseus, o deine Schritte runden
in meinem Leib. Ich reiße deine Spuren laut
aus mir heraus, ich schlage mich
in deine Augen zurück. Dröhnt schon
mein Körper dir entgegen? Ich fahre aus,
ich segle nicht mehr mit den Augen,
und nehme Schiffe, Lanzen, Steinwerfer,
Leoparden und wilde Hunde,
aufgehetzte Hähne jage ich
in dein Gesicht und fahre aus gegen dich,
dich zu zerbeißen. Meine Fäuste, meine Arme,
mein Mund, o Theseus, werden dich langsam ver-
\hspace*{6em}schlingen.

Die Luft wühlt deinen Namen über das Wasser
und erreicht dich doch nicht —,
wie du flohst, feig und betrügerisch.

Ich werde herrisch mich vor dir errichten,
und meine Rache wird entsinnend sein,
erdrosselt lege ich dich in meine Arme wieder,
kühl, langsam und ohne Leidenschaft befriedigen
sich meine heißen und verletzten Glieder
an deinem törichten Gesicht.

BILDER UND AUFRAFFUNG DES EINSAMEN

I.

Einmal kommen die letzten Wunden
aus dem Blut herauf, durch sanfte
Erdrückungen fallen wir
in die Knie:
o gib leichtes
und ungläubiges Leben uns noch einmal,
scheinen nicht alle Wege
ausgeweitet zum roten Horizont?
Bohrmaschinen und Kräne wühlen
dröhnend, qualmig und mit rußvollen Spuren
täglich unser Herz heraus.
Es blutet längst nicht mehr rauschend,
aber die Tropfen,
wie Quallen und giftig,
verlassen uns schmerzvoll.

II.

Eine Nacht, übergossen
und eingeschnitten von unbelaubten Zweigen,
schärfen in schreckenvollen Strichen,
und wie Messer stoßen sie mich ein.
Große aufgedunsene Steine
stehen einsam am Weg,
blähen meinen Hungermagen auf
und wackeln. Aber ich sehe
die beulende Landschaft aus Pappe,
schiefe Häuserfronten erzittern leinern und wild,
und ein Mensch mit aufgehobenem Kragen, und er
allein unter Regen,
spreizt sich, ein Drache, vor mir aus.

Zäune stehen stechend um leere
Bauplätze und Geröll. Große
Löcher schwimmen auf der Erde,
trockene Häuser sehe ich fern in den Dunkelheiten
eines Schlundes stehn. Es dröhnt nächtlich auf
aus den Kulissen, und ein Stück Eiter
springt mich an — ein gelber Mensch
grinst höhnisch und schlotternd,
seine Zähne schwimmen
in einer roten Lache und wehen
hin und her. Ich fliehe
vor den Schrecknissen seiner Hände,
dieser gequälten, hungrigen und sprunglauernden
die er an den Seiten hängen hat.   [Tiere,

III.

Das schien eine Mauer, an die ich stieß,
ich falle furchtbar verletzt, das Haus dröhnt
in meinem Kopfe wider, schreit die Nacht
aus meinem Mund, und die Nasenflügel
knallen auf. Sterne, schießt
mir euern Schleim ins Gesicht!
Überbricht mich, denn ich will
nicht mehr leben, aber erstickt zugleich
vor meiner Wut. Ich fahre
in euren bettüberzogenen Himmel,
ich reiße die Laken des lieben Gottes herunter,
er soll nicht schlafen, wenn ich leide,
und nicht sitzen, wenn ich komm'.
Er soll nicht scheinen, wenn ich rufe,
nicht spielen, wenn ich vergeh' —
zittern vor dem Weltgericht, das hinter
meiner Stirn auffährt —
und wenn meine gebeulte Faust aufschlägt
soll er sich verteidigen, der Angeklagte,
der Hauptangeklagte unaussprechlicher Vergehn,
und der Einsame wird Richter sein
über ihn und seine vorgetäuschten Leben.

DER LÖWENBÄNDIGER

Er ist im roten Frack mit einem Orden und macht
gerecht Verbeugungen nach allen Seiten.
Das Publikum, gespannt und einfältig,
klatscht in die Hände. Er sieht
die lauten Galerien um sich und tausend Menschen,
die ihm nie helfen werden. Er sammelt sich und
fühlt:

sein Kopf steht gut. Die Angst ist fern. Doch
wären
die tausend Menschen nicht, die lebhaft
und selbst ungewollt
in diesem Zirkus auf die Dunstwand malen,
wie plötzlich er aussähe, zerfleischten ihn die
Tiere,
und wäre der Direktor nicht, der alles über-
rechnet,
klein, hager, jüdisch und eingebildet Honorare
dreht
nach dem Applaus, und wäre nicht die nächste
Nummer
schon wartend hinter dem Samtvorhang voll
Staub —, und er,
Timolnandi, der berühmte Löwenbändiger,
auf den Programmen fettgedruckt und zweimal
mit schwarzen, weisenden Zeigefingern ergebenst
angekündigt,

und hielten jetzt nicht plötzlich der Musik
dröhnende Blechklänge wie abgeknackst in heißer
Luft:

er träte einfach ein zu seinen sanften Tieren,
versteckte fast die Peitsche, gäbe jedem
langsam und klar ein Zeichen und sein Wort,
ließe sich nieder auf den Stuhl und schliefe
leicht auch und beruhigt ein.
Denn diese Welt ist gieriger als der Löwe,
und seine Wildheit weckt sie
nur immer wieder auf.
Wie wurde um den frommen Urwald seines
Herzens
erst ein Gefängnis eingebaut, und diese Stäbe
lassen durch enge Streifen Luft seinen
ausschnellenden Schmerz nie sich beruhigen.
Immer wieder, wenn schon sein Auge väterlich
sich schließen will, eilen auf jener andern Seite
Gestalten, reizend; und er liegt im Käfig fest,
Sand,
nasses Laub und das Strecken der ungeheueren
Ebene
noch in der Nase.

Doch die Manege der Galerien wartet
trampelt und klatscht schon anspruchsvoll,
und statt still einzutreten in den Käfig,
macht Timolnandi, man verlangt Gefahr zu zeigen,

einen Sprung und knallt. Schon kreisen
die gallonierten Diener aufgeregt mit großen
Stangen
und bieten eifrig, eingelernt und ahnungslose
Hilfe jedem sichtbar auf der Galerie. Die Löwen
liegen träg herum, doch man will Wildheit in
den Logen,
Verfolgung, Katzensprung und Fellgeruch,
Timolnandi weiß es, und er knallt, feixt und
springt.
Die Löwin sieht ihn ernst und freundlich an,
und alle Tiere stehen auf zur Arbeit. Sie machen
den Rundgang, der sie wenig unterhält,
und geben ihre Gruppenbilder. Der große Löwe
auf dem Stuhl öffnet den Schlund mit Furchtbar-
keit und wartet
gehorsam auf den grellen Pfiff,
und schließt ihn wieder. Nun hebt die Löwin
seit langem stets nach jenem Pfiff die Tatze,
schon hat der Bändiger den Kopf darunter,
die Diener bleiben sprungbereit und halten selbst
den Atem. Es kommen noch die kunstvollen
Figuren,
die Pyramide, eine Löwenwendeltreppe,
nun kommt noch der verfluchte Peitschenschlag,
den jene Bestien mit dem Geld von ihm verlangen,
und Timolnandi, tief betroffen, schmerzlich
ein jedesmal,

gibt einem Löwen mit der Peitsche dieses Opfer
	eines Hiebs.
Der Löwe brüllt und alle andern brüllen,
wie fühlt sein Herz mit ihnen ob der Schmach
während er springt, fuchtelt und pfeift,
die Diener laufen angstvoll und entsetzt zweimal
um den Käfig, und das Programm ist aus.
Timolnandi läßt den Karren wieder schieben,
das Publikum sieht lüstern seinen unberührten
	Frack,
der auch für morgen abend nicht gebügelt werden
	braucht,
und jenes vielsagende Zirkuslächeln auf der Lippe,
das ebenso bezahlt wird wie die Schauer
gequälter unschuldiger Wildheit, die gefangen ist.
Während der Bändiger vor Logen wie vor Galerie,
als wären es ausschließlich Fürsten, sich tief ver-
	beugt
und ehrfurchtsvoll die Arme breitet,
die Hände schaukelt, sich immer wieder streckt
und wendet und verbeugt: „Und hinten hab' ich
	einen Hintern".

DAS BETT

Heilige Heimat,
meiner Ausgesetztheit
unbeschreibliches Gehäuse,
und nach den Umdonnerungen des Gehenden
windgestillte Zuflucht, o du
weiße Madonna der Beschützung:
Trost vor den Erschütterungen des Draußen
und seinem ungleichen, bösen Schwanken.
Trostreiche Mutter, die mich einwiegt
in Ruhe und Sammlung —,
und die sanftesten Verzückungen des Ichs,
Einkehr zu mir und Aufruf
meiner Abgeschiedenheiten schenkt.

Maßlos versplittert und angetan mit den erbärm-
　　　　　　lichsten Geschwüren der Feinde
und den Aussätzen mitmenschlicher Berührung —
wie linderst du aufgepflanzte Wunden und An-
　　　　　　griffe gegen mein inneres Leben,
das nun auf ruhigen, strömenden Bahnen leise
　　　　　　zurückkehrt,
und heilst mit den Wärmen,
Geborgenheiten
und Verschmelzungen des Schoßes
Willkür und Verzweiflung.
Das Blut aus deinen linnenduftenden Armen
übergeht in meine Verwirrungen,

kühlt fiebernde Pulse und den heroischen
Aufwand
vergeblichen Einsatzes. Du,
marienhaft,
senkst schwesterliche Rührung
und die verzeihenden Gefühle
demütiger Unerreichbarkeit
in die Flocken meines Herzens,
einst das zerstückelte wieder
zu den sanften, gesammelten und ergriffenen
Schlägen gläubiger Aufrichtung und des glück-
      selig lächelnden Aufblickes zu Gott.

DER ZERSTÖRTE TASSO

I.

Das dünne Zirpen der Harfen
um mein Haupt, und leblos lösen
Akkorde von den Ohren sich,
                große unwirtliche Töne.
Durch die Waldung schimmern
Tücher sanfter Rötung hin und her.
                Abendliche
Szene taut hinter Blumen gelb auf, es folgen dicht
die weißen, kleinen Wolken.
Ich hebe die Hand mit gespreizten Fingern,
leise, schmerzlich löst sich Krampf
gegen die Landschaft, und die Knöchel spüre ich
                gebettet
in segelnder Luft.

II.

Himmel spannt gefasert.
Grün liegt aufgeschlagen auf den
weiten Flächen der Erde,
ein Hügel wellt gelenkig
in den Horizont hinauf.
Stürmische Sonne umsticht mich,
daß ich wirrend fliehe, schreiend
mein Herz verweißt.
Und ich gehe schon ganz auf und auseinander
in den Äther und die rinnende Bläue sprengt
meine Lunge mich aus.

III.

Fäuste schließen mich ein,
Gewänder werfe ich ab. Ich stehe
selbstlos angedrängt und verzweifelt
wie eine zerwindete Fahne gezückt
gegen den zudunkelnden Himmel,
ich, Dichter der Leben, schreiender Gott,
vertausendfacht geboren und gelebt,
in die Stunden
der millionen Leben hineingesaugt.
Flucht, o tobsüchtige Befreiung,
aber wie sich herausbeißen
aus den geschlossenen Lippen der Sänger
und aufbrechen die Münder der Mädchen?

IV.

Nackte Zehen klatschen
über meiner Stirn. Bin ich wach, sind
die Nächte aller Frauen
mir auferlegt?
Gehen die Türen,
         die Gemächer verdunkeln,
Fackeln stehen nicht mehr. Huschen
weiße Hemden und eilige Beine
an mir vorbei.
         Erfaßte ich eine.
Ich zerdrückte sie tödlich an
meinem gestemmten Körper.
Meine Hände kriechen schon. Ich liege
versteckt und geduckt auf den Fließen.
Ruft der Mond euch heraus?
Aber ich zerfresse euch die Schritte,
ich zerschlage eure Knöchel klirrend.
Kommt nur, mit meinen Liedern, auf dem
                        bereiten Mund,
an mir vorbei. Die Stunden sind wild gezählt.
Ich breche von unten
mit meinen Fäusten in euch hinein.

V.

Dunkler Kerker, angeleuchtet
von meinen Augen. Deine Wände zerschmelzen
vor meinem Finger. Und ich gehe
über die geschlossenen Wiesen,
die hinter dir stehn.

                    Meine Schritte sind heilig,
die Schritte des Dichters,
und auf Wasser sinken sie nicht ein.
Ich fliehe mit den Spitzen auf den Spitzen der
                                  Gräser,
selig breiten Mücken summende Gefolgschaft aus,
aufschreien gebückte Fische,
Würmer und Schlangen, Elefanten mit roten
                                    Satteln
schweben langsam hin und her. Hunderttausend
Hirsche fliegen mit dünnen Beinen.
Der Himmel dreht sich mir wie ein Teppich ent-
                                    gegen,
er verblättert zu Zweigen unter meinen Füßen,
und die Fanfaren des befreiten Jerusalem
stehen als brennende Kugeln den Weg.

LANDSCHAFTEN

MANN AM SEE

Der Mann steht unter dem eingedrückten Hut schon spät
in der Landschaft. Kühl und von grauenden Nebeln verwäscht
die Luft. Weißer Riese, der Berg, geht
über den See, dunkeln die Wasser, und es verlöscht
links geräuschvoll der Wald. Blauen die Sterne schon angestrengt
herunter, nasse Lichter ziehen um die Horizonte herum,
der See geht auf, biegen die Ufer, und er versenkt
immer wieder sich in den Himmel, eine große Kehle. Stumm
segeln Küsten vorbei. Rufe, sagenhaft, schlagen
an das Herz des späten Mannes, doch er bleibt herbstend, ungenau erregt,
während auf den Wassern Bäume in schattenhaften Kugeln jagen
über den Berg und den Wald, der sich immer wieder hebt und in die Kniee legt.

ABENDSONNE

Grüne Berge, weitgeflächt, schaukeln in den Himmel auf,
Schluchten rote Rosen, ausgefaltet, scheinen himmelauf.
Flüsse werden gläsern dicht und brennen in der Erde,
springen weiße schlanke Hirsche durch die Luft,
schwarze Pferde, aufgenüstert seliger Gebärde,
sternen glanzvoll ein in Duft.

Schreie wiegen über Gipfel und der See voll roten Mohn
rundet sich zu einem dünnen angestrengten Ton.
Schäumende Sonnen
voller Salz geht mein Atem
abendverzückt und ciaconnen
über Wiesen und Herz. Flüsse fiebern in den Fersen,
Knie spannen sich verzückt
und aus weitgetanen Seelen glückt
tierisches Verversen.

Rasen mildgedehnte Hände
und das gezeltete Gehirn
abendsternt. Gehen die verschichteten Gelände
der Luft über das himmlische Angesicht,

verschmelzen im Blitz der blauenden Brände
Ampel und Dunkelheit, Mond und Licht.

Grünen die Büsten auf gefeuerten Balkonen,
Brust der Menschheit wehet auf,
dröhnen die wiegenden Anemonen
mitten im himmlischen Verlauf.

SPÄTE LANDSCHAFT

Die Bitterkeit der Abende fließt
sickernd durch die Landschaft auf das Feld.
Gezinkter Stern für Stern verschießt.
Stumpf und mit der Fülle Mond entseelt
ein großer Wald sich ein.
Gehäusig und verdichtet fällt
der Himmel ständig und ein Stein
auf diese unerschöpflich dunkle Nebelwelt.

Schweben langsam Himmelstücher auf
und eine Wolke schaukelt vor den Mond.
Summende Erde wiegt verschlossen auf
und über allen Gräsern tont
ein Schatten aquamarin, körperlos gefüllt.
In Schleier grau und wehend eingehüllt
frauengleichem Moll weich schreiten Terzen,
und unaufhörlich rollt um sanft gespannte Herzen
der nächtliche Verlauf.

NACHT

Magischer Urwald des Himmels breitet
sich, Wolken schleichen
schwarze Panther. Grau verliert
ihr Schritt. Der Mond reitet
auf, das große Zeichen
der gekreuzten Sterne
phosphoresziert
grün und grundlos. Voller Nässe
wäscht die Ferne zusammen und schwimmt
                              aufgeblasen,
Nacht und Regenmesse
dröhnt mit schwarzen Stimmen
an die Scheiben der Luft,
heimatlos und irrend
unter keinem Dach.
Menschen schon verglimmen
und die dunklen Spiegel rasen.

OHNMÄCHTIGE STUNDE, VERSAILLES

O, gehn wir den Weg bis zum Wasser,
den langen, ausgehöhlten,

die Bäume stehen kalt und grau
auf beiden Seiten in Kutten,
die Mönche des Herbstes.

Der Weg ist bilderlos und lang,
wie ein Gang
in den Klöstern.

Kein Leben schreit auf,
nicht eine Krähe wirrt und der See
glänzt bös und angefault.

Mein Herz schlägt ohne Atem,
angehalten, fröstelnd und schwer
in den Klöstern des Bluts.

LANDSCHAFT

Der Berg geht über den Wiesen auf
großtümlich und mit offenen Armen. Kühe
weiden ernst und voll sanfter Bückung.
Fern und in glänzender Verrückung
faltet sich mit einiger Mühe
der Himmelssturz hinauf.

Seine Fasern gelben wie alterndes Pergament
und die Wolken eilen fußlos unten vorbei,
segelnde Unbesorgtheit. Weit und leise
tönt ihre weiße Reise
zurück, Krähen stechen, mit dickem Schrei
blitzen sie ein in das Firmament.

NASSER ABEND

Dumpfen die kugelnden Sternbilder nassen Abend
ein
und die Luft schleiert in den hängenden Fäden
des Regens
langsam und grau zu einem Weiher ein. Dünn
geht ein Schein
durch die hängenden Wasser und in die Ermüdung
eines Bewegens
aufglotzender Chimären, naßstechend, bettet sich
Spleen.
Fernen stehen undurchsehbar um mich herum,
und welches Wissen, daß sie ohne mich weiter
unter dem Himmel ziehn,
sonnig blau beschienen und freundlich, während
ich stumm
einsame unter den fallenden Kuttichen, wie ein
Mönch mich zwänge
durch der Regen lange, drohend dunkle kalte
Klostergänge.

MITTERNACHT

Über die sich verschließenden Wiesen jagen
letzte, tuschtiefe Wolken leicht,
Nacht schwebt in Sänften vorübergetragen,
Monde galeeren, Sterne verflaggen
und das Firmament glast und entweicht.

Gehen die stürmischen Himmel schon ein
in das verzückte Luftreich da oben,
sammelt sich rötlich verfließender Schein,
Wolken verweiden, Bläuen vertoben,
schaukeln die Erde in Finsternis ein.

Herrisch ziehen die Planeten auf
wachsen zu Wäldern, Schluchten und Ozean
schleifen zerstörend stromauf —
sinken die Sterne und der Mond, vertan,
spreizt ein breites Gesicht. Zartes wogendes Be-
                                    wegen
schleiert und dunkelt, und das Herz seelt aufgetan
durch die Landschaften des Äthers nachtver-
                                    wegen.

MITTAG

Opium kriecht spurig im Gedächtnis
auf, schwarzes Morphium tont die Welt,
der Landschaft weißkohlenes Vermächtnis
mittagdunkelt überhellt.

Rote Striche schießen nieder,
platzt das kugelnde Firmament,
heiß wirren die gezogenen Lider,
das kühle Zimmer verbrennt.

Maulwurf hält leise angeschienen,
Sonne knäult das Blut,
in den Hintergründen tut
Muschel des Horizonts sich auf.

Jagen über die Gipfel der Herzen Blumen
und ich verstreue mein Blut an die staubende
            Seele,
himmelhoch schichtet mein Fuß in den Ruhmen —
stürzet die Landschaft und bronzen zerwässert
            der Tag.

WINTER

Steinen die Gefühle in müder Erschrockenheit
        unerwartet ein,
und in der Menschen sich schließenden Brust
        verglasen
die Weiher. Vor dem schon immermehr dünnen-
        den Sonnenschein
steht in geschichteten Scheiben die Luft, klirrend
und gefroren und das heiße Rasen
der Herzen hält verwirrend.
Breitet das Eis sich hart und stumm
auf Bewegen, steifen die Gedanken
und verloren, plötzlich schon alt,
fahlen Gesichter und letzte herbstrote Ranken.
Tiere in Käfigen gehen unruhig um,
werden sprachlos und kalt.

SOMMERABEND

Gehen über den Fluß leichte versonnte Schritte des Himmels schon
und die Wolken schatten einen blauen undurchwirkten Ton
auf die rundenden Wellen. Dunkelt der Grund grün und scheinen
schlanke blitzende Forellen vorbei, sickert ein grelles Weinen
der gehenden Sonne nach durch die Fasern der Luft,
Feldblumen schließen sich, Büsche und Sträucher schleiern in Duft.
Silbern verschießen Villen und Brunnen und der Polarstern heilt,
nachtblauender Heiland. Bäume verelfen aufrecht und hinter der weißenden Wiese
steht der Horizont getan, hebt breite Hände gleichmäßig gegen diese
verballende Abendnacht, die kühl und schäumend sich verteilt.

PSALMEN DAVIDS

DER ERSTE PSALM

Der nicht wandelt mit den Gottlosen
gebenedeit, der nicht die Sünde geht
und bei den Spöttern nicht ruht
lobsingt des Herren Worte Tag und Tag.

Ist ein Baum an den eilenden Bächen
ruhig reift klar,
nie braunen die Blätter ihm,
dem alles gerät und sich versammelt

doch die Gottlosen zerstreuen.
Im Wind sind Spreu
werden nicht geduldet im Gerechten
und versinken ihre Wege vor Jehova.

DER SECHZEHNTE PSALM

Hüte mich, Herr,
denn ich bin eingezogen in Dich.

Ich bin gut
Deinen Heiligen und Herrlichen —
fahlen unnennbare
Läufer hinter erlogenem Gott.

Du aber, Herr, wirst mein Erbe,
der immer sitzt an meiner Rechten,
und meine Ehre ist fröhlich,
in den Nächten gehe ich auf,
sicher liegt mein Fleisch.

Du wirst Deinen Heiligen nicht
verwesen lassen — ist
ewig der liebliche Atem um Dich.

DER EINHUNDERTUNDZWEITE
PSALM

Nicht länger verberge Dein Antlitz, Herr,
Stunden meiner Angst — jetzt
neige Dich mir und rasch
antworte gleich, rufe ich Dich auf.

Gehen meine Tage vorüber
wie der Rausch
und es verbrennen mir
die Knochen im innern Herd.

Geschlagen wurde mein Herz
und es verdorrt
wie das Gras

und ausgebrannt ist mir Gedächtnis
und ich vergaß mein Brot.

Aber ich heule mich
aus und auseinander
und es erdrückt mein Fleisch
schon die Knochen.

Ich bin ein Pelikan in der Einöde
und die Nachteule in den Ruinen
und ich wache verlassen —
ein Sperling allein auf dem Dach.

Meine Feinde schmähen mich
und höhnen meinen Namen,
denn ich aß die Asche wie das Brot
und Weinen kam in meinen Trank
vor Deiner Ungnade und Wut,
aufhobst Du mich und schleudertest
mich weit — meine Stunden
sind wie der Schatten
wenn er verweht —,
und ich trockne ein.

Aber Du herrschest, Ewiger,
unabänderlich dauerst Du
die Zeitalter,

Du stehest auf in Mitleid,
denn es ist Zeit über Zion,
denn der Augenblick ist gekommen,
denn wir lieben diese Steine
und haben Schmerz für den Staub.

Dann werden die Völker
fürchten den Namen des Ewigen
und alle Könige der Erde
den Glanz.
Herr, wiedergebaut steht Zion
und strahlt Deinen Glanz —
Betteln die Verlassenen laut
und Du verjagst sie nicht —

melden es kommenden Geschlechtern
Dich zu loben,
Deine Erscheinung auf den
Erhöhnissen der Heiligkeit —
herabfielen Deine Augen
von den Himmeln
und du hörst das Zittern der Schuldigen
und machst los
die vor dem Tod sich neigten.

Sammeln sich alle Völker
und die Königreiche Dir zu dienen.

Er schlug ab meine Kraft unterwegs,
er kürzte meine Tage.
Herr! Nehme mich nicht heraus
aus der Mitte meiner Tage.
Deine Jahre gehen immerdar
durch die Zeitalter.
Du hast die Erde geschmolzen
wurden die Himmel
von Deinen Händen gemacht.
Sie zerfallen — Du überwährst,
sie altern wie ein Kleid — Du
wirfst sie fort und wechselst
sie wie ein Kleid.
Immer bist Du, Gott, Dir gleich
und Dein Jahr ist ohne Aufhör.

DER SIEBENUNDSECHZIGSTE PSALM

Möchte
Gott Mitleid mit uns
haben und uns benedein.
Ließe
sein Angesicht herab
er auf uns scheinen.
Gekannt wird Deine Stimme
auf Erden
und Dein Gruß
bei allen Nationen.

Alle Völker werden
Dich preisen
Lob singen alle Völker
führest sie zur Erde, Herr.

DER FÜNFUNDVIERZIGSTE PSALM

Dichter Herz lobsingt einem König —
schönster Du der Menschen
holdselige Lippen,
umgürte leicht das Schwert
und ziehe gerechten Weges.
Wendet Deine Hand Stütze
und Erhaltung den Armen.

Versende die Pfeile,
fallen Völker in die Knie
und es fällt der Feinde König.
Unverrückbar in die Tage
steht der Herr Dein Stuhl
und es steilt der Szepter,
anter Freudenöl wandelt

des Königs Kopf und
Myrrhen sind Deine Gewänder
trittst Du aus den chryselephantinen Palästen.

DER DREIUNDDREISSIGSTE PSALM

Gerechte erfreut Euch des Herrn
lobredet! Feiert ihn mit der Harfe
singt ihn auf den zehn Saiten der Lyra —
singt ein neues Lied, daß
Eure Stimmen zittern und die Instrumente.

Aufrecht ist das Wort des Herrn
und seine Werke sind treu,
sein Wort schuf die Himmel,
die Heere des Himmels schuf
der Atem aus seinem Munde mit
einem Mal. Er sammelt
die Meerwasser auf einen Haufen
und er spricht, so ist es geschehn

und er zerstreut die Entschlüsse der Nationen
und wendet das Schicksal der Völker,
doch die Schicksale seines Herzens dauern
durch die Zeitalter.
Herabblickt vom Himmel er
auf alle Kinder der Menschen,
**keines Königs Macht errettet
vor dem Herrn,
und kein Pferd kann fliehn
vor dem Herrn:**

liegt sein Auge auf die ihn fürchten
und auf die ihn erwarten,
daß er befreie die Seele vom Tod
und stütze in der Hungersnot.

DER NEUNUNDDREISSIGSTE PSALM

Ich überwache meine Stimmen
daß ich nicht Sünde begehe
mit der Zunge, Herr.
Ein Zaun bindet
den Mund mir, solang der Böse
vor mir schwebt
und zu verführen versucht.
Ich stumme in der Stille ein,
Enthaltung des Wortes
übe ich bis zum Verschweigen des Guten —
doch mein Schmerz schwillt
immer lauter an

hitzt mein Herz in mir,
und das Klagelied
umschlingt mich leidenschaftlich:

Herr, zeige mir mein Ende
und das Ausmaß meiner Tage.
Du schufst meine Dauer
vier Finger breit — und ich
bin nichts vor Dir — ach jeder Mensch,
aufrecht und stehend
ist nichts als Vergeblichkeit
alles ist Eitelkeit.

Ach der Mensch lustwandelt
sicher doch ein farbloser Schatten
ach und vergeblich und eitel
jede Bewegung und Sammeln von Gütern
— doch wer wird sie besitzen?

Befreie mich, Herr, ich schweige, laut
geschlossen bleibt der Mund,
weil Du ihn mir schlossest,
doch wende ab die Züchtigung,
ich vergehe vor dem Schlag Deiner Hand.

Fassest Du den Menschen an den Sünden
zerfällt wie von Motten zerfressen
selbst Schönheit an ihm —
alles ist Eitelkeit und vergeblich.

Höre mich, Herr, sei
vor meinen Tränen nicht taub,
ich bin nur ein Fremder vor Dir
ein Vorübergeher wie meine Väter

o lasse mich los,
daß ich
meine Kräfte versammele
bevor ich gehe und nicht mehr bin.

DER EINHUNDERTUNDNEUNUND-
DREISSIGSTE PSALM

Mein Lot, Herr,
warfst Du
und erkanntest mich.
Alles weißt Du
jetzt, wann ich sitze
und wann ich
mich erhebe,
und von der Ferne
enthüllst meinen Gedanken,

der Du siehst
wann ich gehe,
und wie ich mich
hinlege — alle Wege in mir
vollenden Dich.

Ach Herr, noch
ist das Wort auf meiner Zunge,
und der Gedanke endet
in Deinem Gedächtnis schon.
Du hast mich geschlossen
vorne und hinten,
und Deine Hand liegt
mir oben und unten —
o welche Weisheit
mir so unerreichbar

mir — wohin
ginge ich,
und wäre nicht
in Deinem Geist,
wohin flöhe ich
und wäre
nicht vor Deinem
Angesicht?

Steige ich in den Himmel
und Du bist da,
liege ich im Bett der Hölle
Du bist da,
trügen die Flügel
der Tagesdämmerung
mich an das Ende des Meeres:
wieder, Herr, wieder
Deine Hand
unterstünde
mich und Deine
Rechte
beschützte mich.

Wollten
mich die Nebel
überhüllen — aber
die Nacht um mich
leuchtet an,
hell scheinen und sanft

die Nebel Dir
und aufleuchtet in Strahlen
die Nacht,
in den blendenden Finsternissen.

In der Nacht des Schoßes
schufen Deine Hände
mein Bildwerk
und die Nieren.
Ich lobe herrlich Dich,
der ich gemacht wurde
auf eine wunderbare Weise.
Sind Deine Werke alle
erfremdend wunderbar,
und im Geheimnis
meine Knochen:
schufst Du
wie die Gewebe
gearbeitet sind
unbeschreiblich
in den Orten
unter der Erde.

Deine Augen sehen mich,
da noch
im Teig der Lebenden
ich unterging,
und meine Tage
hast Du eingetragen

in das Buch
und in die Reihe geordnet,
da sie nicht einmal begonnen.
O wie teuer,
Herr, sind mir Deine Gedanken,
o wie groß,
Herr, ihre Anzahl!

Lasse Du
sterben den Bösen —
gehet ihr Männer des Blutes
von mir —
ihr schwöret falsch
seinen Namen, schändet ihn
nicht Missetat?

o ihr Bösen,
wachet auf aus
den brüllenden Höhlen
der Verruchnis:
ihr verbrechet an Euch.

DER EINHUNDERTVIERUNDVIER ZIGSTE PSALM

Herrlich der Vater
stehet ein Fels,
führet die Hände im Kampf
und in den Schlachten unsere Finger!

O Wohltat Du,
o meine hohe Zuflucht,
Befreier,
Schild meiner Rückkehr,
was ist der Mensch,
daß ihn siehst
und um ihn sorgst,
und der Sohn des Menschen
daß Du
in den Augen ihn hältst?

Und er gleichet
dem Windhauch,
sind seine Tage
wie der Schatten,
der vorübergeht.

O Herr! senke
Deine Himmel nieder
und steige herab,

rühre die Berge an
daß sie flammen!
mache blitzen und
zerstöre sie,
schütte Deine Pfeile über sie
und sie fliehen.

Erhebe, ach, Deine Hand auf,
und befreie mich
und ziehe
aus den großen Wassern
mich heraus,
und aus der Hand
des fremden Sohnes,
dessen Mund laut wagt
die Lüge
und dessen Rechte betrügt.

O Herr, ich singe Dir
ein neues Lied,
ich lobpreise Dich
auf den zehn Saiten der Leier —

Dich, ach, der Befreiung gibt
den Königen —
der errettet David,
Deinen Diener,
vor dem tödlichen Schwert.

Laß unsere Söhne
wie die wachsenden Pflanzen
sein in ihrer Jugend,
und zierlich geschnitten
Gärten in den Palästen
unsere Töchter.

Fülle
unsere Gewölbe,
und lasse die Lämmchen
vertausendfachen sich auf den Feldern,
und die Ochsen überlade
mit ihrem Fett,
und gebe, Herr
keinen Lärm und Angriff,
und keine Abbrüche
in den wohnlichen Straßen.

DER EINHUNDERTSIEBENUNDVIERZIGSTE PSALM

Lobet den Herrn,
psalmet den Herrn,
es ist gut,
es ist süß,
es ist verseligend.

Er schuf Jerusalem
und eint
die Zerstörten,
und heilt
die zersplitterten Herzen,
und überspannt
die klaffenden Plagen.

Er zählt die Zahl der Sterne,
a l l e n ruft er
einen Namen aus.
Unser Herr
ist groß und von Macht,
und kein Ende hat
seine Klugheit:
die stützt die Elenden
und niedertritt die Bösen
unter die Erde.

[2521]

Besingt die Wohltaten
psalmet
seinen Namen.

Er füllt mit Unwetter
die Himmel, und bereitet
für die Erde den Regen,
und läßt auf den Bergen
ausschlagen die Körner
und nährt die Tiere
und die schreienden Kleinen des Raben.

Nicht vollendet ist
der Herr im Pferde,
und in den leichten
Männern des Wettlaufs,

aber ihn erfreuen
die ihn fürchten
und die warten: —
seine Güten kommen.

O Jerusalem, lobe
den Herrn,
der kräftigt
Deiner Tore Stangen,
und segnet
die Kinder in Dir,
und hält den Frieden in Dir,

und die Weizenmärkte
macht er sättigend.

Aussendet er die Befehle
zu Erden, und es laufen
über sie eilig seine Worte,
sinket wie Leinen
sein Schnee und Raureif
streut er wie Asche aus.
Und er schleudert in Stücken das Eis —
wer hält
vor der Kälte des Herrn?

Aber er kennt sein Wort
und alles schmilzt

bläst sein Hauch —
und die Wasser
gehen davon.

DER EINHUNDERTFÜNFZIGSTE PSALM

Lobet!
Lobet für die Heiligkeit!
und diese Ausweitung der Macht!
Lobet für die hohen
Tatsächlichkeiten des Herrn
ihn ohne Aufhör,

im Ruf der Drommete
in den Winden der Leier
und Harfen
und mit den
Pauken des Tanzes
und den Streichern
und flötend: lobet!
lobet!

lobet!
und mit den
tiefen, strömenden Zymbeln
und den Zymbeln,
die widerhallen
unaufhörlich
widerhallen hallen
HALLELUJA!

KAREL ČAPEK
KREUZWEGE

LEIPZIG
KURT WOLFF VERLAG

BÜCHEREI »DER JÜNGSTE TAG« BAND 64
GEDRUCKT BEI DIETSCH & BRÜCKNER IN WEIMAR

EINZIG BERECHTIGTE ÜBERTRAGUNG AUS
DEM TSCHECHISCHEN VON OTTO PICK

STOCKEN DER ZEIT

Warum ist jener, an den ich denke, welcher sich über den Schreibtisch beugt, warum ist er so unbewegt, warum wartet er und horcht, daß etwas außer ihm geschehe; als ob ihm irgendein Ding einen Wink im Kummer geben könnte und einen Abschluß dieser unendlichen Reihe von Unsicherheiten, die ihn durchwallt. Alle Dinge um ihn herum sind nur melancholieverhangene Gewohnheiten; nur die gegenüberstehende Wand der Gasse hat in der formlosen Stille einen ungewöhnlich dummen und so unangenehmen Ausdruck, daß der Mensch, leidend, sich dankbar an das Rasseln einer Droschke auf dem Pflaster hält, als einem Ausgangspunkt von dieser Sekunde zur nächsten.

Klapp — klapp der Hufe im Räderknarren, langes rhythmisches Kettchen und Poltern hinter der Ecke, rasches Rasseln auf den Steinen; das ist etwas, was sich aufrollt in die Ferne wie ein Knäuel, jetzt schon von weitem immer schwächeres Klappern, ein Ticken so lang wie ein dünner gespannter Faden, so dünn, daß er fast nicht mehr ist, schon nichts mehr ist als angespannte Entfernung, unmögliche Länge, und Stille.

Die Stille von innen und außen flossen zusammen wie zwei von nichts gekräuselte und durchaus gleichartige Wasserflächen. Alles ist durchaus gleichartig wie eine Fläche, unbewegt und gespannt. Der Mensch beim Tisch hält den Atem an und sein Herz steht wie eine Fläche. Die Stille ist gespannt wie ein Tuch, und alles ist still, alle Dinge sind Stücke der Stille, hineingeplättet in die glatte Ebene ohne Regung Tisch und Wände, alle Dinge zusammen sind wie eine Zeichnung auf geglätteter Fläche, klar, ohne Verkürzung und Schatten. Sie sind eine gespannte Oberfläche, die ohne Falten und Rauheit ist; alle sind in dieser unstofflichen Ebene enthalten wie in Eis festgefrorene Halme. Nicht einmal der Mensch beim Tisch ist außerhalb ihrer: er ist dort, ohne Regung, in der unendlichen Ebene der Dinge, und kann sich ihr nicht entraffen; wenn er sich rührte, fühlt er, würde eine Entgleisung und ein Zusammensturz aller Teile erfolgen, ein furchtbares Zusammenschrumpfen der gespannten Oberflächen. Ohne Erstaunen, ohne Inneres, ohne Zeit. Angst, daß dies vielleicht der Tod sei, ein Abgang, Vernichtung. Nicht fühlen, das ist das positive Gefühl des Nichtseins und ein starkes Leiden am Nichtsein; unbewegter Kampf des Unbewußten um den Gedanken und Beklemmung in den Grenzen der Leere. Überall Ebene mit trauriger toter Oberfläche. Und dieses, was steht, ist die Zeit; wäre es möglich, sie zu bewegen, so zerfiele sie sogleich in tausende Sekunden, die, tot, wie Staub zerflatterten. Doch der Mensch beim Tisch fürchtet sich zu rühren; mit all seiner Bangheit und Machtlosigkeit ist er in der Stille festgelegt wie ein Insekt in durchsichtigen Bernstein; er ist einfach eingestellt.

Und da Schritte auf dem Gehsteig, schöne, laute und ordentliche. Die Welt in der reglosen Fläche ist in lautloser Explosion auseinandergefallen; die eckigen und massiven Dinge reckten sich krachend auf, der Mensch an seinem Tische breitet sich aus in alle Richtungen des Raums im Gefühl seiner reichen Verzweigung und seiner in die Welt getauchten Bewegungen. Die Kanten und Winkel aller Dinge kündeten sich in rauhem Rauschen des Raums: so rasch liefen sie in ihren Richtungen, mit Selbstgewißheit und Härte. Das Herz des Menschen ergriff seinen alten Schmerz, mit starken, starken Schlägen; jener, an den ich denke, erhob sich, um seiner Trauer Gewicht zu ertragen, und das große Rad des Seins dreht sich in immer weiteren und schnelleren Kreisen.

HISTORIE OHNE WORTE

Tief sind die Wälder in der Nacht wie ein grundloser See, und du blickst schweigend auf einen Stern über Melatín, denkst an das Wild, das in der Tiefe das Waldes schläft, an den tiefen Schlummer aller und an alles, was niemals in dir entschlafen wird. Lang, endlos lang sind dämmrige Tage; wie oft durchschrittest du die Wälder an solchen Tagen, o Schritte und Erinnerungen ohne Zahl, und nie bist du an das Ende der Schritte und Erinnerungen gelangt: so lang und tief sind die Wälder über Melatín.

Aber daß heut ein flammender Augustmittag ist – brennende Lücken in den Baumkronen und des Lichtes Sichel die Forste durchfahrend; daß ein so klarer Tag ist, wie wenn ihr schütterer würdet, tiefe Wälder, und vor der Sonne auseinanderträtet. Die Glut hat meine Erinnerungen ausgetrunken und fast schlief ich ein, ich weiß nicht ob vor Lust oder Ermattung, eingewiegt von den weißen Dolden, die über meinem Haupte schwanken. –

An einem solchen Tage ging Ježek durch den Wald, zufrieden, daß er an nichts dachte und denken konnte. Breit atmete die Wärme zwischen den Bäumen. Ein Tannenzapfen riß sich los, – er hatte sich festzuhalten vergessen, weil es so windstill war; die Kronen kräuselten sich und überall zitterte Licht. Oh, welch schöner, herrlicher Tag! Wie schimmern silbern die schwanken Ährchen des Windhalms! Eingewiegt von Freude oder Langweile lauschte Ježek dem warmen Summen des Waldes.

Geblendet stand er am Rande der Lichtung, wo unhörbar die Glut zitterte. Wer liegt da? Es ist ein Mensch. Er liegt mit dem Gesicht auf der Erde und ohne Regung. Fliegen weiden auf der ausgestreckten Hand, die sie nicht verscheucht. Ist er etwa tot?

Andächtig und mit Grauen bückte sich Ježek über die gereckte Hand, welche noch den alten Schlapphut hielt. Die Fliegen entflohen nicht einmal. An dem verblaßten Futter waren noch einige Buchstaben leserlich: .. ERTA. EL SOL. Puerta del Sol, erriet Ježek erstaunt und neigte sich über das Antlitz des Toten. Aber da öffnete dieser die Augen und sagte: »Möchten Sie mir nicht eine Zigarette geben?«

»Recht gern,« atmete Ježek in nicht geringer Erleichterung eifrig auf. Der Mensch nahm die Zigarette, knetete sie sorgfältig, wälzte sich auf die Seite und ließ sich Feuer geben. »Danke,« sagte er und begann nachzusinnen.

Er war nicht jung, durchgraut, mit breitem und unbestimmtem Gesicht; er war irgendwie sehr abgemagert in seinen Kleidern, so daß sie in seltsamen, leblosen Falten an ihm lagen. So war er ausgestreckt auf der Seite und rauchte, unbewegt irgendwohin zu Boden blickend.

Puerta de Sol, überlegte Ježek, Tor der Sonne; was hat er nur in Spanien gemacht? Nach einem Touristen sieht er nicht aus. Vielleicht ist er nicht gesund, daß er so heilige Augen hat. Puerta del Sol in Madrid.

»Sie waren in Madrid?« sprach er unversehens aus.

Der Mensch atmete zustimmend durch die Nase und schwieg.

Er könnte sagen, wer er ist, überlegte Ježek; ein Wort gibt das andere, und das Übrige errätst du. — Er könnte übrigens sagen: Ja, ich war in Madrid; aber es ist nicht der entfernteste Ort, wo ich gewesen, und es gibt noch schönere Orte und ein wunderbareres Leben. Allerlei könnte er lügen. Siehe, jetzt besinnt er sich.

Der Mensch winkte leicht mit der Hand, unbestimmt und versonnen nirgendwohin blickend.

Vielleicht sagt er: Ich sehe, daß Sie mich teilnehmend betrachten; Sie haben mich für tot gehalten und sich mitleidig über mich gebeugt. Ich will Ihnen also die Historie meines Lebens berichten. Unterbrechen Sie mich nicht, falls Ihnen etwas unzusammenhängend oder unmotiviert erscheint. Lesen Sie nur auf meinem Gesicht, ob ich leicht und einfach gelebt habe. So irgendwie würde er etwa beginnen.

Aber der Mensch rauchte schweigend und langsam, die hellen, blicklosen Augen ins Unendliche geheftet.

Sicherlich wird er etwa sagen, dachte Ježek; es ist schwer, Worte für eines Lebens Verlauf zu finden. Es sei, ich warte. Leise legte er sich auf den Rücken. Die Sonne schlug ihm in die Augen und drang durch die geschlossenen Lider hindurch; rote und schwarze Kreise haben sich zu drehen begonnen und tanzen brennend vor den Augen. Die Wärme atmet in langen, feurigen Wellen, und Ježek fühlt sich so wohl, als würde er entführt von den schwarzen und roten Kreisen, von der Flut langgezogener Wellen, von unendlicher und unfortschreitender Bewegung. Wohin fließt diese starke hinreißende Bewegung? Ach nichts; nur die Bewegung des Lebens an seinem Ort.

Plötzlich wandte er sich. Über die Hand lief ihm eine helle Ameise, nicht wissend wohin auf der allzu großen Fläche. Auch uns, dachte Ježek, Ameislein, auch uns regt die allzugroße Welt auf: diese Fernen, Wanderer, diese hartnäckige Panik. Warum läufst du so? Warte, verweile; ich tu dir nichts, wenn ich auch groß bin. Ach, kleiner Abenteurer, ist's nur Verwirrung, die dich so jagt? Wilde und verzweifelte Verwirrung der Einsamkeit? irgendeine Angst? Wo ist denn ein Tor, durch das du entrönnest?

Nahe, auf Griffweite nah hat sich ein Schmetterling mit weit geöffneten Flügeln auf eine Blume niedergelassen, wiegt sich auf der weißen Dolde und bewegt die leichten Flügel, schließt sie und breitet sie aus mit einer zauberischen und wollüstigen Bewegung, berauschend süß. Ach bleibe, o Lust! Verzaubere mein Herz nicht mit dieser ewigen Gebärde des Entfliehens! Bleib und lasse dich schaukeln, liebliches Weilchen, Sekunde ohne Gleichgewicht, unaussprechlicher Wink! Edle Begegnung nach solchen Qualen der Reise! Jungfräulich erbebten die Zauberflügel und jäh, unbegreiflich entschwindet der Falter, Sekunde, Wollust, als schlösse sich plötzlich ein Tor hinter ihm.

Ježek blickt empor. Wohin ist all das entflogen? Wohin entfliegt ihr, leuchtende Wolken, in zielloser und unermüdlicher Bewegung? Ach, so entführt zu werden, wegen nichts, aus gar keinem andern Grunde als wegen der Größe des Himmels; so entführt zu werden, weil der Raum groß ist und nicht endet! Weil die Sehnsucht groß ist und nicht endet. Sanfter Himmel, meine Seele ist friedlich wie meine Augen. Aber warum blickt ihr bis hinter den Horizont, friedliche Augen? Warum, friedlichste Seele, findest du immer die dämonische Tugend der Unrast in dir? Wie hoch segeln die Wolken, schwindlig hoch, — du möchtest sagen, bis am Tore der Sonne hin.

Puerta del Sol. Ježek sah sich um. Der Mensch, den er gefunden hatte, war wieder eingeschlafen, und sein Antlitz erschien unklar und zerquält, friedlich und weit. — Da stand Ježek auf, um ihn nicht zu wecken, und ging durch den warmen Wald, zerstreut, ohne Frage und wie gesättigt. Ihm war, als hätte er die Historie eines Lebens vernommen, eine wenig klare, aber nahe Geschichte, unzusammenhängend, aber nichtsdestoweniger eine Geschichte. — Ihm war, als hätte er die Historie eines Lebens vernommen und begönne schon sie zu vergessen.

VERLORENER WEG

»Aber wir haben ja den Weg verloren!«
»Augenscheinlich.«
»Wohin sind wir geraten? Sehen Sie etwas? Wo ist die Allee?«
»Ich weiß nicht.«
»Wo sind wir? Sahen Sie jemals, daß hier ein Heidefeld wäre?«
»Nein.«
»Aber wie konnten wir nur die Landstraße verlieren? Wir hätten ja über den Graben gemußt — — Hören Sie, sind wir nicht vielleicht über den Graben gegangen?«
»Ich weiß nicht.«
»Das ist absurd. Die Straße kann doch nicht unter den Füßen verloren gehn. Wo sind Sie?«
»Ich hab' mich gesetzt.«
»Auf dem Weg geht man doch anders als im Gras. Hart und laut. Geradeso wie ich uns auf der Landstraße gehen gehört.«
»Das waren Sie, der so lärmend ging.«
»Um so eher! Es ist doch geradezu undenkbar... Das ist das Sonderbarste, was ich je — — Mensch, schlafen Sie nicht!«
»Ich schlafe nicht.«
»Wo sind wir eigentlich?«

Es war eine dunkle und fast sternlose Nacht; nur etwas lichtes Gestein auf der Erde und kleine, aufrechte Wacholdersträucher, winzigen reglosen Gestalten gleichend; von fern der Ruf eines Käuzchens nur drehte die unbekannte Weite in die stockende Finsternis her.

»Lachen Sie mich nicht aus«, sagte der stehende Mann, »aber mir gefällt das nicht. Wir haben überhaupt die Richtung verloren. Wir müssen auf irgendeinen Weg gelangen, wohin immer er führe; ein Weg zeigt wenigstens »vorwärts«, aber das Unwegsame schweigt. Das Unwegsame schmeckt gleichsam nach Unendlichkeit; sie ist hier um uns herum auf allen Seiten; hören Sie, das ist eine unmögliche Lage.«

»Setzen Sie sich«, sagte der andere.

»Ich will nicht. Ich setze mich erst irgendwo am Weg, mitten zwischen die rechte und linke Hand, damit ich weiß, wo ich bin. Wer auf dem Wege geht, dem ist die Welt rechts und links eine Kulisse ohne Bedeutung und die Wände eines langen Ganges; aber das Weglose ist wie der Gipfel eines Berges; zu sehr im All; zu offen nach allen Seiten. Gehn wir von hier!«

»Warten Sie noch, ich kann nicht.«
»Ist Ihnen etwas geschehn?«
»Ich kann nicht. Ja, mir ist etwas geschehn. Ich bin auf etwas gekommen, gerade als wir irrezugehn begannen. Vielleicht genau in jenem Augenblick.«
»Wo war das?«
»Ich weiß nicht. Ganz plötzlich tauchte es vor mir auf. Ich hatte schon seit Jahren nicht mehr daran gedacht, und jetzt kam es von selbst. Vielleicht gerade deshalb, weil wir auf einmal den Weg verloren.«
»Irgendeine Erinnerung?«
»Erinnerung, nein. Eine Lösung. Eine Antwort. Etwas, was ich das ganze Leben lang gesucht habe, selbst wenn ich nicht daran dachte. O Gott, ist das furchtbar kompliziert! Dadurch ändert sich mein ganzes Leben — — Alles hängt zusammen. Begreifen Sie das?«
»Durchaus nicht.«
»Ich auch nicht. Offenbar mußte ich vom Weg abkommen, um darauf zu kommen. Von Allem abkommen, was dir bekannt ist! Darum gingen sie in die Wüste! Aber verlasse dein Haus und deine Familie; deine Logik ist aus Gewohnheiten gewebt und deine Wege aus tausenderlei vergangenen Schritten; darum komme ab von Allem und beginne zu irren, um im Unbekannten zu suchen. Dich selbst findest du dann in dem, was das Seltsamste und Ungewohnteste ist.«
»Das sagen Sie mir?«
»Das sage ich mir selbst, weil ich es gefunden habe. Dich selbst hast du gefunden und kannst dich nicht erkennen; und doch ist es das einzige, was du je gesucht hast. Mein Gott, so viele Jahre! Und plötzlich diese Lösung: dir kommt das freudige und und wortlose Gefühl, daß es da ist; das, was noch kein Gedanke ist, sondern nur eine blendende Weile und wunderbare Gewißheit. Hören Sie, mein Leben verändert sich wahrscheinlich, vielleicht gehen unsere Wege auseinander; aber ich bin froh, daß ich diesen Augenblick mit Ihnen erlebt habe.«
»Wenn Sie mir wenigstens sagen würden —«
»Ich kann nicht. Jetzt kann ich noch nichts unterscheiden. Die Wahrheit mußt du genießen wie ein Gefühl, bevor sie dir zum Wort wird. Du mußt in sie hineingeraten wie in einen Raum, der nirgendwohin führt, sondern nach allen Seiten sich öffnet; denn dein Nachsinnen ist nur ein Weg in einer Rich-

tung, wie ein Gang zwischen Mauern. Dein Denken geht nur vorwärts auf irgendeinem der vielen Wege: aber die einzige Wahrheit geht nirgendwohin und zielt nirgendwohin, sondern besteht wie die Ausdehnung.«

Der stehende Mann schwieg und horchte gespannt in die Ferne. In der tausendfachen Stille der Nacht, schien es ihm, entfaltete sich irgendwo ein winziger, klangloser Rhythmus. Er schien von der Tiefe der Stille überschwemmt zu sein, aber er war da und brach sich unaufhaltsam Bahn. Menschenschritte! ferne Schläge auf hartem Weg. Der stehende Mann atmete auf.

»Dort also ist die Landstraße,« sagte er und wunderte sich plötzlich über seine Stimme; um soviel klarer und farbiger klang sie als zuvor.

Der sitzende Mann erwachte gleichsam. »Was? Die Straße? Sie gehen schon nach Hause?«

»Sie wollen vielleicht hier bleiben?«

»Ja, ich erkläre es Ihnen dann. Es ist maßlos kompliziert. Warten Sie noch!«

»Erklären Sie es mir lieber unterwegs.«

»Wenn ich mir das notieren könnte! Was mir alles einfällt! O Gott, wie zahllos!«

»Notieren Sie sich's zu Hause. Ich begleite Sie schon.«

»Ich danke Ihnen. Wo sind wir?«

»Ich weiß nicht, kommen Sie nur. Geben Sie acht, hier ist eine Schlucht!«

»Ich sehe nichts.«

»Reichen Sie mir die Hand. Christus, wie sind wir eigentlich hiehergeraten? Achtung!«

»Warten Sie, hier kann ich nicht... Gehn wir zurück!«

»Das geht nicht, der Weg ist vor uns. Wo stecken Sie?«

»Hier oben. Und Sie?«

»Im Wasser. Bleiben Sie dort, ach! Ist Ihnen etwas geschehn?«

»Nein, danke. Wenn ich nur unten bin.«

»Jetzt folgen Sie mir. So!«

Und die beiden Männer stolperten den Hang empor und wieder hinunter; es war ein mühseliger, zerfurchter Boden, wo sie mit tausendfacher Vorsicht gehen mußten; es gab Gesträuch da, durch das sie sich hindurcharbeiten mußten; es waren breite, bebaute Ackerfelder da, über welche sie rücksichtslos wie Eber dahinfuhren. Endlich ein Graben und die Landstraße.

»Und nun sagen Sie mir,« rief der, welcher vorausging, »wie konnten wir überhaupt dort hinauf gelangen?«

»Ich weiß nicht,« sagte der andere etwas bedrückt, »es ist wirklich seltsam. Ich müßte es mir überlegen... Ich habe jetzt so viel nachzudenken!«

»Sagen Sie mir nun, worauf Sie gekommen sind?«

»Ja. Es ist sonderbar mit diesem Verirren! Gewiß fand ich es gerade in dem Augenblick, als wir den Weg verloren. Wär' ich schon zu Hause!«

»Wovon handelt es?«

»Von der Seele...«

Nun schritten beide rasch und schweigend aus; sie kamen durch einen Wald und durchliefen ein Dorf; einige Fenster leuchteten menschlich in der tiefen Finsternis; und wieder tat sich eine weite und ferne Heide auf.

»Was wollen Sie also sagen?«

»Wovon?«

»Von dem, worauf Sie dort oben gekommen sind — von der Seele.«

»Ach ja, Sie haben recht. Sagte ich, von der Seele? Eigentlich war es nicht bloß das...«

»Hören Sie,« sagte nach einer recht langen Weile sein Gefährte, »wie ist es also mit dieser Seele? Sie sind schrecklich zerstreut.«

»Ich? Im Gegenteil. Ich dachte gerade darüber nach. Ist es nicht merkwürdig, daß sich der Mensch im Wesen nicht kennt?«

»Und Ihre Lösung?«

»Was für eine Lösung? Das ist auf ewig nur ein Problem.«

»Aber Sie hatten irgendeine Lösung.«

»Das war bestimmt nicht von der Seele. Das waren eher andere Fragen, vom Leben überhaupt... Ich dachte soeben darüber nach, womit zu beginnen.«

»Mit dem, was Ihnen zuerst aufblitzte.«

»Zuerst? Das war nur eine Ahnung... Es ist höchst schwierig zu formulieren. — Ich weiß wirklich nicht, was mir zuerst aufblitzte. Es kam das alles so auf einmal!«

»Also beginnen Sie womit immer.«

»Das geht nicht. Alles war ein Ganzes... Ja, das alles hing zusammen. Könnte ich es nur umfassen!«

»Sie werden es mir ein andermal sagen?«

»Nein, lieber gleich jetzt. Nur, bis ich es ein wenig geordnet habe. Aber mich stört es, wie laut wir gehen.«

»Setzen wir uns also.«

»Ja, ich danke Ihnen. Vor allem bedenken Sie... So klar leuchtete es mir ein... Zunächst folgt daraus, wie elend und sinnlos alles war, was ich bis jetzt gelebt. Plötzlich durchdrang es mich wie ein Messer; ich entsetzte mich vor mir selbst und begriff, daß ich so viele Jahre, o Gott, nur einen unaussprechlichen und ungeahnten Schmerz gelebt habe. So viele Jahre! Dies also blitzte in mir auf, was ich war und wie ich unbewußt gelitten; und alles war vergeblich und irrig, und eng wie ein Kerker; und mir war furchtbar zumute, wenn mein ganzes Leben sich mir als ein gefundener Fehler erwies. Ach, Vieles erkläre ich Ihnen noch näher. Aber zweitens, warten Sie, zweitens —«

»Was ist zweitens?« fragte nach einer Weile der Gefährte.

»Warten Sie, es war doch etwas von der Seele darin, aber jetzt weiß ich nicht. — Ja, es war etwas Unermeßliches von der Seele. Gott, was war es eigentlich?«

»In welchem Sinne von der Seele?«

»Ich weiß nicht, es waren überhaupt keine Worte, es war nur eine Gewißheit — — es ist so flüchtig!«

»Besinnen Sie sich doch!«

»Ja, gleich. Etwas von der Seele? Was war es?«

»Denken Sie nur nach, ich warte.«

»Ich danke Ihnen. Gleich werde ich es haben.«

Die Nachtzeit lag unbewegt auf den schwarzen und formlosen Dingen. Und siehe, da geht der erste morgendliche Mensch über die leere Landstraße. Ist das nicht der Schrei eines Hahns im Dorfe? Hat sich die Nacht nicht in ihrem stillen Innern gerührt?

»Haben Sie es gefunden?«

»Ach gleich, nur noch etwas —«

Am Horizonte dämmerte es schwach. Die Erde und ihre Dinge nahmen eine kühle, schemenhafte Blässe an; ständig ausgebleichter und schärfer hoben sie sich empor, und es ward Licht.

»Also was haben Sie gefunden?«

»Ich weiß nicht... Es ist mir entglitten. Alles habe ich verloren, und ich werde es niemals mehr wissen.«

»Und überhaupt nichts, vollkommen nichts ist Ihnen davon geblieben?«

»Vollkommen nichts; nur das, was mir auf ewig klar geworden über mein Leben.«

DIE AUFSCHRIFT

Ein Weilchen verschnaufend stand Kvíčala an der Tür und freute sich: Matys ist krank, er wird Freude haben, daß ich gekommen bin: ich werde ihm ein wenig vorplaudern am Bett, um ihn zu zerstreuen.

Die Glocke ertönte so abgerissen, daß es Kvíčala quälend beklemmte; ihm war, als ob sich der Klang drinnen so aufgescheucht und blind einen Weg bahne durch die allzuabgestandene Stille, und er lauschte mit der Hand an der Glocke. Es kam das alte Mütterchen in Hausschuhen öffnen und bat ihn flüsternd einzutreten. Kvíčala ging auf den Spitzen, er wußte selbst nicht warum; durch die offene Tür sah er Matys mit dem Gesicht zur Wand im Bett liegen, wie wenn er schliefe.

»Wer ist das?« fragte der Kranke gleichgültig.

»Der Herr Kvíčala,« flüsterte die alte Frau und entfernte sich.

Matys wandte sich mit aufgeheiterten Augen dem Freunde zu.

»Das ist brav von Ihnen. Oh, es ist nichts; nur eine Brustfellentzündung, irgendein Exsudat... In vierzehn Tagen werde ich gehen.«

Kvíčala lächelte gezwungen. Ihm war schwül in dem heißen Zimmer, wo er den schwachen und faden Geruch von Umschlägen, Urin, Tee und Eiern spürte. Ihn rührte das unrasierte Kinn des Matys und seine strahlenden Augen; er bedauerte, daß er vergessen hatte, eine kalte Orange oder ein nasses Sträußchen mitzubringen, um sie auf das Nachttischchen zwischen die zerknüllten Taschentücher, Speisereste und ungelesenen Bücher zu legen. Im ganzen übermannte ihn eine matte Übelkeit.

Er bemühte sich zu plaudern; er erzählte irgendwelche Neuigkeit und ärgerte sich über seine fremde, gleichsam belegte Stimme; er fühlte die Augen des Kranken aufmerksam und doch entfernt auf sich geheftet; und da verschluckte er seine Neuigkeit und sehnte sich zu verschwinden.

Matys erkundigte sich nach Bekannten; aber Kvíčala spürte die besondere Rücksichtnahme des Kranken auf die Gesunden heraus und antwortete immer schwerer. Schließlich war alles erschöpft. Wenigstens das Fenster öffnen! Horchen, was draußen geschieht! Nur einen Teil seiner selbst dorthin übertragen! Verdrossen wich Kvíčala den starren und abwesenden Blicken des Freundes aus; seine Augen wichen dem heißen und zerdrückten

15

Bette aus; er wich der eingetrockneten Häßlichkeit des Nacht=
tischchens aus; und heftete den Blick auf das Fenster, das blasse
halbundurchsichtige Fenster, das Fenster, welches ins Freie führt.

»Schauen Sie her,« sagte plötzlich der Kranke und wies mit
dem Finger auf die Wand zu Häupten des Bettes.

Kvíčala beugte sich vor; an die Wand war grau und verwischt
und zweimal unterstrichen mit Bleistift das Wort »zurück«
geschrieben. »Zurück«, las Kvíčala.

»Was sagen Sie dazu?« fragte Matys still.

»Jemand hat es hingeschrieben. Es steht offenbar schon viele
Jahre dort.«

»Wieviel Jahre denken Sie?«

»Ich weiß nicht. Vielleicht fünf oder zehn — Wann wurde hier
das letztemal gemalt?«

»Ich habe die Mutter gefragt,« sagte Matys und schaute zu der
trüben Zimmerdecke empor. »Vor mehr als zehn Jahren. Ich
wollte es niemals erlauben.«

Kvíčala ließ seine Blicke hastig zum Fenster zurückkehren.

»Sehen Sie nur her,« nötigte der Kranke, »fällt Ihnen nichts
auf?«

Kvíčala neigte sich wieder über das Bett. »Es ist von einer
Männerhand geschrieben. Jemand schrieb es in Aufregung und
ungeduldig, so daß hier der Graphit abgebrochen ist. Er hat ge=
radezu in die Wand geritzt. Und im Dunkeln. Dieses Häkchen
ist ein wenig seltsam... Diese langen Striche auf dem u und ü
sehen irgendwie entschlossen aus.«

»Zurück,« wiederholte Matys. »Wissen Sie nicht, was wohl
damit gemeint ist?«

»Gott weiß, vielleicht irgendein Entschluß. Vielleicht, etwas
zurückzugeben.«

»Oder selber zu etwas zurückzukehren?«

»Möglich. Warum fragen Sie?«

»Nur so. Ich überlege, weshalb es hier geschrieben steht.«

»Jemand hatte wohl einen Einfall oder eine Eingebung — Er
schrieb es sich bloß als Leitwort auf, um nicht daran zu vergessen.
Weshalb interessiert es Sie so?«

»Weil es mit meiner Schrift geschrieben ist. Ich habe es offen=
bar selbst geschrieben, aber jetzt weiß ich überhaupt nichts mehr
und kann mich nicht entsinnen, wann und warum. Andauernd
überdenke ich, was das bedeuten sollte.«

»Jetzt bedeutet es nichts mehr.«

16

»Jetzt nicht, aber damals. Ich fand es hier während der Krankheit. Nie zuvor hatte ich es beachtet, bis jetzt. Und so sinne ich aus Langweile nach —«

»Worüber?« fuhr Kvíčala nach einer Weile auf.

»Nie habe ich an die vergangenen Jahre gedacht,« sagte Matys mit geschlossenen Augen. »Wozu auch? Alles Vergangene ist so selbstverständlich. Der Mensch gewöhnt sich an die vergangenen Dinge. Alle dünken ihm bekannt. — Aber jetzt weiß ich nicht, zu was ich mich damals entschlossen habe; ich weiß nicht, zu was ich zurückwollte und weshalb es mir so unerträglich war, und weiß nicht, wann es überhaupt war. Niemals wird es mir klar werden ... Überrascht und beunruhigt Sie nicht manchmal etwas Vergangenes?«

»Nein,« sagte Kvíčala aufrichtig.

Der Kranke bewegte ungeduldig die Schultern und schwieg.

»Ich weiß nicht, wann und warum ich es geschrieben habe,« begann er; »aber mir sind viele Augenblicke eingefallen, in denen mir dies Wort als Erlösung erscheinen konnte, und ich finde ständig neue Augenblicke, wo ich es hätte schreiben können. Oder lieber erfüllen.«

»Wie erfüllen?«

»Ich weiß nicht. Schon lange sinne ich darüber nach, wie es sich erfüllen ließe. Zurück, ja zurück, aber zu was? Ich liege da und erinnere mich an allerlei: zu was von alledem zurückzukehren? Ich kann mich vieles Schönen entsinnen. Vieles tut mir leid. Manche Liebe. Hie und da leuchtet ein alter Gedanke auf. Und viel, unzählig viel habe ich vergessen, und daran denke ich am meisten. Es gibt furchtbar viele vergangene Dinge. Die Vergangenheit ist schwindelerregend.«

Kvíčala seufzte; ihm ward immer schwüler. Ach, die Gasse hinter dem Fenster! Licht, Raum! Schnelligkeit und Bewegung dort draußen!

»Die Vergangenheit ist nicht so selbstverständlich, wie ich's mir dachte,« sagte Matys wie für sich selbst. »Sie ist unermeßlich unklar. Zeitweilig geschahen merkwürdige und unmögliche Dinge. Mir ist als stünde ich am Rande einer halb unbekannten Welt; etwas habe ich schon entdeckt, aber der Rest geht unendlich weiter und breiter, als ich geahnt. Ich hatte keine Vorstellung davon ... Das ist ein barmherziger Irrtum, daß uns die eigene Vergangenheit bekannt erscheint; wir kennen nur etwas, aber alles übrige ... Das Meiste sollten wir erst erleben!«

Kvičala horchte: Draußen klingelt der Tramway, die Schritte vermehren sich, breit schüttet sich Wagenrasseln hin; dünn und klar flog ein Kinderschrei auf. Aber hierher kommen nur die Schatten der unstofflich durch das Glas hindurchgegangenen Laute; sie sind alles Nahen und Wirklichen beraubt; entfremdet den Lauten, die von außen her an das Fenster sich pressen; mit der Stille vermengt.

»Es ist still hier,« sagte der Kranke, »und die Zeit ist lang. Ich denke an vergangene Dinge. Sie hätten noch nicht entschwinden sollen. Und woran ich immer nur denke, nichts hätte noch schwinden sollen. Ich müßte es erst erleben, aufmerksam verweilend — selbst die schlimmsten Augenblicke. So als hätte ich sie alle zwischen den Fingern entgleiten lassen, noch unwissend wie sie sind: und überaus seltene darunter —«

»Sie sind hier zu sehr allein,« sagte Kvičala.

»Ja. Und in vierzehn Tagen stehe ich wieder auf und erinnere mich vielleicht nicht mehr, daß ich einmal ‚zurück' geschrieben habe. Aber jetzt ist es da als Aufschrift an irgendeiner Wand. Zurück! Alles Vergangene ist nur ein Stichwort; alles ist unvollendet geblieben, angedeutet als Anfang und Ahnung... Zurück! Vielleicht fühlt es ein jeder einmal und möchte zurückkehren, so als wäre es nach Hause — zurück! Es ist nicht, ach es ist nicht Rückkehr zu seinen Anfängen, — zu den ersten Schritten; aber zurück zu den Enden, zur Aussprache und Beendung seiner selbst, zu den letzten Schritten... Unmögliche Rückkehr! Niemals zurück!«

Kvičala erhob sich. »In vierzehn Tagen,« lächelte Matys. »Entschuldigen Sie, eine Woche schon hab' ich mit niemandem geredet. Grüßen Sie alle.« Seine Hand war heiß und trocken. Oh, hinaus! Lautere Kühle, Gasse, Menschen, Menschen — und »vorwärts« in diesem allen!

DIE VERSUCHUNG

Lange schon ging Růžička wie in Nebel herum. Er wehrte sich hartnäckig dagegen und ersann ohne Ende Gründe für und gegen, bewies sich etwas, ärgerte sich. Hart kämpfte er um Sammlung und sehnte sich zugleich: sich endlich ohne Gedanken und Richtung entführen zu lassen. — So wie ein schwarzer Pfahl am Teiche im Nebel, dachte er; über dem Wasser schreit die Möwe und läßt sich herab, um die Fläche in die Klauen zu ergreifen; das Wasser erbebt, und die Möwe entflieht wie ein Gassenjunge; erst Gott weiß, wo sie auflachen wird...

Růžička blieb stehen: Reise ich oder bleibe ich? — Alle Gründe starben ab und er vermochte sich ihrer nicht mehr zu bemächtigen; alle starben ab und wurden starr und er konnte sich ihrer nicht mehr entledigen. Gründe, die ihn nicht mehr freuten. Sie waren in diesem engen Zimmer verwelkt. In dem Zimmer, das ihn nicht mehr freute. Gründe dafür, daß er blieb und nicht verreiste und nicht diese paar Chancen überflüssig verwarf. Ruhe, Beruf, Gewohnheiten, Lampe, Bett, Lehnstuhl — mehr brauche ich ja nicht, sagte er sich; ich bleibe und erfülle dies alles mit der Wahrheit des Lebens. Mein Platz ist schmal, aber ich kann ihn vertiefen. Ach, auf immer bleiben!

Oder fortgehn, sagte er sich beklommen; sich von neuem versuchen und in die Welt schleudern wie ein Stein ins Wasser... Müßte man sich nur nicht entschließen! Könnte ich mich, ohne zu wissen wie, irgendwo in der Welt finden und nichts haben als vor mir den Tag, o Gott! was wäre das für ein Tag! Es geschehe mir als Schicksal oder Zufall, — ich nehme alles an; aber selbst wollen ist furchtbar.

— Reise ich oder bleibe ich?

Ich gehe aus, entschloß er sich endlich (wenigstens etwas tun! was immer!), ein bißchen hinaus, zögerte er bei der Türe, den Abend genießen, nötigte er sich; aber »bleib«, sprechen Lampe, Bett, Lehnstuhl, Langweile, »wozu gehn? Gehn ist so anstrengend; Bleiben so einfach; Gehn so verzweifelt; Bleiben so verzweifelt; bleib!« Nein, heute nicht, entschied er sich mit Gewalt, und ging. »Bleib,« sprechen die entflammten Gassen, »wir stören dich nicht mehr; du hast uns so oft durchmessen, daß du uns nicht mehr siehst.« Auch ihr seht mich gar nicht, wandte er ein, und eure Fenster blinken mir nicht mißtrauisch zu wie ein Blick, lächelnd wie ein Blick, durchsichtig wie ein Blick des Zufalls Ich gehe täglich hier: wir sind einander fremd geworden. »Ja, nach so vielen Jahren!«

Růžička nahm, sich zerstreut erholend, Zuflucht zu einem Kaffeehaus, froh, daß er so verloren war in der Zersplitterung von Lichtern und Stimmen, daß er sich selber entschwand in der Menge, daß die Spiegel strahlten und die Gläser klirrten; er schrieb mit dem Finger ein Fragezeichen auf den Tisch und entdeckte in der Marmorplatte interessante Adergänge, ein Zufallsnetz, zahllose Bahnen ohne Ziel. — Verreise ich oder bleibe ich? Augen! wer sieht mich da an?

Mädchen, lachte sein Blick, was willst du von mir? Glatte Augen glitten ab, flüchteten hinter die Lider und blickten süß, dunkel nirgendwohin. Nichts, blasses Gesichtchen unter schwarzem Hütchen, Spielzeug aus Elfenbein, die jungen Hände spielen auf dem Schoße nichts. Das große Schwarze ist die Mama und besieht die Modeblätter. Die grauen Augen fliegen verstohlen herüber, fliehen, bleiben nicht da; anmutig sind die Lider der Augen, gesenkte Lider, anmutige Trauer, Liebe und Musik, Abend, Frage und nichts, lieblich der Augen Blick, Freude, Kleider, Musik und Frage, liebliches Lieben, lieblicher Frühling, Veilchen auf der Straße, rosige Blüte, rosiges Lächeln, lieblicher Blick, und in die Augen! gerade in die Augen, stark und direkt, kurz und fragend lieblicher Blick! Die glatten Wangen sind rosig erglüht. Schön sind weiße und errötete Wangen; schön und traurig die Haare; traurig und schlank die Hände im Schoß, auf schwarzem Trauerrock.

»Genug,« baten die grauen Augen, »soviel Lob, mein Gott, wohin soll ich jetzt mit den Augen, mit Lidern und Händen? Sehen Sie mich nicht an, ich lasse das Glas fallen; um keinen Preis sehe ich Sie mehr an.«

Schlanke Hände, dachte er gerührt, wie einer Geigerin Hände; ach, welch ein Tremolo, gegenstandsloses Weinen, Lied, welches endet und nicht; ob ich es jemals vernehme, dies bange und feine Lied? Diese feine, kindlich rauhe Stimme?

»Gott, das nicht! Was würde ich Ihnen sagen? Ich kann nicht bis fünf zählen. Wer sind Sie? Warum schauen Sie so? Warum schauen Sie nicht?«

»Wenn ich sehe, denke ich an die Leute ringsum, an Sie, an Ihren Atem, an die Liebe, an alles, was ich dir sagen möchte, — ich weiß nicht, woran ich denke, wenn ich schaue; aber wenn ich nicht schaue, denke ich an Sie, an alles, was ich nicht sehe, an mich selbst, an den glücklichen Zufall, und hauptsächlich an dich.«

»Hören Sie auf! Hören Sie auf!«

— Drüben haben neue Menschen sich gesetzt, und in ihrer Mitte —

»Ach sehen Sie doch,« riefen die grauen Augen aus, »wie schön sie ist!«

— ja, schön, tatsächlich schön, o Mädchen, wie groß und schön! Warum ist sie gekommen, wen sucht sie mit den dunklen Augen! Ach, wer ertrüge der Schönheit vernichtenden Blick? Wie erbebte er nicht in Verwirrung und Schrecken, wie schlüge er nicht nieder die Augen? Wehe, daß sie ihn angeblickt!

Langsam, ohne Unsicherheit hefteten sich die großen schwarzen Blicke der neu angekommenen Frau auf sein Gesicht. Da stockte sein Herz vor Erstaunen und schwieg.

»Ich bin schön. So viele sind, mir untertan. Sieh.«

Ich verreise, entgegnete er finster.

»Bleib. Ich bin schön. Du begegnest mir auf den Straßen, in den Basaren und auf Festen. Suche mich in den Logen der Theater. Du wirst mir begegnen, wenn du willst. Wir können einander kennen lernen und — wer weiß?«

Ich reise, wiederholte er hartnäckig.

»Bleib. Ich habe so wenig Unterhaltung, so wenig. Ich bin so schön. Du wirst mich oft sehn, täglich, wenn du willst, und so nahe! Bleib!«

Nein, sagte er mit brennender Pein, ich reise; ich verreise und kehre wieder mit Lippen, bitter von Meer und Fremde; ich kehre mit anderer Seele zurück. Mit einer Seele ohne Staunen und Beben; mit einer rauhen, mutigen, wilden und schamlosen Seele; mit einer unruhigen und grausamen Seele; mit einer Seele für dich. Aber dann! Daß diese herrlichsten Augen weinen! Daß die Schönheit erbebe! Daß ich schlimmer sei als du! Daß du mich liebest. Daß sich das Schicksal erfülle. Daß ich Gott nicht fürchte. Daß ich dir gleichkomme. Nichts ist furchtbarer als Schönheit und Mut.

Die schwarzen Pupillen wandten sich ab und zauberten weich ins Unendliche.

Sei es, fühlte er, geschehe mir dies als ein Schicksal. Ich gehe hinweg, um zu wagen.

»Bleiben Sie,« sprachen verloren die grauen Augen, »ach,

bleiben Sie! Ich käme künftigen Samstag wieder her. Manchmal begegne ich Ihnen. Ich laufe nicht weg, selbst wenn Sie mich anreden. Warum wollen Sie nicht bleiben?«

Ach, Mädchen, weinte sein Herz in sinnlicher Zärtlichkeit, ich möchte bleiben; wie möchte ich nicht bleiben wollen? Aber gerade du hast mich an einen Tag in der Fremde erinnert, eines unglücklichen Menschen in der Fremde, ich weiß nicht warum so unglücklich und so verloren; du hast mich erinnert an glück= lichen Zufall, Lächeln, freundliches Wort in fremder Zunge und lieblichen Blick, der nicht mehr wiederkehrt: die Freude, wenn du wüßtest, und der herrliche Tag in der Fremde! Nichts ist schöner als Liebe und glücklicher Zufall, nichts vergleicht sich einer guten Begegnung, die nicht wiederkehrt. Ich würde bleiben: aber du hast in mir die ewige Sehnsucht nach dem Zufall er= weckt.

SPIEGELUNG

»Achtung!« rief Lhota dem unbekannten Fischer zu, »er schnappt!«

»Ach, ich danke Ihnen,« entgegnete der Angeredete freundlich, »wollen Sie sich ihn nicht herausziehn?«

Lhota glitt rasch den Damm hinunter und ergriff die Rute. Die Angel war leer; und als Lhota das Haar heranzog, entdeckte er an dem Angelhaken festgebunden eine rote Schnur.

»Das da geben Sie statt des Wurms?« fragte er mißmutig.

»Ja,« sagte der Fischer mit schüchternem Lächeln.

»Haben Sie schon etwas gefangen?«

»Niemals.«

Lhota blieb auf dem Damme sitzen, unschlüssig ob er lachen oder zürnen solle. Wie ist das möglich, dachte er, wie ist es überhaupt möglich, so Fische zu fangen?

»Ich angle nämlich nicht,« äußerte der Fischer, »ich sitze nur mit der Rute so da, damit die Leute nicht über mich lachen, wenn sie mich hier sehn.«

»Sie sind ein Hiesiger?«

»Ich wohne in dem Häuschen hinter uns. Schon viele Jahre gehe ich her, weil es mir hier gefällt. Und angle nicht.«

Lhota blickte in die großen, hellen Augen des Fischers. »Sie sind krank, nicht?«

»Ich kann nicht gehn. Schon seit Jahren. Viele Jahre bin ich nicht weiter gewesen als hier. — Aber hier ist es schön.«

»Tatsächlich,« sagte Lhota unsicher. Unabsehbar zogen sich die kahlen Dämme hin, und zwischen ihnen strömte der breite, graue Fluß.

»Sie sollten bei Sonnenuntergang hier sein,« sagte der Kranke, »oder am Morgen. Ich sitze seit früh hier, und niemals ist mir langweilig oder leer zumute; wenn ich dann abends heimkomme, schlafe ich ohne Traum, Nacht für Nacht schlafe ich herrlich und ohne Traum. Erst im Winter —«

»Was im Winter?«

»Nichts, die Träume. Im Winter kann ich nicht, und ich schlafe bei Tag und bei Nacht, ohne Rast, bis ich vor Müdigkeit nicht mehr schlafen kann. Aber im Sommer bin ich täglich da.«

Lhota blickte sinnend in das Wasser: Es strömte breit und

unförmig dahin, rieb sich mit der unendlichen Flanke an dem Gestein; gewellt, gekräuselt, bewegt, daß ihm die Augen übergingen. Und es war schon kein fließender Fluß mehr; nur ein Rauschen, das nicht verharrt, sondern ohne Ende verläuft und entschwindet; ein Vorbei ohne Grenzen, ohn Ende Vergehen von Allem —

»Auch im Winter träume ich nur vom Wasser,« sagte der Kranke. »Es ist der einzige Traum, den ich ganze Tage und Nächte und ganze Monate träume, nur dann unterbrochen, wenn ich aus dem Schlafe auffahre. Erst im Sommer vergeht er, wenn ich das wirkliche Wasser sehe.«

Lhota schloß in schwachem Schwindel die Augen. »Ich möchte nicht von strömendem Wasser träumen.«

»Nein, das strömt überhaupt nicht,« sagte der Kranke. »Mir träumt nicht von wirklichem Wasser. Es ist das ein großer Fluß, der ohne Regung steht, und auf ihm schwimmen Reflexe. Sie eilen auf ihm dahin wie jene Blätter, welche von der Strömung mitgerissen werden.«

»Was für Reflexe?«

»Gespiegelte Dinge. Ufer, die sich in der Fläche reflektieren. Sie gleiten über das Wasser hin, rasch wie diese Wellen und kräuseln es nicht. Vielleicht kommen sie bis vom Gebirge her. Es sind große Bäume, die sich still und mit der Krone abwärts zu neigen, als hingen sie in einen grundlosen Himmel hinein. Auch der Himmel gleitet auf diesem reglosen Flusse mit Sonne und Wolken und Sternen dahin. Ich sah die Reflexe von Bergen und Dörfern am Flußufer mitsamt den Menschen dahinschwimmen. Ein andermal ist es ein weißes einsames Haus oder ein erleuchtetes Fenster.«

»Das ist ein absurder Traum,« sagte Lhota.

»Ein furchtbarer. Manchmal segelt eine gespiegelte Stadt und Quais mit flammenden Lichtern. Auf der Fläche bebt das Laub der Bäume, als wehte der Wind, aber das Wasser kräuselt sich nicht. Ein Mädchen ringt die weißen Hände und wird weitergetragen. Und ich sehe in der Spiegelung, als stünde jemand am andern Ufer und wollte auf mich blicken oder mir ein Zeichen geben; aber das Bild auf dem Wasser entgleitet mitsamt der an die Augen gelegten Hand.«

Der Kranke schwieg eine Weile. »Und manchmal«, begann er wieder, »ist es nur die brennende Laterne eines verlassenen Hafens am Ufer des Flusses; sie schaukelt wie im Novemberwind, und schwimmt davon. Nichts kann innehalten und nichts verweilt. Nichts runzelt das Wasser und nichts ist oberhalb oder außerhalb seiner. Die Ewigkeit ist fürchterlich.«

Lhota blickte schweigend in das Wasser; Welle um Welle kehrte endlos zu dem Gestein unter seinen Füßen zurück und floß wieder ab in hartnäckigem Spiel, das ihn reizte und beschwichtigte.

»Oft erwache ich,« redete der Kranke, »mit Schweiß bedeckt und zu Tode entsetzt; und da sage ich mir: Die Ewigkeit ist fürchterlich. Welle um Welle kommt, um am Stein zu zerbrechen; Stein um Stein wälzt sich hinab zu den Wellen, die ihn davontragen. Aber ich habe eine Fläche gesehen, die sich an nichts bricht und nicht zerbricht. Lichter und Schatten von Allem gleiten über sie hin. Berge wälzen sich fort und Bäume eilen von dannen; es schwimmen Städte und Felsen, ein Mädchen ringt vergeblich die Hände und Anfang und Ende der Welt gleitet vorbei wie eine Spiegelung. Eine Fläche, die niemals sich kräuselt und zu kräuseln vermag. Die nichts berührt und niemals berühren kann. Und wer hineinblickt, sieht immer nur bloße Reflexe der Dinge fliehen, der Wirklichkeit entledigt.«

Auf dem Damm gegenüber blieb ein Mann stehen und schaute eine Weile zu. »Also was,« rief er endlich, »schnappen sie?«

»Sie schnappen nicht,« erwiderte der Kranke lustig. »Ich sitze gern hier,« sprach er wieder zu Lhota. »Wenn ein Blatt in das Wasser fällt, dann zittert das Wasser, und auch ich zittere, aber ohne Angst. Manchmal bei Sonnenuntergang, da denke ich an Gott. Die Ewigkeit ist fürchterlich.«

Lhota wendete sich fragend.

»Manchmal«, fuhr der Sieche fort, »sah ich ein so merkwürdiges Kräuseln auf dem Wasser, daß man nicht begreifen kann, woher es kommt. Manchmal bricht sich eine Welle und erglänzt schöner als die andern; und es sind auch Erscheinungen am Himmel — das geschieht sehr selten. Und da denke ich mir: warum könnte das nicht Gott sein? Vielleicht ist er gerade das Flüchtigste in der Welt; vielleicht ist auch seine Wirklichkeit ein jähes Brechen der Welle und ein Schimmer; unfaßbar, ausnahmsweise erscheint er, und vergeht ¬ Oft habe ich darüber nachgedacht; aber sehn Sie, ich habe einen so kleinen Horizont, durch Jahre kam ich nicht weiter als hierher. Es ist möglich, daß auch unter den Menschen ein solches Sichkräuseln oder Aufblitzen sich ereignet und wieder zerbricht. Es muß zerbrechen. Die echte

Wirklichkeit muß mit dem Untergang bezahlt werden. Ach, die Sonne versinkt schon.«

Ein barfüßiges Mädchen stand schweigend hinter dem kranken Herrn. »Ja, gehen wir,« sagte der Sieche. »Gute Nacht, Herr. Schauen Sie, jetzt, jetzt,« zeigte er auf den Fluß. »Nie ist es zweimal dasselbe. Gute Nacht.«

Langsam und gleichgültig führte ihn das Mädchen nach Hause. Der Fluß war perlmutterlicht, wechselnd ohne Ende, und Lhota schaute leise schwindelnd dem hartnäckigen Spiel der Wellen zu.

DER WARTESAAL

Ich verbringe die Nacht in der Restauration, dachte Záruba, als der Zug schon einfuhr, oder ausgestreckt irgendwo im Wartesaal; ich verschlafe drei oder vier Stunden, und mit dem ersten Morgenzuge fahre ich weiter. Gott, nur rasch! Noch verbleibt Hoffnung, und Alles kann gerettet werden; ach, so viele Stunden.

Aber die Restauration war schon geschlossen und den einzigen Warteraum erfüllte ein Soldatentransport. Sie schliefen auf Bänken und Tischen, lagen überall auf der Erde, den Kopf auf Tischleisten, auf Spucknäpfe, auf zerknülltes Papier gebettet, das Gesicht zu Boden und gehäuft wie Hügel von Leichen. Záruba rettete sich auf den Gang; es war kalt da, und zwei Gasflammen zitterten gequält in dem feuchten Halbdunkel, das vom Teer und Urin der Aborte stank; einige Menschen fröstelten und gähnten auf den Bänken in der stumpfen Geduld langen Wartens. Aber es war wenigstens ein bißchen Platz da, ein bißchen Platz für einen Menschen, wenigstens ein bißchen Platz für den stillen Schlummer eines Müden.

Záruba fand eine Bank und lagerte sich so warm wie möglich, so fest wie nur möglich; aus sich selbst erbaute er einen Winkel für seinen Schlaf, Bett, Bettleiste, Viereck, Asyl. — Ach, die Unbequemlichkeit, fuhr er aus dem Halbschlaf empor; wie nur die Glieder legen? Lange und angestrengt dachte er darüber nach; schließlich kam ihm der kindliche Wunsch, zu liegen, und er streckte sich auf der Bank aus. Aber die Bank war zu kurz. Záruba kämpfte verzweifelt mit seinem Ausmaß, ergrimmt über einen so rücksichtslosen Widerstand; schließlich lag er gleichsam gefesselt, regungslos, knabenhaft klein, und sah auf die großen funkelnden Kreise, die sich im Dunkeln drehen, auf die kreisenden Scheiben. — Ich schlafe ja schon, durchblitzte es ihn, und in diesem Augenblicke öffnete er die Augen; da sah er den Winkel zweier Wände verschwimmen und ward furchtbar verwirrt: Wo bin ich denn? Was ist das eigentlich? Entsetzt suchte er eine Orientierung, vermochte aber weder Raum noch Richtung zu erraten; da raffte er alle Kraft zusammen und erhob sich. Neuerlich sah er den langen und kalten Gang, aber er sah ihn trauriger als früher, und erkannte, daß er schon durchaus aus dem Schlafe gerissen sei und er verspürte den bittern Geschmack des Wachens im Munde.

Auf die Knie gestützt dachte er über seine Angelegenheit nach. Das Letzte tun, sich für die Rettung einzusetzen, ja, aber noch so viele Stunden! Zerstreut blickte er auf das schmutzige Pflaster des Ganges; er entdeckte zertretene Papiere, ekelhaften Auswurf, den Schmutz von zahllosen Füßen — und das dort ist wie die Form eines Gesichts, Augen aus Kot und aus Speichel der Mund, abscheulich zu lächeln bemüht...

Angeekelt hob er den Blick empor. Dort liegt ein Soldat auf der Bank, schläft mit hintenüberhangendem Kopfe und stöhnt wie ein Sterbender. Irgendeine Frau schläft, eines Mäderls Haupt im Schoße; sie hat ein böses und armseliges Gesicht, sie schläft; aber das Mäderl blickt mit blassen Augen und flüstert etwas für sich; es hat ein langes, vorstehendes Kinn und einen breiten Mund in mageren Bäckchen, eine kindliche Greisin mit traurigen, weiten, fliegenden Augen. — Sieh da, der Beleibte, wie er schläft, aufgedunsen vor Schläfrigkeit, haltlos von der Bank fallend, erstaunt und stumpfsinnig; weiche Masse, die sich auf den ersten Stützpunkt herabwälzt. — Unter einem grünen Hute blinzeln die schwarzen muntern Augen eines jungen Mannes. »Komm her,« pfeift er durch die Lücken der zerfressenen Zähne dem blaßäugigen Mädchen zu; »komm her,« flüstert er und lacht. Das Mädchen windet sich verlegen und lächelt ein furchtbares greisenhaftes Lächeln; sie ist zahnlos. »Komm her,« pfeift der Jüngling und setzt sich selber zu ihr. »Wie heißt du?« Und streichelt ihr mit der flachen Hand die kleinen Knie. Das Mädchen lächelt ängstlich und unschön. Der schlafende Soldat röchelt wie in der Todesstunde. Záruba schüttelte sich vor Kälte und Übelkeit.

Eine Stunde von Mitternacht. Die Zeit schlich quälend langsam dahin, und Záruba fühlte sich von ihr verschleppt, gedankenlos zerzogen in wachsender und zielloser Spannung. Gut, sagte er sich, ich schließe die Augen und halte es so ohne Gedanken, ohne Bewegung so lang wie möglich aus, ganze Stunden hindurch, bis sich die Zeit umwälzt. — Und so saß er starr da, zwang sich, möglichst lange auszuhalten; endlos stockte die Dauer der Minuten, ein Zählen ohne Zahlen, Verzug um Verzug. — Endlich, nach unüberlebbarer Zeit, öffnete er die Augen. Fünf Minuten nach Eins. Der Gang, die Papiere, das Kind, das gleiche verlegene, greisenhafte Lachen ... Nichts hatte sich verändert. Alles war zu unfortschreitender, bleibend naher Gegenwart erstarrt.

Und plötzlich entdeckte Záruba einen Menschen. Er saß regungslos wie er selbst in einem Winkel und schlief nicht. Der ist wie ich, dachte Záruba; er kann auch nicht schlafen wegen der Zeit. Woran denkt er? An das Warten ohne Ende wie ich? Der Mensch erbebte, wie wenn ihm diese Frage unlieb wäre. Záruba blickte unwillkürlich in sein formloses Gesicht; er gewahrte darauf eine unruhige Bewegung, wie wenn jemand eine zudringliche Fliege verjagt. Auf einmal stand dieser Mensch auf, überschritt auf den Spitzen den Gang und setzte sich geradezu neben ihn.

»Ihnen war es unangenehm, daß ich Sie ausschaue,« sagte Záruba gedämpft.

»Ja.« Beide schwiegen lang. »Schauen Sie,« flüsterte endlich der Mensch und wies mit dem Finger auf die Erde, »das da sieht aus wie ein menschliches Gesicht.«

»Ich habe schon vorhin geschaut.«

»Sie haben schon geschaut,« wiederholte der Mensch schwermütig, »Ihnen war also auch so —«

»Wie?«

»Nichts ist schwerer als Warten,« erwiderte der Mensch.

»Wie war mir?«

»Schwer. Es ist schwer zu warten. Was immer auch komme, es ist Erlösung. Warten ist schwer.«

»Weshalb reden Sie davon?«

»Weil es schwer ist, zu warten. Auch Sie haben Gesichter gelesen, geschrieben in Speichel und Staub. Auch Sie haben sich gequält. Nichts ist qualvoller als die Gegenwart.«

»Warum?«

»Weil Warten schwer ist.« Der Mensch verstummte und blickte zu Boden.

»Wohin fahren Sie?« fragte Záruba nach einer Weile.

»Ich fahre nur so,« antwortete der Gefragte zerstreut, »zum Vergnügen. Oft findet man nämlich schöne Städte. Sie fahren so weit, daß Sie bereits an nichts mehr denken, und auf einmal sind Sie an einer solchen Stelle; es ist ein Bach oder Brunnen im Hain, oder Kinder, etwas Unerwartetes und Schönes — und da begreifen Sie überrascht, was Glück ist.«

»Was ist Glück?«

»Nichts. Sie begegnen ihm einfach. Es ist, kurz gesagt, zum Verwundern. Haben Sie je an die heidnischen Götter gedacht?«

»Nein.«

»Das war so: Niemand erwartete sie, und unverhofft erblickte er sie. Irgendwo im Wasser oder im Gebüsch oder in den Flammen. Deshalb waren sie so schön. Oh, wenn ich das ausdrücken könnte! Wenn ich es nur ausdrücken könnte!«

»Warum denken Sie an Götter?«

»Nur so. Dem Glück muß man rasch und unverhofft begegnen. Es ist solch ein besonderer Zufall! Solch ein jähes Ereignis, daß man sagen möchte: ach, welch ein Abenteuer! Ist es Ihnen jemals begegnet?«

»Es ist mir begegnet.«

»Und da war Ihnen wie im Traum. Das Herrlichste ist nur ein Abenteuer. Dort, wo die Liebe aufhört, ein Abenteuer zu sein, wird sie eine Qual.«

»Warum, warum ist das so!«

»Ich weiß nicht. Sie könnte nicht dauern, wenn sie keine Qual wäre. Schauen Sie, die Alten hatten einen einzigen Namen für Glück und Zufall. Aber es war ein Göttername.«

Fortuna, dachte Záruba beklommen. Wenn sie mir begegnete auf dieser Reise! Aber es ist schwer, auf den Zufall zu warten!

»Warten ist schwer,« begann der Mensch wieder, »so schwer und quälend, daß, was immer Sie erwarten, Sie nur eines abwarten: des Wartens Ende, Erlösung vom Warten. So schwer, daß das, was Sie als Erfüllung erleben werden, weder schön noch glücklich mehr sein kann; sondern an sich sonderbar und gleichsam traurig, schmerzlich durch all dies Warten — ich weiß es gar nicht zu sagen. Jede Erlösung ist so: niemals ist es das rechte Glück.«

Warum sagt er das? dachte Záruba; wie, wäre ich nicht glücklich, wenn ich die Erfüllung erlebte?

»Sie haben Gott selber erwartet,« fuhr der Mensch fort; »ach, was für ein Mensch ist da gekommen, um Sie vom Warten zu erlösen? Weder Ansehen noch Schönheit waren an ihm, der letzte der Männer, ein Mann des Schmerzes; unsere Gebrechen hat er getragen und unsere Schmerzen ertragen, so als wäre er gar kein Gott.«

»Warum reden Sie davon?«

»Warten, sehen Sie, ist schwer; selbst einen Gott zerbricht und demütigt es. Erwarten Sie jahrelang irgendein Glück, ein großes und schönes Ereignis; endlich kommt es, irgendwie klein und trübselig wie irgendein Schmerz; aber Sie sagen: ja, Gott, das t es, worauf ich so viele Jahre gewartet habe, auf daß es mich erlöse!«

»Was meinen Sie damit?«

»Damit meine ich: Der einzige Lohn für das Warten ist das Ende des Wartens; und nur darum steht das Warten dafür. Darum, darum ist es notwendig zu warten. Das ist der Sinn unseres Glaubens.«

»Welchen Glaubens?«

»Welchen immer,« sagte der Mensch und schwieg.

Die Leute auf dem Gange erwachten und begannen herumzugehn. Das zahnlose Mäderl war jetzt in den Armen der Mutter eingeschlafen, verloren unter dem Shawl. Etwas Leben strömte durch den Gang; es war ziellos und unordentlich, aber es regte sich und vermochte sich zu erhalten.

»Was haben Sie mit diesen Göttern gemeint?« fragte Záruba plötzlich laut.

»Sie waren schön,« sagte der Mensch; »es genügte bloß Glück oder Zufall, um sie zu erblicken und dadurch selbst ein wenig ein Gott zu werden. Ich denke mir also: wunderlich ist das Glück, so überaus seltsam ist Schönheit und Glück, daß es nur durch Wunder und Zufall geschehen kann. Aber wer wartet, der wartet auf etwas, das geschehen muß; etwas muß kommen, das sein Warten beendet. Sehen Sie, jeder wartet..., auch Sie; wir sind vom Wege der Freude abgekommen, um große Dinge zu erwarten. Ach, warten ist eine große Spannung des Lebens, fast wie der Glaube. Aber je mehr wir warten – – **was immer auch komme, wir werden, wir werden erlöst werden.** Schauen Sie, es ist schon Tag.«

In den Bahnhof wälzte sich ein Menschenstrom herein mit Lachen, Husten und Geschrei. Wie ein großer Besen fuhr der Lärm durch den Gang, fegte die angesetzte Stille fort und blies die verstaubten Stimmen an. Die Passagiere erhoben sich von den Bänken, schüttelten die Spinnweben des Schlummers ab und blickten einander ohne Mißbehagen an, verbündet durch die gemeinsame Nacht. Aber draußen, hinter den Fenstern, dämmerte der Tag.

Der Mensch, der gesprochen hatte, verlor sich Záruba zwischen den Leuten. Eine neue Schar, Fahrkarten, Geschrei und Glockenzeichen – der schwarze und lärmende Zug fuhr in den Bahnhof ein, verschlang die Schar, zischte, fauchte und fuhr dem Ziele zu. Gott, nur schnell, dachte Záruba, noch ist nicht alles verloren: noch bleibt Hoffnung.

H I L F E !

Er wurde gewahr, daß er sich an einem weiten, mit schönen Bäumen bewachsenen Hange befand. Das ist ja Frankreich, erriet er plötzlich, ich bin wohl in einen falschen Zug eingestiegen. Es ist wirklich ein seltsamer Zug, — lauter fremde Gesichter, die über ihn lachen, als wäre er schlecht gekleidet; und der Zug fährt wild, daß die Fenster klirren.

Brož fuhr aus dem Traum empor. Jemand klopfte ans Fenster.

»Was ist?« schrie Brož mit verklebter Zunge.

»Ich bitte Sie,« sagte draußen eine zitternde Frauenstimme, »wenn Sie uns rasch zu Hilfe kämen!«

»Gehn Sie zum Teufel!« erwiderte Brož wütend und wühlte den Kopf in die Kissen hinein. Nur den zerrissenen Faden des Traums einzufangen! den Schlummer eben dort wieder anzuknüpfen, wo er unterbrochen worden! Ein Zug, etwas von einem Zug, zwang sich Brož; und plötzlich fiel ihm peinlich klar ein: Ich hätte fragen sollen, was ihnen geschehn ist!

Er sprang aus dem Bett und lief das Fenster öffnen. Kühl, schwarz wehte die öde Nacht herein. »Wer ist da?« rief er, aber nichts antwortete. Da schüttelte ihn die Kälte, und er ging sich legen; in den Federbetten fand er seine eigene trockene Wärme wieder und genoß sie gierig und unbegrenzt; wieder sanken ihm die Lider und die Glieder lockerten sich zu einem Komma. Ach, schlafen!

Mit weit geöffneten Augen schaute Brož in die Finsternis. Wer das wohl gewesen war? Niemand in diesem Dorf hier kümmert sich um mich. Wer hat bei mir Hilfe gesucht? Es war eine Frauenstimme. Es war eine unsäglich schmerzliche Stimme. Vielleicht ging es ums Leben. Übrigens, ich bin kein Arzt. Aber vielleicht ging es ums Leben.

Zerquält wandte sich Brož dem Fenster zu. Es zeichnete sich wie ein kaltblaues Rechteck in der schwarzen, raumlosen Dunkelheit ab. Nirgends brennt es. Es ist still, nur die Uhr zu Häupten tickt spitzig. Was ist nur geschehn? Was für ein Unglück? Vielleicht ist es in der Nachbarschaft; jemand stirbt; irgendwo wird ratlos mit dem schweren Augenblick gekämpft. Ich bin schließlich kein Arzt.

Aber das Bett knarrt und brennt ermüdend. Brož setzte sich

im Bette auf und nahm gewohnheitsmäßig die Brille. Wodurch vermöchte ich überhaupt, überlegte er, zu helfen? Wie nur zu nützen? Verstehe ich mich denn auf etwas Hilfreiches? Gott, nicht einmal raten, nicht einmal trösten; nicht einmal mit Worten vermöchte ich einen Teil der Last von irgend jemandem zu nehmen; nicht einmal durch Anteilnahme jemand zu stützen. Ich will ja selber nichts, als Ruhe haben; als mich der andern zu entledigen. Was mag da geschehen sein?

Indem fiel es ihm ein, die Lampe zu entzünden. Vielleicht bemerken sie, daß ich leuchte, sagte er sich, und kommen abermals. Ich werde leuchten wie ein Leuchtturm. Kommen sie, so frage ich, was geschehn ist; wenigstens erkenne ich, daß ich wirklich nicht habe helfen können. — Im voraus getröstet bettete sich Brož die Polster hinter den Rücken; gespannt lauerte er, daß das Pförtchen knarren und dieselbe Frauenstimme hinterm Fenster bitten werde. Aber der tickende Gang der Uhr quälte ihn. Vergeblich bemühte er sich, sie zum Stehen zu bringen. Es war drei Uhr. Auf einmal schnürte ihm ein häßliches Gewicht von Unruhe und Erregung die Brust zusammen. Niemand kam.

Zögernd und hastig begann sich Brož anzukleiden. Sicherlich, sagte er sich, werden sie dort leuchten, wo etwas geschehen ist, und ich werde ans Fenster pochen. Sowieso würde ich nicht mehr schlafen. Ich werde dort nichts nützen, aber — vielleicht sind sie so ratlos — Brož verwirrte sich in der Hast und verfluchte leise die Schuhbänder; schließlich gelang ihm ein ungewöhnlicher Knoten, und er lief vor das Haus hinaus.

Er war schwarz, durchaus schwarz. Brož begab sich die Gasse hinab und suchte ein erleuchtetes Fenster; nie zuvor hatte er ein so bis ins Bewußtlose entschlummertes Dorf gesehen, so fremd allem Wachenden, so fremd — nirgends waren klagende Nachtlampen, nirgends ein Lichtstreifen hinter den Fensterscheiben. Entsetzt hielt er inne vor der Kapelle: in den Fenstern zitterte und irrte das matte Licht einer Flamme. Die ewige Lampe, begriff er nach einer Weile und ging weiter; aber nirgends war beleuchtet; überall dunkel, nur etwas Blässe, von den Wänden ausgeschwitzt —.

Leise kehrte Brož zurück und lauschte vor den stummen Häuschen. Wird drinnen kein Jammern ertönen, wird nicht stille Ohnmacht erbeben? Wird keine Frauenstimme weinen? Bebend sondierte Brož die verschlossenen Räume des Schweigens; nichts, kein dichter Atem, nichts — fliegt nicht aus der Weite der Nacht,

aus irgendeiner Ferne, von irgendeiner Seite der Welt ein herz⸗
zerreißender Schrei um Hilfe heran?

Wie fremd ist diese schlafende Welt, die nicht spricht! Die
nicht vor Schmerz aufschreit! Die nicht nach Erlösung ruft!
Wenn jetzt der leiseste Klageruf sich erhübe, würde er nicht
feurig nach ihm langen, würde er sich nicht an ihn lehnen wie
an eine Säule, würde er ihn nicht erfassen wie ein im Dunkel
entzündetes Licht ...

Andern willst du helfen, ertönte es spöttisch und klar in ihm,
und kannst dir selber nicht helfen! Aber was, dachte Brož in
schmerzlichem Erstaunen, ist dem wirklich so? Doch eher darum,
ach, **gerade darum**, weil du dir selber nicht helfen kannst —
wer sich zu helfen vermag, wird sich selber helfen; aber du,
der du dir nicht helfen kannst, hier bist es nicht eben du ...

Brož blieb wie geschlagen stehen. Dir selber kannst du nicht hel⸗
fen? Aber ist es denn wirklich so? Brauch ich überhaupt Hilfe...
von mir selbst oder von irgendwem? Ist mir so schlimm? Gott,
das nicht! Ich lebe ja nach meinem Sinn und mehr will ich nicht.
Nur meine Tage für mich allein zu verleben. Ich habe keine
unerfüllten Wünsche. Vielleicht habe ich überhaupt keine
Wünsche. Mir selbst kann ich nicht helfen... Worin auch. Nie
ist es mir in den Sinn gekommen. Bleibe alles, wie es ist: Tag
um Tag, bis ins Unabsehbare.

Tag um Tag? Brož setzte sich auf einen Eckstein und blickte
unbewegt in die Finsternis, als träumte er heimlich den unter⸗
brochenen Traum zu Ende; oder als träumte er ihn Tag um Tag,
Monat und Jahr, bis ins Unabsehbare. — Nichts mehr verändert
sich; was sollte sich auch ändern? Die Ereignisse fliehen und
die Jahre vergehen; aber Tag um Tag kehrt zurück, so als ge⸗
schähe überhaupt nichts. Ein Tag ist vergangen: was liegt daran?
Es wird ja derselbe Tag, derselbe Tag mir morgen kommen. Nur
wenn die Zeit vergeht!

Und täglich kann ich mir sagen: Ich habe nichts verloren als
einen Tag. Nichts mehr als einen Tag! Warum also diese Angst?
Brož rieb sich hart die Stirn. Ich sollte mich fassen. Ich bin un⸗
ausgeschlafen. Ich bin stehengeblieben, und die Tage sind um
mich gewachsen wie Mauern; Tag um Tag haben sich glatt und
schwer geschichtet wie Wände. Schon erwache ich allmählich:
aber wird es ein neuer und niegewesener Tag sein, den ich ringsum
finde? Oder ein Tag, zusammengesetzt aus tausend vergangenen
— wie Mauern? Und sage ich mir wieder: das ist also wieder

ein weiterer Tag unter tausend aufgerichteten — wie Mauern?
Warum ist er geworden? gestern war doch nur um einen weniger!
Stand es dafür, wegen dieses einen Tages zu erwachen?

Alle Schläfrigkeit fiel plötzlich von ihm ab. Das ist ja ein Ker‍ker, begriff er entsetzt; so viele Jahre habe ich wie im Kerker
gelebt! Weit tat er die Augen auf; ihm war, als erhellten sich
traurig all diese Jahre: seltsam fremd, seltsamer bekannt; alles,
nichts, Tage ohne Zahl... Ach, ein Kerker, riß sich Brož los.
Werde ich denn niemals erwachen in niegewesenem Tag? Warte
ich denn nicht täglich darauf (— ach, Kerker!) und **habe ich
nicht vielleicht immer gewartet**, begriff er plötzlich
(— vergangene Jahre klärten sich auf), ach, bin ich eigentlich nur
deshalb stehen geblieben, um den ungeahnten Tag zu erwarten?

Vergangene Jahre klärten sich auf. Sieh, Gott, flüsterte Brož,
zum Himmel emporblickend, ich verschweige es dir nicht länger;
ich habe auf deine Hilfe gewartet, auf eine wunderbare Erlösung;
daß ein großes Ereignis geschähe, ein jähes Licht in den Ritzen,
und nach heftigen Schlägen in die Tür eine starke Stimme ge‍böte: Lazarus, steh auf! So viele Jahre habe ich die Stimme des
Siegers erwartet; du kamst nicht, und ich verlasse mich nicht
mehr darauf.

Aber wenn ich noch harre, so ist es auf Hilfe und Erlösung.
Auf eine Stimme, die mich aus meinem Gefängnisse ruft. Viel‍leicht ist sie nicht so stark, sondern so schwach, daß ich sie mit
der eigenen Stimme unterstützen muß. Vielleicht ist es keine
gebietende, sondern eine flehende Stimme: Lazarus, steh auf,
uns zu helfen!

— Dir selbst kannst du nicht helfen: wer wird dir helfen?
Wer kommt dich befreien, der du es selbst nicht vermagst? Alles
schläft in unbewußtem Frieden; kindlich piept der Schmerz auf
des Schlafenden Lippen; ein knabenhafter Traum, etwas von
einem Zug, ein flüchtiger Traum zeichnet sich an den Wänden
des Gefängnisses ab. Aber unversehens kommt er — pocht an
dein Fenster und ruft dich aus dem Traume der niegewesene
Tag. Ob du ihn erkennst und unverschlafen aufspringst?

Vielleicht hast du ein Weltbeben erwartet: höre ein stilles,
flehendes Rufen. Vielleicht kommt der Tag, den du erwartest,
gar nicht wie ein Feiertag; nur ein Wochentag, Montag des Le‍bens, neuer Tag.

Über den Wäldern wird es licht.

JOHANNES URZIDIL
STURZ DER VERDAMMTEN

GEDICHTE

LEIPZIG
KURT WOLFF VERLAG

BÜCHEREI „DER JÜNGSTE TAG", BAND 65
GEDRUCKT BEI DIETSCH & BRÜCKNER · WEIMAR

STURZ DER VERDAMMTEN

I.

Gott warf mich aus wie ein Kristall, ein Körnlein war ich schwebend in seinen Gewässern,
ich spannte Tiefe und Höhe, und Höhe und Tiefe schufen mein Angesicht.
Solch Angesicht schuf ich mir, daß ich es trage untröstlich und unwandelbar,
durch maßlos verwobene Vielfalt, daß ich es trage ewig und unwandelbar.
Du Fischer Gott, viel ist seither verflossen.
Kinder trug man in Särglein silbernen Holzes zur kühlen Erde.
An Deinen Angeln winde ich mich verhöhnt und höckerig,
umkränzte mich mit Wiese und Wald und Ebenmaß Deines Gelächters.

Woge, die mich zerschlug, Berg, darin ich erstickt, Frost, daran ich zerbarst
und ihr, Lüste und Schmerzen, Ja und Nein, daraus ich mich wob und wirkte,
ihr seid, ich aber bin nicht. — An Gottes Angeln
schwanke ich matt und verworfen, unwissend, was er mit mir fahe.

Er irrt, ein Gelächter, mir über die Fläche des Herzens,
er zehrt mir an Krippen der Seele und leert sie aus,
er schlägt sich als Atem leise an meine Spiegel,
er schreitet vorüber und hat weder Gruß noch Sinn.

Schwer ist und trostlos unwandelbaren Antlitzes zu sein,
zu verschäumen im Dunkel, zu verhallen in eigener Weite.
Finster schufen wir uns die Welt, erhaben, voll großer Geste.
Doch eh'mals in silbernen Barken war Süße und Licht.

[2561]

II.

Weh uns, weh der Schwere, Schwere schwer ohne Boden, ohne Rast,
weh uns, weh dem Sturze, unendlich entfielen wir Deiner Verneinung, Herr.
Grenze setztest Du, Tod und Verwandlung,
durch tausend Verwandlungen ewig stürzen wir totwärts ins Dunkel.

Unser Fall ist ab und auf, rechts und links, ohne Gegend, ohne Raum,
unser Maßloses hast Du zerrissen zu Vielfalt, verklebt in schmerzlichem Widerspiel,
unser einiger Strahl brach sich an Deinen Flächen und sonderte sich in schwirrende Weltensysteme.

Wehe, wer nimmt von uns Antlitz verzerrt und bresthaft,
Verfluchung unserer Schönheit, die sich aufbaut wie Hohngelächter eines anderen Gottes.
Verfelst sind wir gleich Erzadern in die Kurzatmigkeit Deiner Ordnung.
Mit Dir, Gott, Palisade, haben wir uns gegen uns umgürtet.

Siehe, es ist Frühling, bunter Frühling und alle Frauen werden schön.
Siehe, es ist fahle Herbstzeit und das Gewässer orgelt klagend im Haine.
Soweit ich mich weite in Unmaß der Mitternacht, die smaragden sich auftut:
Zerspalten bin ich in Du und Ich, in Sinn und Gebilde.

Dieses ist unser Sturz, den niemand von uns nimmt, der Sturz der Verdammten:
Gefesselt sind unsere Häupter an diese Scholle Ordnung, die lastend uns mitreißt.

Wissend zu sein, ward uns nicht, Unwissenheit ward uns nicht,
wie flackernder Pechkranz, geschleudert ins Dunkel versinkt unsre Seele.

III.

(Chor der Pferde)

Aus Mühsal der Verschirrung, spitzem Hetzwort, dröhnenden Asphalten,
aus Häuserflucht, die engend uns umwölbt und dem Getön der kriegerischen Städte
auf leisem Floß entglitten wir durch fieberndes Gewässer, drauf der Mond
wie eine Flöte hing, die blanke Münzen in die Wellen träuft.

In diesem Weideland, umsäumt von dem Kristall der Nacht
(Aquamarin ertönt, Topase lächeln da und dort),
in sanften Umriß hingelagert träumen wir durch Stundenflut,
der Hufe Munterkeit ist eine Herde bunten kleinen Feldgetiers.

In Stollen eingekantet und genährt von Fäulnis, drein sich böses Wort wie giftger Ampfer mengt,
war unser Herz ein schwelend Grubenlicht, gehängt an rauhe Klippen, wo kein Halm ergrünt.
Wir barsten in Kolonnen wiehernd schreckenvoll und türmten uns zu schauerlichem Babel der Vernunft.
Wir brachen ein in fahler Vorstadt sonndurchglüht und großer Zulauf zerrt an uns und Polizist.

O Mensch, in Schwere eingebettet, Schwankung zwischen Auf- und Niedergang,
Verwandlung, reinlich abgeteilt vom Grenzenlosen, angeufert an das Nichts,
in sich gesondert weh in Ja und Nein, Versagung pflanzend in das Herz der Welt,
o Mensch, abreiß ich alle Riegel, weh, was zerrst Du meinen wunden Leib.

Satanisch ist Dein Thule, abgeebbt von Gott!

Versargt in schiefgefügte Satzung taumelst Du durch Maskenwirr-
sal unverwandt,
indessen er, pfadlos und süß im Zittern unserer Weichen bebt.
parforcegehetzt von Dir, blutroter Reiter im Geheimnis Deiner Welt.

[2564]

IV.

Auf den Boulevards Deiner Seele wirst Du, o Mensch, einstmals Dir selbst begegnen,
auf den Boulevards und den Brücken, vergeblich beschritten von viel unkundigen Füßen.
Dich wirst Du finden, den dunklen Sucher, von allen verlassen,
der seinen Schatten aufsammelt vom Boden, daß er niemand verletze.

Leise wird Dein Tritt sein von Haus zu Haus, alle Tore wirst Du versperren
und alle Schlüssel schleuderst Du hinter Dich, in die seufzende Schwärze des nächtlichen Flusses.
Du lässest die Straßen sich rollen wie hitziges Blech, Deine Hand zerdrückt die grünliche Frucht der Laternen,
sogar den Hunden und Fledermäusen wirst Du mit fahlem Messer und spitzem Steinwurf begegnen.

Deine Gefährten werden sein die Seellosen, die Bäume und die Gestirne,
alle Pfade wirst Du hinaustragen in die Wüste und sie im Winde zerstreuen,
zwischen Deinen Fingern werden die Dimensionen wie spröde Stäbe zerbrechen
und den Raum, darin Du verkapselt Dich mühtest, reißest Du auf nach allen Seiten hin, maßlos.

Wohl Dir, Du guter Wälzer der Augen, des Eis nicht zerschmilzt zu zeitlicher Träne,
den Gott nicht mehr einsam macht, nicht mehr das Weib mit sinnlos klaffendem Mantel umlauert.
Wohl Dir, Maskenzertrümmerer, Finder eigenen Unheils, Selbstverneiner:
Das schimmernde Sein hast Du zum Nichtsein gemacht und Dich gelöst zu düstergroßer Verklärung.

Endlos ist Dir das wehe Gelände des Schmerzes,
darinnen Du schreitest und schwarzes Brot der Versagung issest,
ewig ist Dir das phosphorfarbene Schlafwandlerlächeln,
das nicht zerschellt in den hohlen Grüften der Erde.

DER UNERLÖSTE SINGT ZUR NACHT

Ich kann meinen Worten nicht mehr entfliehn, o Gott,
sie kommen zu mir auf den Brücken, die Tag und Abend verbinden,
es können meine Lippen die kostbaren Worte nicht
mehr umklammern wie Schätze,
so daß nun jeder sie ergreift und hinhält
in den Bezirk seines zernagenden Lichtes. —
Alle Gebilde haben ihre Namen,
ein jegliches redet seine Sprache in allen Zungen der Erde,
selbst Du, o Gott, enträtst nicht Deines Wortes.
Ich aber will die nicht, so da lärmen und allen gemein sind.
Ich unterwinde mich aus ihren Umgitterungen
meine fastenden Hände emporzudrängen, daß Du mich lehrest
alle die Dinge, die wortlos und ungeboren
noch nicht in Zeit getaucht sind und schweben zwischen Dir und mir.
Und meine Stimme ertönt an den Toren des Abends:
Ist es das Rauschen Deines Mundes, oder die Schlankheit meiner Geliebten,
daß ich bin wie ein Gefäß und schamlos überfließe vor jedem?
Was ist es, das mich erfüllt wie ein Antlitz und ich vermag nicht
es zu erlösen mit meinen Gesang, daß es lebe und wandle?
Siehe, ich suche Dich, Gott, jenseits der menschlischen Wasser,
in den Gebärden der Dinge, daß Du mir Antwort sagest,
und ich entsetze mich, Du möchtest plötzlich
hinschütten auf meine Torheit den Lawinensturz Deines Lachens.
Denn ein Zecher bin ich an Deinen Bänken, o Gott,
und kann mich nicht lösen aus der Umarmung der Dinge,
die Du wie bunte Netze gestellt hast rings um mich her,
daß ich nimmer genese von der Unwissenheit Deines Anfangs.
Doch über das Nackte der Dinge streuest Du aus die Saat Deines Mundes,

und alle singen ihr einfältiges Ich und sind und kreisen
und Du schreitest unter ihnen wie ein Gärtner oder ein Hirte.
Mir aber täte not ein Zuchtmeister meiner Gedanken
und für meiner Brände Springflut ein Herd und sorgliche Wartung,
denn uferlos ist meine Rede unter den Menschen,
die einander heimsuchen und tausendfacher Gespräche pflegen.
Versage mir nicht, o Gott, Einkehr in Deine Gebilde!
Unbändig bin ich und bin außer mir und reiße mein Gewand ab.
Ich zerbreche Deine Satzung, wer da kann, begreife meine Nacktheit.
Meine entfalteten Hände umtasten seit je Dich, den Verwandten,
und streifen an alle die Dinge, die noch der Zeugung bedürftig
jenseits der Worte wohnen und jenseits ihrer Vernichtung.
Ich bin voll von ihnen, o Gott, und weiß nicht sie zu erfassen
und bin ein Tanzender ohne Bewußtsein, mitten in ihrem Geheimnis.
Es ertönt meine Stimme!
Es ragen empor meine Schläfen!
Ich strecke meine Hände nach Dir in die schwarzen Flüsse der Nacht.

DER STÄDTER

Was denn bin ich, daß meine Seele nicht mehr
wie ein Gebirge über die Wälder aufsteigt,
daß ich ausströme und mein Gefäß zersprengt ist
und aller Dinge Schmerz in mir erbraust?

Nicht mehr sind mir sanfte Geschlechter der Blumen,
aufgerafftes Lachen an bunten Pfaden,
kindliches Leid, überdacht von Muttertröstung,
ach, und verwaist ragt mir die entkränzte Stirne.

Nachtcafés begrenzen meine Tage,
Marmorblitz der Säle und Billardstoß,
münzenklangdurcheilte Kellnerhände,
schwarzbewegter Katarakt der Schöße.

Was denn bin ich, daß ich nicht durchbreche
Kampfesordnung feindlicher Geräte?
Weltall donnert hinter Spiegelscheiben.
Meine Seele reitet durch die Nacht.

[2569]

DEM WAHNSINNIGEN

Da meines Atems falbe Säule Dich streifte,
legtest Du groß auf mich Deiner Augen Getöse.
Deine Gedanken: Verzacktes Getürm über krachenden Schläfen,
Deine Worte dem taumelnden Nachtschwalbenflug zu vergleichen.

O, zu sein wie Du, ein Seiltänzer über den Dingen,
verschmäht und verworfen von Leuten trüben Gebläses,
mit aufgeworfener Lippe einsam zu sein in den Scharnieren des
                                                                                  Lebens,
zu sein wie Du und nicht zu verrücken des Grases holdselige Einfalt.

Wenig ist, guter Taten kundig zu sein,
nichts Weckerprasseln und kalte Güsse des Morgens!
O, zu sein wie Du, verschränkt in alle Geräte,
zerschwankt und zerborsten an allen Gebilden der Welt.

DEM ENTSCHWINDENDEN

Ich bin ein Sieb, durchschüttet von dem Korn der Welt,
darinnen alles Grobe sich verfängt
und bin angefüllt mit den Rauheiten der Menschen,
ihr flüchtiges Sein zu umklammern bleibt mir versagt.

Auch Du bist bald geglitten in die Tiefe,
immer weniger wirst Du auf meinem Boden,
meine Maschen sind zu weit für Dich,
Du liebes Korn, Du lieber Mensch.

Ich gebe Dir mit zartes Geräusch der Läuterung,
lese von Dir das Fremde, daß Du rein seist,
gebe Dir mit Sehnsucht, Dich zu behalten,
Du streifst mich ab, unbekümmert und weißt um nichts.

Wann kommt endlich Gebilde, daß ich es fasse,
daß meine Leere erfüllt sei, daß ich es trage,
Korn, tausendfältig erwachsen, seltsamen Duftes,
haftend, schwer und gesund, dem ich nicht mehr Sieb bin.

BESEELUNG

Wer im blitzenden Chorus werktätiger Sekunden
hinschreitet im Dreiklang des Raums, ein Zweikämpfer aller Gebilde,
wenig weiß der um den Dichter, der in den Schwärzen der Nacht
endlos sich auftut über allem, ein kosmischer Versöhner.
Denn, daß er Gott errufe, singt er „o Ding, o Fontaine, o rauhes
Gestein der Straßen"
und treibt das Gewerbe des Müßiggangs, voll Beschwerde und Demut,
er nimmt alle Schwere auf sich und wirft die Dimensionen durcheinander
und läßt das Feindliche in chaotischer Umarmung erbrausen.
Wer ist da, daß er Erbarmen trage mit der Not aller Dinge und
ihres Wieseins Schauder,
daß er ahne Beklommenheit vergossenen Weines,
und Tiefsinn großer Seen, die blank wie Münzen sich ründen?
Mich aber siehe weinen! Zur Pforte bin ich geworden.
Es raffen zum Leben sich tote Atome im Sturz meiner Tränen.
Meines Atems Golfstrom umklammert
die tanzende Heerschar der Nachtgestirne.

LIED DES UNSTETEN

Ich hatte den wahnsinnigen Jüngling verlassen und war durch
            Wälder
vorbeigezogen an krummen Flüssen und endlosem Hügelgelände,
durch viele Täler des Jammers, wo die Gewässer der Klage rauschen
und der Mensch hinsinkt im Diskussturze der Stunden.

Wer ist, der meinen Ruf hört, wer kränzt meine Spur mit lieben-
            den Blüten,
Wirrsälig ist mein Gedanke, labyrinthisch die Rede, doch gut ist
            mein Wille.
O, nicht mehr bin ich wagrecht, überflüssig und voll Überhebung.
Recht tut, wer meinen Gesang schweigen heißt vor dem abendlichen
            Zirpen der Grillen.

Siehe, allen bin ich bereitet, ein Trank, eine Speise,
ich, allverwoben, allfahrend auf den Flößen der Erde,
ich, überall reglos sitzend in den Kathedralen der Nacht,
ich, windflüchtiger Falter, durchtanzend den Lotos eurer Träume.

DER AUSSICHTSTURM

Zwischen eisernem Gebälk, daran der Wind frohlockend sich klammert,
windet mein Tritt sich empor, spiralig zur gläsernen Plattform,
unter mir liegt Gedächer der Stadt, Krümme des Flusses, Gärten und Rebengelände,
unter mir die Eile der Menschen, Wagengerassel und die keuchende Heerschar der Schlote und Dampfmaschinen.

Hier ahne ich Dich, o Gott, sofern ich Dir näher bin um den Atemzug einer Henne,
(ich bin vor Dir so klein, wie der winzige Angler, der in der Tiefe stillen Gedanken nachhängt)
ich häufe Deine Sinnbilder im Dunkel meiner Gemächer,
zugemessen ward mir der Tag und das Nächtliche nach meinem Verdienste.

Dich erkenne ich, o Tod, Du Gleichnis alles Lebendigen,
Du in allem Leben enthaltener, tausendfach verzweigter,
brüderlich immer nahe im Speichenflug der rasenden Automobile,
verschlossen in der dunklen Selbstentäußerung des bräutlichen Beischlafs.

Dich auch vielfältige Zeit, Zweikampf des Todes mit Lebendigen:
Jetzt heben sich die Vorhänge der Theater und nackte Schultern neigen sich über die Brüstung,
jetzt lauert der Gymnasiast vor dem Tor der Geliebten, und der Beamte schließt gähnend das Hauptbuch,
jetzt brüllen die Kälber in den Ställen ein letztesmal, und das Rad der Lafette zerschneidet den Bauch des Gefallenen am Schlachtfeld.

Ich aber will lernen demütig zu sein,

denn wo der Verzückte nieder sich fallen läßt, wie der Erlöser von
der Zinne des Tempels,
wo der Übermäßige auf unsichtbarer Spur weiterhin schreitet in
das Geheimnis der Sphären,
da will ich, Sünder, an eisernem Gerüst abwärts mich tasten zur ge-
brechlichen Erde,

denn vielleicht daß unten meiner jemand wartet. Ich will mich beeilen.
Wer ballt mich zur Kugel, auf daß ich rascher die Serpentine hin-
unter rolle?
Wer schmilzt mich zu glühendem Bächlein ins Herze zu fließen den
wartenden Freunden:
Zu sein einer im andern und die vermessenen Hände zu tauchen in
Quelle der Einfalt.

ERNEUERUNG

Nun haben meine Hände alle Not umschlungen,
auftanzet meiner Freude lichtumflatterter Delphin,
daß ich, emporgeschreckt aus diesen Niederungen,
wieder ein Mensch, hinjauchzendes Gott-Tier geworden bin.

Auftakt des Weltalls ist in meine Brust gestiegen,
die toten Träume, die in ausgeblaßter Nacht
am Horizont wie schwärzliche Gehölze liegen,
sind schweren Atems nun in meinen Tag erwacht.

Weintriefender Kentaur sind meine Sinnlichkeiten,
Gedanke ätherfarben faßt mich in Gestalt,
auch kann ich über Wasser ungefährdet schreiten,
Windstrahl sein und Gelächter, auf einem Mund geballt.

Von meiner Stirn umlaubt sitzt ihr, erstaunte Gäste,
und jegliches in mir wird tausendfach verwandt,
wenn ich mich, Baum, erlösend ob Erdenzwiespalt veräste,
Urtrost bin, nachbarlicher Bruderdruck der Hand.

UNRUHE IN TIEFER NACHT

Oh, wohl sehnt ich in meinem schwanken Tritt
aufbrausender Gestalten frohe Wiederkehr,
oder sag, gehst auch Du suchend durch die weite Stadt,
wenn Nacht ist?
Glaubst Du, ich ahnt es nicht, daß Du zuweilen
aufschrickst in Dunkelheiten vor bangem Ton,
um Deine Lippen die stumme Frage:
Warum quälst Du mich?
Aber ich weiß,
einmal noch wirst Du liebevoll
zärtlich noch einmal Deine Hand auf meinen bebenden Scheitel legen
oder mich suchen
hinter dem Zittern der Fliedersträuche.
Vielleicht, daß ich dann schon fortgezogen bin
tief hinein, wo tausend Welten rollen,
alles von mir werfend.
Aber sollt ich wie ehmals
unstet durch Gassen wandern und Dämmerungen,
Oh daß Du, Grenzenlose, dann in meine Einsamkeiten glittest
schwer und dunkel
und mich umschlössest, so wie damals,
da mir der Gott
glühenden Fittichs ins Antlitz stürzte.

GEBET BEI ANBRUCH DES MORGENS

Einst wohnt ich jenseits
der Dämmerungen,
weinte hinter Wassern
in den Schoßduft der Nacht
den Klagelaut des Fortgedrängten,
nun laß mich beten:
Oh, dir netzt den Fuß
opalfarbene Flut,
mit schlankem Finger der Wind
spielt in Deinem Haar.
Deines Busens Duftschleier hab ich gesucht den langen Tag,
bis draußen zwischen Geröll, zwischen Geklüft die Sonne starb.
Oh, warum bebt Dein Schoß vor mir zurück?
Lag meine Sehnsucht nicht wie ein Tiger Nacht um Nacht?
Siehe, den Zorn des Lebens streif ich wie einen Traum von mir,
bald gleiten, wehe, schon stürzen
in die zyanblauen Geschwader der Nacht
blutrote Sonnenkatarakte.
Dann ist dein Haar
bräutlich gekränzt,
dann ist alles für mich dahin,
fortgezogen die Freudenwelle
über das Meer.

DIE HÄSSLICHE

Aus den vier Ecken der Finsternis
aufwärts steigt die Schale meines Gesanges
voll jauchzender Trauer
herbrausend über die Inseln Deiner Sehnsucht.
Du auch liebst es, Dein rauhes Haar zu bekränzen,
Deiner zerklüfteten Lippen
stetes metallisches Lachen
bricht zwischen Lichtern
und weint vor häßlicher Schönheit.
Sieh, es hüllte der Gott in Gebärden Dich
gleich einem Mißton für die Verständnislosen,
oft auch senkst Du die Stirn in talentsprossene Dunkelheit
oder schminkst Deine Wangen
mit staunendem Kindergelächter.
Denn unmündig sind vor Dir
die einherschreiten auf lärmenden Völkerstraßen,
wer nicht einmal gebar das Unergründliche,
der begreift Dich nicht.
Ich aber bin Deinen Lippen gut,
den immer enttäuschten,
und will Deine Häßlichkeit hinjauchzen über die Firmamente
und singen ein Hundertopfer
Dir, Pilgerin unter den Menschen.

VISION

Du lastest gleich schwarzen Quadern
auf allen meinen Gedanken,
Deiner steilen Brauen
gekrümmte Zypressen
fassen wie Gürtel
die Wachsamkeit meiner Schläfen.

Ich will, Du sollst
zwischen Farbenrädern und bunten Halbmonden
in den Falten meiner Seide
nackte Menuette tanzen,
oder hin mit mir auf goldnen Füßen
über herbe Flachlandschollen rasen,
in den weitgestreckten
Flächen Deiner Hände
Lachen halten und das lockende Getön der Herden.

Nirgends auf den Kanten dieser Welt
ist mir Schlaf bereitet und Versterben,
siehe, ewig ward mir
Flügelschlag der Dämmerungen
Ahnung wilden Torenrufs der Gottheit.

DER KRANKEN FRAU

Wenn ich in der Nacht von Dir gehe,
duften Deine Augen herb wie Wacholder,
ich trage mit mir den leisen Druck Deiner Hände,
und Deiner Stimme Tonfall ist über allen Geräuschen.

Voll süßer Einfalt bin ich, wenn ich Dein gedenke,
voll zarter Traurigkeit und seltsamen Entzückens,
wenn ich fort muß von Dir, fiebert meine Seele,
wie warmem Kindlein vor kühlrauschender Badflut.

Siehe, ich drücke mein Haupt in die Kissen und träume Dich
und meine Lippen bilden dankbar Dein letztes Lächeln nach,
ich träume von der süßen Tulpe Deines Herzens
und daß eine Wärme ist von Dir zu mir.

DER SCHAUSPIELERIN

Wo bleibt Dir nun Opheliens irrer Kranz?
Zerflog tragische Flamme, dunkel auf Deine Brust geschminkt?
Sterntief und zaudernd ist Dein Blick, wer hat Dich denn
fernsüchtig Windspiel neben mich entrückt?

Logenbrüstung schnürte Dich ein, gewaltig tobt
Ausbruch der Hände in beklommenes Parkett.
Ein weißer Trost ist Deine Stirne mir, ein sanft-
bestrahltes Lämmlein im Gebirge meines Traums.

Ein Nachtgesicht ist meine Liebe. Enträtselt nun,
vor deinem Kuß aufjauchzt meine Lippe Vergöttlichung.
Häuserreihe leitet uns heim, zerstört auch ist
gesalbte Ordnung bronzefarbenen Haars.

TOTENKLAGE

Hohl bläst des Todes schwarzer Wind auf meinen Wegen.
Kristall der Stunde jählings springt ins Grenzenlose.
Verstürzen Augen dunkel in der Klage Wasser.
Marmornen Krampfes abseits Du in blauer Mansarde.

War sonst der Tritt nicht sicher und gut in erzenen Gärten?
Der Füße zwiefältiges Hasten und Ein und Aus Deines Atems?
Verzehrt ich nicht meine Speise mit Demut und voll des Dankes?
Abreißen will ich Gott von den Masten und Mälern der Ungerechten!

Starr stehe ich und grausam vor den erkalteten Herden.
Es sterben die Frauen im Licht eines lächelnden Todes,
gleich dem Duft geöffneter Früchte erglänzt ihre Seele.
Aber sie blühten so lieblich im silbernen Atem der Unschuld.

BEGEGNUNG

Das wiegende Schreiten des Mädchens auf der Brücke,
das schlicht erhabene, wovor das Herz mir beklommen still steht,
immer fällt es mir ein im Kommen und Gehen der tönenden Cafés,
oder wenn ich sonstwo einsam lehne und nachdenke.

Wer weiß, wo das Mädchen jetzt sein mag (ich habe ihr Gesicht und ihre Gestalt vergessen,
sicher würde ich sie nicht erkennen, säße sie im Theater neben mir),
aber die süße Demut ihres Dahinwandelns erfüllte mein Herz mit unsäglicher Trauer,
und mit Sehnsucht nach der törichten Einfalt ihrer gütigen Hände in meinen Haaren.

Denn ich weiß, daß die Zärtlichkeit ihres Blickes und ihre Stimme wie dunkles Cello, sanft und verzeihend,
mir entgelten würde den Unverstand der Welt und die Menschen bösen Willens,
und daß die siebenfache Umschnürung meiner Brust sich löste vor dem Frieden ihrer Tritte
(ob ich sie gleich nicht kenne und ein Tor bin, diese Worte zu schreiben).

Denn leicht ist der große Gedanke, die Gebärde oder das Wort,
das losem Pfennig vergleichbar unter dem Volk umherrollt,
doch schwer ist die Demut, und unkundig zu sein des Glücks
der ineinandergeflochtenen Hände.

A B G E S A N G

Verwurzelt bin ich in euere Nacht, ihr Frauen,
legendenentsprungen ich, Ritter Roland, ich, Haimonskind meiner Träume,
Glutbeere war euer Auge, austräufelnd dunkles Opiat der Wehmut,
süß besaitet war euere Stimme, wie leise Regung frühlinghafter Birken.

Ohne Schwere waret ihr, lächelnde Schreiterinnen über den Wohllaut der Fluren,
wohl lebtet ihr in erzenen Städten, in Hall und Schall, in wagenumrasselten Häusern,
ihr waret lichter Saum, grüßende Neigung des Hauptes, Spaziergang allabendlich durch farbige Ufergelände,
nicht dämpfte der Teppich des Wehs das saphirne Getön euerer Tritte.

Weh mir, wo ist nun, daß ich ihn fasse, akkordischer Sturz des Gewandes,
wo zärtliche Mulde geöffneten Schoßes, mein Haupt darin zu vergraben,
wo ist, mein Gott, Atem, der in den Kammern der Brust
sich staut und ausgießt dann über warmen Opal der Sinne?

Ich bin, o Herr, verworfen wie purpurne Flamme im Abgrund,
ich bin, o Herr, versunken wie reisiger Ritter im Strome,
zu nichtiger Asche bin ich zerfallen an der Weißglut Deiner Hände,
verschüttet ist meine Kraft und mein Rest verjährt in trübem Gefäß.

Aber wenn abends großen Getöses rollende Züge in fernen Provinzen verbrausen,

bau ich mich auf, ihr Frauen, und bin eine Gegend, darinnen ihr wandelt,
freundlich benachbart wie mündende Flüsse und sanft in den Buchten ablegt alle Beschwer aus dunklen Häfen des Lebens.

UNTERWELTLICHER PSALM

Es müht sich der Reisende am Morgen in Vielfalt des Aufbruchs
 und Hoffnung ferner Sonnen,
wer aber mitternächtig heimkehrt, schleppt hinter sich das doppelte Bewußtsein seiner Armut.
Denn nur dem ruhig Sitzenden, dem Denker auf dem Steine ist
 die Erkenntnis beschieden,
nicht als Tochter der Begebenheiten, sondern als Weh, urtief aufkeimend, gegenstandslos und ohne Maß.

Ich sehe den klagenden Obolos zwischen verwesten Lippen wehmütig schaukeln:
Oh, wie lächle ich über den Schmerz von außenher, den Schmerz der
 Liebe, des Hasses und der Versagungen der Erde,
den unzulänglichen Schmerz der flehenden Hand und des dunkel
 umfriedeten Auges,
nicht zu vergleichen der schwarzen Bitternis der königlichen Schwermut, die ohne Leib geboren ist und tränenlos waltet.

Denn nur die Verdränger der Zeit aus ihrem Herzen, und die den
 sausenden Raum in ihre Brust gespannt,
einwärts bogen den Tritt und das Schwarze des Auges hinwarfen
 in den verlassenen Schacht ihrer Seele,
wissen ihr fernes Reich und die siebzehn Flüsse des Jammers, die
 es umschlingen. Aber die Wandernden alle
schreiten lieber, die Palmenträger, durch Tore des Lichts und der
 Freude.

KREISENDE MASKE

Alles ward, nur ich bin übrig geblieben,
ich bin nicht und trage mich selbst durch die Nächte.
Allen gabst Du Verwandlung und Gang durch tönende Reigen,
gabst das umwerbende Wort und sandtest die lösende Träne.

Auf dem Gesimse der Stirn da nistet die Schwalbe des Wunsches,
in der geschlossenen Faust entwirkt sich die Blume der Tat,
gabst ihren Herzen Schwermut, den Lippen sanftes Getöse,
wenn der Geliebte des Nachts tälerwärts wälderwärts zieht.

Aber sie wandeln das Antlitz und tauschen Gestaltung der
                                                           Hände,
aber sie wirren die Stimm' und wechseln das Mal der Geschlechter,
spannen sich ein in viel schimmernde Zeit,
spinnen der Räume umflatterndes Kleid,
schnappen der Worte beschatteten Bissen
einer dem andern vom Munde hinweg.

Ich aber bin in mir aufgetan
und Gott ist mein dunkles Gezelt,
die Stirne in Klarheit, die Füße im Wahn,
verstört in den Strom seines Atems gestellt.
Was trag ich Bewußtsein der andern und Tod im Gelände des
Was ists, das in Falten des Hirnes   [Herzens?]
mir tosend ersteht und verfällt?

Mein Wort ist ein Auge
aufsaugend Gewässer der Nacht aus dem Raum.
Nichts kann ich mehr sagen,
kahl sproßt mir der Rede verbitterter Baum.
An Antlitzes Larve,

nachschleppender Rest, häng ich ewig mir an,
indessen die andern
in brausendem Wandern
Genüge getan.

KLAGELIED DURCH DIE SPHÄREN

Ihr Wissenden, Ihr Finder guter Jahrzeit, tiefe Schreiter der Seele,
seht, meine Hände sind einfach, ich breite sie her über die Weiße
des Tisches!
Woher aber nahm ich die Zwietracht meines Hauptes und daß mein
Tag sich ins Irre bog,
woher den ungewissen Opal meiner Gedanken und die Schwere
in meinem flackernden Sinn?

Denn ihr habt die Brücken der Welt gebaut, entschlossene Brüder
seid ihr und Gottes mächtig,
Euere Stunden sind wohlgefügt und die Stunden Euerer Brüder
sind erfüllt wie gute Becher.
Ich aber bin die geheime Krankheit Gottes, die Lüge Gottes, das
Hirnsieb aller Gestaltung,
meine Nächte sind mißlungen in Gedanken und die Liebe des Tages
wucherte auf zu unreiner Anschauung.

Ich ströme nach allen Seiten auseinander und habe keinen Raum.
Fremd ist mir die Süße der Grenzen und das Gestade des Todes
erreiche ich nicht.
Euch aber gab der Herr Gnade der Beschränkung und das Maß
setzte Feindschaft von Vorher und Nachher und gute Baumeister
wurdet Ihr seinem Gesichte.

Woher, Ihr tiefen Wisser, rufe ich auf die weißen Wasser des Sanftmuts,
darin die Zeit sich erschließt und Liebe zur Tat wird, abgekehrten
Gesichtes,
woher, woher denn Ihr vielen, kommt mir dereinst die finstere
Windflut des Abschieds
und zu vergreisen nach Euerem Gesetz und die Heimfahrt des Herzens.

KLAGE DES ERDGERECHTEN

Ich entfuhr den Klüften zerborstener Träume,
beschwert mit dem Erbgut verworfner Gestaltung.
Ich wandle seither, ein weher Verkünder
der tödlichen Grenzen und der Gesetze.
Ich teilte mir Gott in Gewässer und Klippen
süß-bittere Landschaft ließ er sich nieder.
Ich trage den Meßstab erdachter Entscheidung
und spalte das Leben.

Doch sah ich den Pilger,
verschränkt in Geburten und Tode,
den Wanderer wahrhaft um Süße der Wanderschaft willen.
Leicht wiegt ihm das Leben, wie Atem der Schwalben im Sturme,
ist Strom oder Mantel von zehntausend Strömen des Herzens.
Allseitig sein Walten, der Einfalt des Lichtes vergleichbar,
doch selten erglühend, wie leidenschaftlicher Kaktus,
ihm tönen die Hände von Wohllaut und Glanz der Erkenntnis.
Das Antlitz des Weltalls durchschwebt Katakomben des Hauptes.

Es raffen die Sterne das Maß des stürzenden Lichtjahrs
und stocken den Lauf, wo rauschend sein Blick sich entfaltet.
Wir aber durchsausen in zischenden Liften den Abgrund
durch Wahnsinnsetagen und branden in dunkle Bedrängnis.
Und alle Gestirne, darein er kristallen verschmolzen,
der schmerzlose Segler im Windstrahl des Göttlichen, sind uns
ängst toter Systeme kaum schwankende fahle Reflexe,
die magisch verbrüdert hintanzen durch Raumlosigkeiten.

MITTERNACHTSKANTATE AN ALLE VERLASSENEN

Ihr nächtlichen Kavaliere, stahläugig mit Blicken der einsamen Steppenhyäne,
Ihr Demoisellen, vom Monde bläulich getüncht, in frevelhaftem Karmin erstrahlend auf Lippen und Wange,
da Euer Atem schwer geht durch Finsternis und bittersüß duftet wie traurige Nachtschattenblüte,
werf' ich Euch zu den schwarzen Ball meiner Rede, daß Ihr ihn fahet, Ihr guten und willigen Fänger.

Oh, Ihr Kinder der Zahl, nur der Mächtige über die Zahl kann Euch erlösen!
Aus dem Vielen stammt der Tod und die Heerschar der Grenzen ist schwer zu überwinden.
Aber im täglichen Orgelgetöse der Städte seid Ihr Vielfältigmacher und Hüteschwenker,
Tat schmiedet bleierne Ringe um Euere Augen und sitzt vermessen in Euerem kecken Monokel.

Denkt an die Einfalt der Wimpel, die fremd auf Fregatten in mystischen Ozeanen
unkundig sind des Steuermanns und der tönenden Häfen der Heimkehr!
Safrangelb strahlt ihnen fernher der ewige Leuchtturm aus dem Gefärb der Nächte,
doch unerreichbar schwimmt er dahin und maßlose Meerfahrer sind sie im Dunkel.

Denkt, hinter den schwarzen Vierecken der Fenster nisten noch viele Schläfer in sorgloser Atemschwebe:
Ausgenommen sind die Schläfer von allem Gericht. Wer stände auf und fügte dem Schlafenden ein Unrecht?

Die Wasser der Träume schlagen leise an ihren Strand und etwas
lächelt immer über ihr Antlitz
und viel Demut findet Ihr in ihrem Wagrechtliegen, denn alles
Aufrechte hat die Richtung zur Sünde.

Nächtlich gelehnt an bronzenen Kandelaber bin ich gepflanzt Euch
allen ein tröstlicher Versammler.
Denn auch der spitzbärtig schleichende Detektiv hat eine Seele
tiefbrausend in allen Registern.
Oh, Ihr alle, breitet Euere Taten auf das Pflaster und setzet Euch
in einen guten Kreis
und sehet aus grauen Streifen falben Gedächers den Morgen aufsteigen in warmer und zärtlicher Röte.

VERKÜNDIGUNG AN DIE KÖNIGE DER TAT

Immer ist die Tat in einem Sinne ungerecht. Wer ist so kühn eine Tat zu tun?
Zu sickern antipodenwärts und nach Äonen in fernen Begebenheiten auf fremden Inseln zu schwingen?
Die Angst und die siebenfache Verfluchung, wie könnte der Tätige sie vermeiden?
Aber er löst sich grausig von seiner Tat und fällt ab wie dürre Kruste von übler Wucherung.

Verworfen sind die Dramendichter und Ingenieure, die da wissen, daß die Wahrheiten des Lebens nicht auf dieser Erde sind,
und die Häuserbauer und die Soldaten und die Verherrlicher der Zeit und des Breitegrades.
Soviel Raum als zwei Sohlen bedecken genügt um nachzudenken und zu erkennen:
Nur wer die Wahrheit der eigenen Erlösung erkannt hat, wird aller Wahrheiten König sein.

O ihr Menschen! Das Gehirn in Politik zu tauchen frommt nicht. Sehet, wie rein die Hände der Leidenden sind!
Sie sitzen in sich selbst wie in der Tiefe eines Tempels. Wer käme, um sie daraus zu vertreiben?
Sehet an die Stärke der Leidenden: Alle Taten von Aufgang bis Niedergang haben sie überwunden.
Euer Garten ist voll von Eisblumen des Todes, aber die Seele der Leidenden ist von ewig duftender Glut.

Nimm Du, o größter Meister der Tat, Deine kleinste Demut an Deine Brust und senke die Stirne.
Siehe, Dein vollkommenster Prophet sitzt mit zerbrochenen Gliedern auf einem Stein und fügt Dir ein Erbarmen.

Bald wird die Angst Deines Herzens in Wälder fliehen und sich
 hinter Felsblöcken ducken,
denn, siehe, Deine Taten sind uneins untereinander worden und
 stehen wider Dich auf!

TODESGESANG

Ich halte in meinen Händen die dunkle Frucht der Erkenntnis und benenne sie: Frucht des Todes.
Das Wort Tod hat drei Laute und leichthin fügt es die tanzende Lippe des Menschen.
Gelächterbewimpelt, ein Ozeandampfer, brauset das Leben vorüber.
Im Wellenpalmblatt seines Kielwassers schaukeln wir auf, beklommene brüchige Kähne.

Unkundig sind und schwer befallen, die da den Tod in der Ferne suchen.
Es trägt der Erkennende seinen Tod mit sich fort durch die Maskenwanderungen der Erde.
Er kennt weder Eile noch Vor- noch Rückwärts und schwebet in unermeßlichem Ausgleich.
Leben und Tod sind ineinander verschlossen, Sein und Nichtsein gebären sich auseinander.

Ich hege diesen meinen Tod wie ein köstliches Gewächs und nähre ihn mit meinem Leben.
Er verzweigt sich als Baum in alle Glieder meines Wesens und trägt lastende Früchte.
Die bunten Sommervögel des Lebens nisten in seinem Geäst und sein Laub schüttelt der Nachtwind,
Aber unter dem Zelt meiner Stirne breitet sich seine schwarze Krone, mich ganz zu erfüllen.

LIED DES ENTSPRUNGENEN
(Aus der symphonischen Dichtung „Die Straße")

Ein Irrer, langhaarig, schiefen Mundes, eine Geige in der Hand

Will mich Hand des Wärters halten,
werd' ich mich zusammenfalten
wie Papierchen, sanft umfassen,
durch die Gitter wehen lassen.
Wie das Kätzchen giebelschleichend,
auf den Mauersimsen streichend,
bin ich auf dem First geritten
an der Ulme abgeglitten.
Hab' mir auf dem Fiedelbogen
weiße Zwirne aufgezogen.
Will mir keiner Saiten schenken,
muß ich mir die Saiten denken.

(Macht einige Striche durch die Luft)

Herrlich klingt auf meinem Cello
Arie von Paesiello.
Wärtershand ist hinterm Hügel,
faßt sie mich, so droht sie Prügel.
Ehmals war doch alles helle,
war nicht Riegel, war nicht Zelle,
nun ist alles mir zersplittert,
bin gefesselt, bin vergittert.
Leib ist dunkel eingewunden,
aufgeschwollen, unentbunden.

Bin ich nicht als Lamentoso,
Pizzikato, Furioso,
halb gespielt und halb gesungen
einer Partitur entsprungen?

Ehmals war ich ein Andante,
das auf einer Flöte brannte.

Herrgott sprach zu mir sein We r d e
und ich ballte mich zur Erde.
Nun seit fünfzighundert Jahren muß ich um die Sonne fahren,
bis ich mich zu Nichts zertöne, irgendwo zu Ende stöhne.
(Schlägt sich ins Gebüsch.)

CARL MARIA WEBER
ERWACHEN UND BESTIMMUNG

EINE STATION

GEDICHTE

KURT WOLFF VERLAG / LEIPZIG

BÜCHEREI „DER JÜNGSTE TAG" BAND 66
GEDRUCKT BEI DIETSCH & BRÜCKNER, WEIMAR

Necessita 'l c'induce e non diletto
(Dante)

Die Gedichte „Erwachen und Bestimmung" sind ein Halte- und Höhepunkt des gesammelten lyrischen Buches „Der Kreuzweg Stationen eines Anstiegs zum Menschen", das in seiner Gesamtheit einer späteren Veröffentlichung vorbehalten sein wird. Die Stücke dieses Zyklus sind — bis auf eine Ausnahme — ab 1916 entstanden. Ich widme sie dem Gedenken meiner toten Freunde E. C., K. St., J. Z., A. D.

Sommer 1918

Auferstehung, Himmelfahrt

Aus lohenden Ekstasen
Sprang ich zurück zu mir,
Nun bin ich ausgeblasen —
Verklimpertes Klavier.

Im Echo meiner Töne
Vagiere schattenhaft —
Nie hat noch Stadt-Gedröhne
Mich so dahingerafft.

Nüchternen Speichels Ekel
Peitscht meine stumpfe Wut;
In sinnloses Geräkel
Wälzt sich das dicke Blut.

Vorbeigedrehte Wände
Und Häscherarme ruhn.
So müd sind meine Hände —
Weiß kaum, von welchem Tun.

Hast, Herr, sie nicht erkoren
Zum Dienst der Göttlichkeit?
Und bin, ach! ganz verloren
An meine Irdischkeit!

Fanfare sollt' ich werden
Und Sieges-Läufer dein;
Der Paradieses-Erden
Mund sein und Fackelschein!

Was gabest du das Wissen
Um diese Landschaft mir!
So bin ich ganz zerrissen,
Ein Sphärenwind und Tier.

Doch wenn die Uhren schlagen
Verschüttetem Gebein,
Ziehn, auf bekränzten Wagen,
Die wilden Träume ein.

Und morgen, Acucena,
Schluchzt deines Sohns Gebet —
Wer nennt mir die Arena,
In die mein Tanzschritt weht?

Sendung

Nicht sind mehr die Hände zum Reigen verschlungen,
Keine Weite mehr öffnet sich träumendem Fall.
Die Schreie des Lebens sind ausgeklungen:
Uns weckte ein neuer, ein dunklerer Schall.

Der Freund entschwand. Wir standen allein
Vor erloschenem Himmel und klaffendem Grab.
Aufscheuchend warf ein geröteter Schein
Uns schwer in das flutende Chaos hinab.

Geliebte Alleen der Städte erstarben.
Wir schwiegen, verhüllt in Scharlach und Schmerz..
Bis hoch in das Graue an blutroten Garben
Emporschoß der Menschheit brennendes Herz!

Aus Sumpf und Gewässern standen wir auf
Und hatten im Nacken ein morgenlich Wehn;
Hart sprang in die Faust metallener Knauf —
Erde hub an, sich aus Angeln zu drehn.

Wir fühlten der Brüder Opfer und Tod
Und wußten erst jetzt unser Dasein verbürgt.
Ausspien wir der eigenen Schuld gärenden Kot,
Der uns zum Ersticken die Kehle gewürgt.

Da flammte, befreit, ein andrer Gesang
Und fuhr in der Jahre klirrenden Schritt;
In unserem weitausholenden Gang
Zog immer jetzt fernes Donnern mit.

Nun reichen wir Hände zu heiligerm Bund
Als zum Tanz über schimmerndes Erdenrund!
Wir glühen nicht minder — doch ist es die Glut,
Die Gottes Liebe im Menschen tut.

Erneuerung

Wir stehen vorgebeugt an steiler Küste.
Wir müssen uns durch Nachtorkane drehn —
Doch noch ins Flackerfeuer roter Lüste
Fühlen wir kühl den Sternenwirbel wehn.

Zerrissenes Herbstgewölk Blutregen speit
Und wirft uns hin in schwefligen Gewittern,
Daß wir erfrieren an der Einsamkeit
Und klein an Gottes Saume wir erzittern.

Durch das betäubende und stumpfe Hämmern
Des aufgeputzten Wahnsinns tobender Zeit
Zuweilen schon Fanfarenschreie dämmern..
Wir wissen uns zum Sturz der Macht bereit!

Nicht kämpfen wir mit Stahl und Haß und Giften
Für unsere erdentblühte Menschlichkeit —
Es flamme über unsern jungen Triften
Gestirn der Liebe auf und strahle weit!

Gewürm der Nacht, gedörrt und ausgesogen,
Versinkt in klaffendem Schlund .. Tiefe rollt hohl —
Und größren Willens hochgespannter Bogen
Wölbt sich unendlich hin von Pol zu Pol.

Wann tagt der Morgen, der die Feindschaft löst?

Die Stadt versank, in Dämmerung verwoben,
Darüber zag verklungnes Läuten schwebt;
Sie zittert leicht aus Angst vor schwarzen Roben,
Wie sie die Türme in den Abend hebt.

Und lernte nicht im jähen Sturz von Jahren,
Daß solche Schreckensnacht nicht ewig währt..?
Daß hinter Berges sturmzerwühlten Haaren
Stets wieder neu das junge Leuchten kehrt?

Nun stoßen Menschen dort durch welke Gassen,
Mit denen sie am Mittag aufgeschrien,
Und müssen schmählich mit dem Tag verblassen,
In dumpfe Räume ihrer Häuser fliehn.

Wie traurig stehn in Stein erstarrte Wände,
Verschmiert, vom Gift der Flüche angeraucht!
Erstickend schwelen eingesunkne Brände,
Darin sich Gier und Wahnsinn ausgefaucht.

Wenn jetzt die Hand der Liebe auferstünde
Und legte mild sich auf die dunkle Stadt —:
Dann gäben in die Nacht geborstne Schlünde
Gebilde, lichter als der Tag sie hat.

Es würden tanzen Sterne und Kometen,
Von Friedensklängen läutete die Luft..
Aus Gärten, die der niedre Geist zertreten,
Erhöbe sich ein Paradiesesduft.

O Hand, die Kinder in den Schlummer leitet,
In kleinem Lampenlicht ein Glück entfacht,
Die kühlend über müde Stirnen gleitet
Und Tränen der Verlassnen süße macht!

In Gold auf weißen Fahnen wehn Gesetze —
Das Flammenschwert geht schneidend durch die Luft.
Es küßt ein Knabe die geschminkte Metze,
Und alle Krämer fahren in die Gruft.
— — — — — — — — — — — — — — —

Ganz kränklich ist der Spätstern aufgeglommen..
Wann tagt der Morgen, der die Feindschaft löst? —
Es muß ein steppenheißer Wirbel kommen,
Der zischend in die trägen Straßen stößt!

Daß Männer sich besinnen, stirnendrohend,
Und Häuser stürzen über Trug und Schmach —
Und eine große, rote Flamme lohend
Sich losbricht von dem allerhöchsten Dach!

[2609]

„V e r m i ß t"
(März 1915; meinem wiedergewonnenen Freunde L. H.)

Atemloser von Tag zu Tag lief ich in der großen Stunde
des Postverteilens durch das Lazarett,
Gejagt von Unruhe um den Freund, der draußen noch in
den Schlachten steht.
In der bebenden Minute des Abschieds, als mein Zug in
dunkelnde Ferne rollte,
Da war es uns doch gewiß, daß keiner den andern verlieren sollte.
Lang war das Schweigen; dann kamen Grüße und Briefe
— o seltsamer Geschicke Gang:
Ich war nun geborgen, und er warf sein teures Leben hinein in den schauerlichen Gesang!
Der Zuversicht war ich voll; doch dieses zweite Schweigen
packte mich unheimlicher an,
Und schon ahnte entsetzt ich das Verhängnis, noch ehe
der wichtige Mann
Mir harmlos-geschäftig meinen eigenen Brief wiedergab
in die stürzende Hand,
Auf dem (die Blutflecken übersah ich erst ganz!) mit
Bleistift in einer zerknüllten Ecke sehr steif und
ungeschickt das Wörtchen „Vermißt" geschrieben
stand.
O Schmerzgefühle, unsäglich groß! O Wut über das sinnlos-furchtbare Gemetzel! Wie dampften die lösenden Tränen zum Himmel empor!
Oft langte ich die kleine Photographie hervor,
Auf der wir beide in enger, verhaßter Montur Arm in Arm
stehen im heimatlichen Wald;
Und von Rührung und Wehmut niedergerissen mußte ich
oft, immer wieder, wie irrsinnig, den Vers des melan-

cholischen Reiterliedes flüstern: Ach wie bald, ach
wie bald...!
Ich sah die vertraute, gelassene Pose und dachte viel
der Zeiten,
Da wir zweisam in der geliebten Stadt am Rhein die
Straßen wallten, wo ein Gang von weitem
Uns oft entrückte, so daß niemand sprach.
Nun höre ich nie mehr deinen Schritt auf knarrender
Treppe, nun wirst du, ach!
Nicht mehr (die Akten auf den Tisch werfend) dich neben
mir niederlassen,
Dein Mißgeschick beklagend und preisend mein wunderliches Glück, das nicht zu fassen!
Ich werde nicht mehr dein Lächeln sehen über ein etwas
kitschiges Bild, das neu in meiner Bude hing,
Nicht mehr dir von frohen Sommerfahrten erzählen, wenn
hell ein Gefährte mir zur Seite ging.
Keinen Brief, nicht einen neuen Vers mehr kann ich dir
freudig zeigen...
Denn dein Mund, deine Augen schlossen sich zu tiefem
Schweigen.
(Denk' ich des grimmigen, viehischen Mordens in dem
Wahnsinnskessel, wo du mußtest kämpfen
Mit deinem breiten Säge-Messer, mit dem Spaten in
dem Schwall von Dolchen, Kolben, Bajonetten,
Wut und Würgerkrallen und den giftigen Dämpfen:
Unmöglich mir, noch eine Tröstung zu erflehn;
Den Hoffnungs-Zuspruch meiner Kameraden kann ich
nicht verstehn.)
Mein armer Freund! vielleicht liegst du verschüttet jetzt
in selbstgegrabenem Schacht
Und die Verwesung verzehrt deine Hände in gräßlicher,
feuchter Nacht!

Oder zerfällst du gar in der Sonne (niemand holt dich zurück)
Und in den toten Leib noch bohren sich weiße und rote Kugeln, Stück für Stück?

— — — — — — — — — — — — — — —

Wer blickte noch so tief in die Gemächer meiner Seele
Wie du, den mir der Zufall erst und dann die Not gewann!
Wie schrecklich, daß ich nun mit einer unverhofften Begegnung, einem nächtlichen Brief, einer Arie aus heller Kehle
Dir nicht mehr für dein Dasein danken kann!
Unsere Freundschaft war still, brauchte keine großen Worte;
Nur in den Zeiten der Angst mußte das übervolle Herz sich entladen
(Wenn allzuheiß unsre Ader von langem Getrenntsein dorrte —)
Doch oft brauchte man sich zum Troste nur das eine Wort: Wir beide sind da! zu sagen.
Nun bin ich .. allein! (O harte Vokabel, du läßt dich nicht bemänteln!)
Und freier wird meine Brust auch kaum, wie sonst wohl, wenn ich Gefühle ablegte, indem ich sie niederschrieb.
Ist dieses Bild, sind Erinnerungen und einige tote Briefe wirklich alles, was mir von dir noch blieb??

— — — — — — — — — — — — — — —

Nehmen — zur Ausgehzeit — die Straßen, Alleen, die Parkwege (oder ein noch verschneiter Bergpfad) mich auf,
Bin ich ganz von dir erfüllt und unsrer heimlichen Verwandtschaft. Oft pochen den einsamen Lauf
Gesprächige Winde an; schwatzen viel von Zeit und Vergehen — —
— Wozu, ach wozu sind nun unsere Träume geschehen! —

Kinder, frisch und rotwangig von des Winters stürmischen Küssen,
Und Leute, die ich nicht kenne, lächeln mir zu und grüßen.
Alle sind mir so gut! Sie ahnen vielleicht meine Not?
Wohlwollen macht mich verlegen; ich strauchle und werde rot.
Doch hab' ich ein großes Sehnen nach eines guten Menschen Schoß,
In den mein heißes Gesicht ich könnte bergen und schluchzen grenzenlos!
Mitgefühl, süß und erhaben, o wonnige Bruderhand!
Wird euer gesegneter Hafen noch einmal mir winken,
Wenn die schwarze Flut mich wieder bedrängt, ich drohe zu sinken,
Und den einen Schrei nur kennt meine Zunge: Land!?

Vor spätem Schlafengehen

Du löschst ein Licht am Rand der wachen Stirn,
Die, leicht gekräuselt, ahnt den weiten Teich
Süßesten Schlafs. Und stehst nun, fröstelnd, bleich,
Im großen Fensterrahmen ferneren Lichts.
Noch kühlt die Dämmerung. Ein graues Nichts
Hängt mantelgleich sich dir um Aug' und Hirn.

Da klirrt es silbern auf von allen Dächern:
Gesang der Drossel steigt und reckt sein Haupt.
Ein neuer Tag naht sommerüberlaubt!
Will grausames Gestirn zum First erheben —
Du wirst jetzt deinen Leib den Linnen geben,
Nahenden Traums porphyrenen Gemächern.

Du hast ja deiner Stunden Sturm geschlichtet,
Die Augen kochen dir: nun willst du ruhn.
Doch weißt du auch, wie viel Geschöpfe tun
Bald ihr Geschick in dieses Tages Brand?
Wie an erblaßten Horizontes Wand
Unzähliger rote Qual und Tod sich schichtet?

Will dich das Los der Dienenden nicht rühren?
Der Blick, darin sich sanftes Tier verhüllt
Vor dem entmenschten Jäger, wenn erfüllt
Sein kleines Dasein, an das Licht gebaut?
Hofft nicht von diesem Morgen schweißbetaut
Erlösung wer von gräßlichen Geschwüren?

Der du dies tragen magst und hältst noch Freuden,
Die dir ein Kind bringt auf gewiegtem Schritt:
Komm in den Wahnsinn der Arena mit,

Die tobend uns umkrampft mit Blut und Wunden!
Sind dir Gefährten nicht dahingeschwunden,
Die dich geliebt in güldenem Vergeuden?!

Doch du bist müde und du möchtest schlafen..
O du Verwegener mit dem leichten Sinn!
An offner Grüfte Rand taumelst du hin,
Vermessne Eitelkeit im Busen tragend!
Auf anderm Stern, aus deinen Nächten ragend,
Löst sich dein Traum. Dann suche keinen Hafen!

Ahasverlos

Vielscheckig locken heitre Möglichkeiten.
Ich bin bereit, der Stunde zu entschweben.
Ich brauche nur die Arme auszubreiten,
Um warme Freude an die Brust zu heben.
Die Kammer wächst sich aus zu hellen Weiten,
An die ich mein Erwachen könnte geben.
Doch nüchtern in die Dimension gebannt,
Verzuckt sich meine morgenkühle Hand.

Die Gegenstände werden laut, mit Stößen,
Und sind in Nähe rund und greifbar da.
Mich seiner schönen Lüge zu verflößen,
Bedrängt der Tag, kaum daß sein Strahl geschah.
Und, bald umgarnt von Netzen, nicht zu lösen,
Dem Strauchelnden schon höhnt sein Golgatha.
Doch Schwingen gibt es, silbern, lichtgewogen —
Schon stürzt's orkanisch siebenfarbenem Bogen!

Oh, dürfte ich an diesem Tische weilen,
In Schultern betten nachtumflortes Haupt:
Mit den Verlassenen meine Stätte teilen,
Wenn sich von Mitleid diese Stirn belaubt!
Nie braucht' ich mehr der Stunde zu enteilen —
Von keinem Winde würde ich beraubt!
Doch Blut will nicht mehr in den Venen rasten..
Ich muß und muß ruhlos durch Wüsten hasten.

Ahasverlos! Find' ich den Bruder wieder,
Der einst mir seinen Jubel hingeweint — ?
Aus Wolken breche ich in Schlachten nieder
Und bin dem Geist des Bösen ganz vereint.

Bis mich erweckt ein Duft aus nassem Flieder,
Da groß des guten Gottes Sonne scheint.
Heiß schießt ein Lavastrom durch dunkle Poren;
Ich schrumpfe hin.. Wann werd' ich umgeboren??

Gieß mich, du Wesen ungenannt und fern,
In ein Geschöpf, das dir am Saume wohnet,
Dem, kleinsten Kreis umschreitend, milder Stern
Des Monds den müden Abend süß entlohnet.
(Nichts ahnst du, treues Hündlein deines Herrn,
Der ungeheuern Schmach, die mich entthronet!)
Laß mich, mein Gott, im breiten Strom der Vielen
Mein kleines Tagwerk tun, um dich zu fühlen!

Das simple Lied

So sei auch dein Geschick von mir besungen,
Treues Gesicht im wettergrauen Bart!
Wie glänzte dir der Scheitel, schwach behaart,
Als du erzähltest mir von deinem Jungen!

Du hast vielleicht die Nacht nicht gut geschlafen,
Vor Hunger oder Vaterschmerzen tief —
Und dachtest, weh dich werfend, an den Brief,
Den letzten deines Sohnes, deines braven!

Von seiner Kindheit hast du wohl geträumet
(Am Morgen dich besinnend, daß er tot),
Bei deinem dünnen Kaffee dann gesäumet
Und aßest nicht ein einziges Stückchen Brot?

Dich selbst hört' ich von seinem Tod nicht sprechen —
Er ward mir durch die Zeitung zugebracht —
Und wenn du mir begegnest jetzt vor acht,
So wage ich das Schweigen nicht zu brechen.

Dein scheuer Gruß heut hat mir klar gemacht,
Wie dich erfaßt der Jahre Schmach und Schwere —
Und daß die hohen Worte Held und Ehre
Grimmig und himmelfluchend du verlacht.

Wie bist du groß in deiner Traurigkeit,
Die mich (o Dank!) noch herzlich rühren kann.
Treues Gesicht, du guter Biedermann,
Dein Schmerz, er weht ein Stückchen Ewigkeit!

S ü n d e   u n d   S ü h n e

Lechzend Getier hat sich in Schwanenfittich eingekrallt.
Gröhlender Irrsinn dröhnt und schürt das Völkerhetzen.
In Kathedralen und in Menschenleiber die verwüstenden
    Granaten fetzen.
Maschinen haben rings und gellende Kommandoworte
Willenlose Sklavenhorden zu der dampfenden Schlacht
    geballt.
Aus bangem Schweifen schlafzerrissnen Angesichts
Steigt grausam wolkenthüllter Tag, der Todesbringer.
Und rastlos rasen über weißes Winterfeld die wütenden
    Kolonnen.
Von haßverrenkter Bruderhand verschüttet:
Blut ist in den Schnee geronnen,
Das des Sommers freudig aufgewallt,
Das die stählernen Nächte zerrüttet,
Das sich brausend weben wollte in den großen Schwung
    des Lichts!
In krustigen Boden sich krampfen verzuckende Finger ..
Im Verlöschen blaß und kühler Winterabendsonnen
(Schon schwebt verräterisches Leuchten der Rakete)
Erscheint ein letztes Bild aus kleinem Glück und Traum
Zerstäubend schon, dem gräßlich Wissenden,
Verzweifelt sich und wimmernd Wehrenden
Vor ungebetner, schauerlicher Fahrt in kalten Tod und
    leeren Raum.
Ein Leben ist wie tausende zerronnen,
Das einst in vieles Dasein sturmgeliebt verwehte ...
— — — — — — — — — — — — — — —

Alles Werk bleibt unbegonnen,
Das nicht wächst aus erdeninnigem Gebete,

Kein lautes Wort entflleßt des Mundes Bronnen,
Das sich nicht grinsend wieder zu dir drehte.
Aus dem Knirschen erst der Herzen wird die Erde auferstehn;
Befreite Welten werden tönend nachts durch ihren Himmel gehn.
Nicht eine Träne geht verloren in dem dumpfen Unglückshaus,
Zerhackte Opfer lüsterner Gebieter wachen auf aus ihrem kalten Graus
Und stürmen die Bastille aller Menschheit mit geschwungener Flammenhand.
Sie wärmen ihr verkauft Gebein an diesem jauchzenden Morgenbrand
Und wachsen riesenhaft empor vor bröckelnd-grauer Kerkerwand.
Mit Schmacherlösten blühn sie herrlich in den jungen Frühlingstag —
Ein Zeichen tut versöhnter Gott mit Bogen, Blitz und Donnerschlag.
Den Führer seh'n sie kündenden Mundes hoch aus eigenen Reihen steigen;
Vor seinen Blicken, die zum letzten der enterbten Brüder reichen,
Muß sich die blutige Standarte ihrer heiligen Rache neigen,
(Es ebbt das rote Mordmeer hinter sonnbeflaggten Deichen.)
Sie krönen ihn mit hörigem Vertrauen, schönstem Diadem,
Und fühlen seines Palmenszepters lindes Lenzesfächeln
süß ob der entfronten Stirne wehn.

Erwachen und Bestimmung

Nach abgerastem Tag, der schlimme Lust, Verzweiflung,
    Hassen trug
Und mir den Abend, da ich mild zurück mich fand, ver-
    gällte,
Kam eine Nacht, die riesig windgetürmte Wogen schlug,
Mit Wrack und Hilfschrei laut an meine Schlafesufer
    bellte.
Ich sah mich in der Elemente Wut hineingetan
Und spritzte mit der Brandung Donner hoch in rasendem
    Schwung.
Und wieder trieb ich, wunderbar gelöst, in leichtem Kahn,
Auf dunkelrotem See mit meines Bluts Verwilderung.

Doch Sterne zogen am Gewölbe auf
Und gaben Ruhe, wachsendes Besinnen.
Und ließen Scham erglühn, die kein Entrinnen
Mehr gönnte der Gesichte düsterm Lauf.
Ein Strom von anderm Blut war ausgegossen
Und dampfte schwarz und stockend in die Nacht;
Drauf schwammen Menschenklumpen aus der Schlacht,
Gebläht von Schärfe, giftigen Geschossen.
Die Sternenbilder, grauenhaft verflochten,
Sich spiegelten in dem gurgelnden Naß,
Daß Ekel und ein grenzenloser Haß
Mir in den Gaumen und die Schläfen kochten.
Ein Fluch entschwelte dem erstarrten Munde
Vor soviel Gräßlichem mit einemmal;
Der rohe Mord, das Winseln, alle Qual
Zusammenstürzte mir in diese Stunde.
O Scham, zu atmen eine falsche Zeit,

Die aufgetürmtes, unnennbares Leid
Mit Phrasen, Lügen und mit Eitelkeit,
Mit frechen Worten höhnisch überschreit!
O Scham, selbstisch im kleinen Kreis zu liegen,
Wo die Gewalt stachlichten Knüppel schwingt!
Wo Menschheitsschmach von allen Türmen singt,
Im Sattel der Gefühle hinzufliegen!

— — — — — — — — — — — — — —

Ich tauchte, angstgeschüttelt, meine Hände,
Die lustgewohnten, in das dunkle Bad
Und schauerte zu Gott empor und bat,
Daß er dies fürchterliche Schauspiel wende.
Ein Schauspiel?! donnerten die Schlünde wider.
O schnödes Wort! wie fuhr es in mein Hirn!
Das noch der Mund sprach ohn' Bedacht, indes die Stirn
Sich neigte schon vor den Gewalten nieder.
Es sprengte, berstend, die verwachsene Rinde,
Warf den Erlebnis-Fetisch aus dem Schrein,
Daß sich erschrocken mein erwachtes Sein
Schwang in das Weh'n der morgenkühlen Winde —
Doch eh' mich noch der neue Tag umschallte
Und mich verschlug in einen engern Raum,
Ward ich erlöst durch einen dritten Traum,
An den Zertretner ich mich rettend krallte:

Tief in verworrener Wildnis hub es an,
Ein Sausen, das sich tagwärts heller tönte
Und brausend schwoll zu Chören, die (erst süß geahnt)
    erdröhnten,
Als der erste Strahl des Lichts begann,
Der auf mich traf mit unirdischer Helle.
Doch Stimmen standen auf aus dem Gesang, und eine Welle
Von Duft (aus frühen Gärten) und von Jauchzen schlug
    mir ins Gesicht.

Und als sich klärte bald der Sinne heißes Drehen
Und ich mich kühler hob aus dem verwirrenden Gischt:
Sah ich mich ragend auf dem höchsten Punkt gebogener
    Brücke stehen,
Von unten durchgleitenden Schiffen fröhliche Wimpel in
    den Sturz des blauen Himmels zu mir wehen;
Die Arme warf ich weit und sprach zu Menschen, tausen-
    den, beglückten,
Die nach Not- und Elendjahren die verbrauchten Körper
    in den Teich der Sonne bückten.
Meine Stimme sprang in den Taumel neugeborener
    Kreatur!
Jubelnder Schrei schlug lohend empor..
Indes hinauf, hinab an der Ätherwand der versöhnende
    Bogen Gottes fuhr.
Leicht an mein Ohr
Durch das Tosen der Wasser
Kam eine ferne Stimme,
Gütig und furchtbar,
Und sprach ein Wort,
Das ungeheure Wort: **Erwache!**
Da wußt' ich mein Teil,
Zu dem ich geboren;
Sah meiner Brüder wühlendes Leid,
Die verpestete Zeit
Mit fanatischem Grollen
Auf den Flammenwink endlos verschlungener Hände
    in den Orkus rollen.
Sah wieder den göttlichen Bogen
Und Paradiese blühen auf den blutgedüngten Acker-
    wogen.

Erschießung von Gefangenen in der Kathedrale zu Reims

Von gierigen Fäusten hündisch in das Glied gebracht,
Sind sie noch einmal vor gereckter Wand des Gotteshauses furchtbar aufgewacht..
Den kotigen Hohn, mit dem man sie beschmissen
Und all die grimme Angst erlesener Quälereien haben sie vergessen;
Nicht wissen sie mehr, daß sie nachts in fauliger Baracke aufgesessen
Mit runden Wahnsinnsaugen drohend-stickiges Dunkel rings zerrissen
Und sich — schon furchtbarem Gelächter nahe — in das hirnzermahlende Wozu verbissen.
Nur zärtlich fühlen sie jetzt ihre Hände und so kameradschaftlich verkettet
Und sind, mit zuckender Wimper, schwindelnd schon in die Unwegsamkeit des Nichts gebettet.

O dröhnendes Erwachen in vereister Luft der Kathedrale!
Wo sind die heulenden Tuben des jüngsten Gerichts?
Wie jagt über die flimmernde Ebene aufgelösten Gesichts
Einem da die hohe Stunde, wo er ungezählte Male
(Elende Vermessenheit!) zusammenbrach in wohligen Schauern vor dem gotischen Säulenwald;
Der andre schmeckt die fromme Ahnung jenes Kindheitstages bitterlich und kalt
Des ersten Abendmahls mit blauen Unschuldsaugen, Freuden und Geschenken
Und muß unwiderstehlich seiner wogenden Heimat denken.
Doch wird die Hatz der Bilder scheußlich weggefegt
Von dunklen Rohren, drohend auf sie angelegt.

Und schon umhüllt, noch eh' die Todessalve kracht,
Moder die blühenden Leiber der verworfenen Opfer und erstarrende Nacht.

Warum nicht schleudertet ihr weit von euch die mörderischen Waffen,
Da hoffnungslos Entsetzen euch anstierte,
Ihr Schergen, von dem gleichen falschen Wort Vertierte?!
Ihr, die aus gleichem Fleisch und Bein und rotem, wallendem Blut ihr seid geschaffen,
Was warft ihr nicht das Fremde fort, ließet den Finger sinken
Von dem Schlag des lebenzerstörenden Hahns oder ließet den Schuß ertrinken
Hoch in dem Donnergewölbe, dem hallenden (das schon von andern Geschossen
Den Schmerz dieser tobenden Zeit in klaffenden Wunden genossen)?
Glaubt nicht, wenn man euch sagt: dies ist der Feind!
Der blind wie ihr sich treiben ließ zu Hauf
Und nun sich krümmt vor euch, niemals mehr schlägt die erlöschenden Augen auf
Zu dem verschwebenden Himmel, der so Feind wie Freunden scheint!
Barst euch kein Schrei des Mitleids in der Kehle,
Als eure Hände, vergewaltigt von dem Geist der blutigen Befehle,
Sich gräßlich kehrten wider Menschen, wie das Wild gehetzte —
Da euer brüllender Lauf die verschwitzten, aufgezwungenen Kleider unbarmherzig von gewehrgeschundenen armen Schultern fetzte
(Auch achtend nicht der taglang bohrenden Wunden, die schon schlug die verheerende Schlacht)?

Wie hätten diese sündigen Hände herrlich sich entfacht
Am Nacken eurer Brüder, eurer Kameraden sklavischen
    Gehorsams, die ihr nur schnöde umgebracht!
Weil ihr — wie jene — nicht erkanntet, was euch ruhlos
    vorwärts treibt,
Weil ihr — wie sie — dem Moloch opfert, der die ehernen,
    unmenschlichen Gesetze schreibt,
Die für morgen euch das gleiche Schicksal aufbewahren,
Das maßlos teuflischer Durst euch Blutverwirrte heut'
    vollziehen heißt.
In heiliger Wut erwacht auch ihr! Eh' euch die Binde von
    den Augen reißt
Der ewige Tag.. eh' ihr (zu spät!) erkennt,
Daß ausgespieen ihr der Liebe Sakrament —
Und daß einst alle Wesen gut und friedlich
    waren.

Egalité, Fraternité!

Von steilen Wänden rieselt dünn das Leuchten
Erstarrter Mittagssonne, hart und kalt;
Erblindend sind die Fenster von dem feuchten,
Erbarmungslosen Atem zugewallt.

Ein Wintertag blüht in verschneiten Bergen,
Verwahrt in Schönheit, doch nicht allzufern —
Hier wühlen sich der leichtumhegten Schergen
Verbissne Sklaven in Maschinenlärm.

Und ahnen schwach, daß ihrer Pulse Feuer,
Wenn es geschürt, den stumpfen Block zerreißt —
Und über dieses nüchterne Gemäuer
Auflodernd furienhaft ins Blaue beißt!

Doch hart benagt von Unzulänglichkeiten,
Sind sie der Fron verfallen, unbewußt;
Nicht dämmert ihnen in verhangnen Weiten
Das schmale Frührot einer tiefern Lust.

Warum seid ihr mit Dumpfheit zugeschüttet,
Indes ich bade in azurenem Licht?
Wer hat, mit frevlen Listen, so zerrüttet
Eherner Schicksalswogen Gleichgewicht?

Besinnt euch! Rafft die Glut der Fackelbrände,
Die hell in eure ewigen Nächte bricht..
Seht diese züngelnd aufgereckten Hände
Und meiner Aufruhrstimme weißen Gischt!!

Du auch, Tier, mein Bruderwesen!
(Dem toten Maler Marc, dem Franziskus einer entmenschten Zeit, zum Gedächtnis)

Ich bin zum Überströmen vollgetan
Mit Klage und mit einem großen Schmerz,
Der sich aus schwankenden Gebilden saugt und nährt
Und mir den Riß in jedes Dings Gerundetheit entschleiert.
Ein gern geschenktes Lächeln wird zum haßverzerrten Hohn
Und Stirne, die sich tief umdunkelt, wird des heitern Schwebens in dem Raum nicht mehr gewahr.
Auf mein Gesicht traf heute, als im Mittag sich die Straße dehnte,
Ein Blick aus Augen, die schon matt verglasten,
Aus großen Augen, die noch einmal brünstig rückverschlangen
Das Licht und seinen taumelnden Gespensterritt —
Sterbenden Pferdes Blick im Straßenhasten.
Wo ist der Tag mit fröhlichem Gewieher?
Die reichgefüllte Krippe müden Abends?
Nur Schweiß und Arbeit rieb die Lenden durch..
Nun tritt es ohne Dank und Streicheln ab
Und muß auf Steinen jämmerlich verrecken.
Warum springt niemand bei?
Warum ist keiner so erbarmungsvoll,
Daß er verhängte schwindendes Gesicht?
Seid ihr so taub dem Ruf dunkel-verglutenden Auges?
Fühlt nicht, ihr Oberflächen-Betaster,
Wie er tief anklagend, rüttelt an euch?!

Seid nicht auch ihr geschöpft aus Zeit und Erde,
Um wieder euch zu drehn in Schlamm und Tod?

Wer gab euch Recht, zu knechten Kreatur,
Die mit euch teilhat an dem gleichen Tag?

Seid ihr nicht selbst gepfercht in eures Käfigs Wände
Und freßt das Gnadenbrot dem Moloch Tod aus knochig-
    hohlen Händen?
Was wißt vom Leben ihr in euren dumpfen Betten?
Was, Kettenschüttler ihr, von sehendem, wissendem Gang
    durch qualmverschüttete Stadt?
Dies Tier, das teilnahmlos ihr ließet sterben,
Es war dem Leben näher wohl als ihr
Und floß mit Baum und Wolke, Sonn' und Brudertier
Inbrünstiger dahin
Als ihr mit eures schallenden Tuns gemächlichem Ver-
    derben.
Wer von euch blieb in diesem Mittag stehn
Und sprach demütig-groß das rasende Wort: ich bin?
An dieses Daseins schmerzlichem Vergehn
Entzündete sich keine Stirne hehr —
Eiserner Reifen hielt die Schläfen euch,
Und nicht erfand sich eine Spur in euer zugemauertes
    Bereich.
Einsam verlohte unerfülltes Opfer in den blauen Himmels-
    teich
Und brach in weinenden Gewittern nieder auf das ver-
    lorene Häusermeer.

Welt-Fühlen in der Opernpause

Menschenangesichter, dumpf und schwelend,
Stoßt aus dem trüben Schwaden eures Kleinmuts hoch!
Erwacht, ihr Körper, aus morschen Wänden,
Werft euch mit morgengebadeten Händen,
Wachst in das Lichte singend empor!
Widriges Kleingetier, nach Myriaden zählend,
Das vampyrengleich aus euch gesogen,
Muß nun elendig verenden
Im eisigen Hauch aus frühem Sternenbogen.

Ihr siecht und welkt an Giften wolkiger Trance.
Ihr taucht zu tief in euer Seelenbad.
Ihr seid erfüllt von eurer kleinen Welt und übersatt.
Ihr kennt die heiße Zeit nicht mehr, die längst euch überflügelt hat.
Türmt euch zum First der schwindelnden Balance
Aus der Not und dem Chaos, in das euch die wimmernde Mutter gebar —
Habt Rechts und Links und in der Faust ein flammendes Schwert;
Seid zum Kampf für die dämmernde Welt so bewehrt und bekehrt!
Mild schwimme das leuchtende Antlitz über aufblühenden Paradiesen, wo einst Gewässer und Wüste war.

Menschenangesicht, besinne Dich!
Besonnter Morgen bricht aus deinen Augen, hell und königlich.
Nahst du dich:

Es schweigt der Föhn, die Himmel brechen auf, Getier
    und Berge beugen sich.
Tu ab das bauschige Kleid
Der glatten Geste Eitelkeit!
Feindschaft sei ausgelöscht — Güte entflamme dich!
Von Scham des Mordens halte ewig deine Wange rein!
In deinen unvergleichlichen, göttlichen Zügen
Laß den Schnee deiner Kindheit, laß die wirbelnde Erde
    beseligt liegen!
Trost und Hilfe fließe deine Stimme, Bruderstimme, bis
    zum letzten Lampenschein!

Halte Würde, halte Schöne:
Siehe, Glück, das du entfachst,
Wenn du schlummerst, wenn du wachst —
Durch deines Daseins hingegossenes Licht —
Trägt dich steil in Gipfelhöhe, Menschenangesicht!
Daß Tau des Mitleids deinen Scheitel kröne,
Neige dich, neige dich, wehre der Träne nicht!

Und du, du junges, du süßes Gesicht,
Verwahrt in der Loge, von weißen Sonnen magisch um-
    sprüht,
In des Sitzes Tiefe gelehnt zurück:
Schenk' mir noch einmal deinen Siegerblick,
Eh' die Rampe lügenhaft erglüht,
Eh' dieser tanzende Raum mit den schmetternden Far-
    ben erlischt.

OTFRIED KRZYZANOWSKI
UNSER TÄGLICH GIFT

GEDICHTE

LEIPZIG
KURT WOLFF VERLAG

BÜCHEREI »DER JÜNGSTE TAG« BAND 67
GEDRUCKT BEI DIETSCH & BRÜCKNER IN WEIMAR

PHANTASIA DESPERANS

Anmutig, leicht, lebendig!
Einsam auf schneebedecktem Feld:
Doch ist der Hunderthändig
Meines Gedichtes Held.

Der Hunderthändig ohne Kopf!
Doch spielt er mit — einem Schädel.
Macht ihm aus welkem Gras einen Schopf,
Gelb wie der welke Nebel.

Was gilt der Schopf? Nichts gilt der Kopf!
Und ich bin gut und edel.
Der Hunderthändig ohne Kopf
Spielt Ball mit einem Schädel.

FRAGE

Ist deine Liebe wie eine Herde von Wölfen!
Lautlos rennt sie durch die endlose Steppe;
Ihnen heißt der Himmel, der endlos grau
Über den Wütigen hängt, ihr Hunger.

Oder lauerst du auf Beute:
Im Geröll als Natter verborgen?

Wer bist du? Gib acht: eine flüchtige Katze
Nimmt deine Seele mit sich.

CANTATE

Ach, dir gehört die Liebe,
Leichter Flieder!
Und dir gehört die Jugend,
Leben! Tod!

Und zwischen hohen Häusern
Schreiten Mädchen,
Sie schreiten unter blauem
Himmel hin.

Und zwischen grauen Häusern
Spielen Buben.
Dir gelten Mut und Bangen:
Hohe! Welt!

Und dir gehört die Liebe,
Leichter Flieder!
Ach, dir gehört die Jugend,
Leben! Tod!

ABEND

Wenn der Abend uns bezwingt
Und die Klage in uns singt:
Fühlst der bangen Seele Flug,
Weißer Mädchen Atemzug.

Fremd ist Friede, fremd der Streit,
Wann entrinnen wir der Zeit?
Und kein Alter macht uns klug:
Fühlst der Seele Abendflug.

ERFÜLLUNG

Was tun? Du Ranke! Danken!
Dir und der Stunde danken.
Das Glück gibt Demut: Fleisch und Brot
Und Wein — und Tod!

Als hätte ich Sehnsucht gelitten,
Machst du mich traurig.
O Gott, die traute Stunde
Verrät mir, wie böse mein Stolz war.

Glück gibt uns Demut: Fleisch und Brot,
Wein, Weib: von Gott kommt Stolz und Tod!
Was tun? Man darf nur danken
Dir und der frohen Stunde.

ES GIBT DOCH SÜSSE

Es brennt die Scham: denn grabhin zieht
Uns Torheit durch die Stunden.
Ich hätte bald ins böse Lied
Ins Urteil mich gefunden.

Es gibt doch Süße! Zu gestehn
Fällt schwer: ein Kind kann zwingen.
Es bleibt die Scham: denn grabhin sehn
Wir Furcht und Klagen schwingen.

BALLADE

Ein geschändeter Leichnam
Erschlagen im Walde.

Seinen Feinden wehe zu tun
Hat keiner verstanden wie er.

Nacht war's und einsam der Weg,
Da horcht er: Sie lauern ihm auf.

Narrheit ist Betteln, ist Angst,
Verlangt es die Wölfe nach Blut.

Tauch auf! Es enttauchte der Furcht
Seine Seele und lachte der Kälte.

Enttaucht! Wie lüsternen Grimms
Er nach seinem Dolche griff!

Ein geschändeter Leichnam
Erschlagen im Walde.

UNLUST

Die Begierde hat sich schlafen gelegt,
Es bleibt das Fieber.
Der köstliche Mut der Entsagung
Er wäre mir heute gegeben.

Die Liebe aus. Was ich liebte, gelöst.
Die weiblichsten Glieder
Versagend an meiner Ermattung,
Ich sehe sie über mir schweben.

WERBUNG

Durch Hoffen und durch Warten wird
Der Sinn gemein.
Du Holde! Frag nicht lang!
Will dich befrein.

Auf junge Blüten fällt
Nacht: nicht so wunderbar,
Wie gegen deinen Hals
Dämmert dein Haar.

Dein Auge fragt: Mein Wort
Klang fremd: es klang doch rein.
Oh, ich will ewig fremd
Deinem Bangen sein.

Das Müssen und das Leiden schenkt
Kein Abend so klar.
Demütig reicht die Freude
Den Becher dar.

SPÄT NACHTS

Woher dein Licht, entlaubter Hain?
Du schimmerst in tiefem Blau.
Wie Adern sind Deine Äste.
Ist's von der Stadt: der Widerschein?

Ich kam dorther. Die Nacht war trüb und die Gassen
Klangen vom Regen: beim matten Glanz der Laternen
Und sonst von allem Licht verlassen.
O Hain, du nimmst dein Licht aus weiten Fernen!

GESTÄNDNIS

Ich hasse vor allen Dingen den Tod
Und will mich töten.
Dies letzte, verzweifelte Wagen
Ist mir bis heute geblieben.

Wo fährst du hin, verfahrener Sinn
Auf polterndem Wagen?
Es müßte in Scham jetzt erröten
Die Wange mir, könnte ich lieben.

Man wirft sich in die Arme des Tods
Noch immer am besten.
Den Bettel den Bettlern lassen.
Den Tod im Sturze noch hassen!

ERINNERUNG

Es will kein Baum
So wie die Linde blühen!
Und ist: Die Zeit und ist
Der Duft. O Traum.

Es war ein Morgenwind,
Sollt' ich dich küssen:
Ich hätte weinen müssen
Im Morgenwind!

MORGENTRÄUME

Mit der Morgenröte erstem Lohen
Ist ein braunes schlankes Pferd entflohen:
Klingt sein Hufschlag in den hohlen Gassen,
Hat uns alter tiefer Gram verlassen.

Dringt der Hall an unsre Träumerohren,
Weckt er Drang und Lust, die neugeboren
Aller Not entkamen: Ein Versöhnen
Wiegt uns in der Erde dumpfes Dröhnen.

Lassen wir uns wiegen: fort uns tragen —
Fern im Saal, wo Raum und Wände ragen
Wandeln wir dahin mit leichten Schritten,
Alle Schwere ist vom Kleid geglitten.

MELANCHOLIE

Ein nacktes Jungfräulein hängt
An einem Galgen: das Blut, das von Mund und Nase
Und sonst herunter geflossen, bildet im Rasen
Eine rote Lache, die mählich schwarz gerinnt
So wie das Blut der lehmigen Pfützen umher
Mit der sterbenden Abendröte vergeht.
Sie sind: die Pfützen, die Augen der Dämmerung.
Doch gegen das weiße ungeküßte Knie des Weibes
Fliegt ein Rabe: Wie unmelodisch
Ein Rabenflügel sich gegen den Rasen zeichnet
Ehe die Dämmerung ganz herein ist.

UNMUT

Spart euch den Trost! Der Wahnsinn ist
Der Gläubiger der Geschlagenen.
Und ihm verfällt des Elends wache Brut.
Spart euch den Spott.

Denn wie ein Schiff der sturmzerpeitschten Flut
Sind Worte mir zur Last: verhaßt die Blicke
Der Gütigen.

Ich hasse: wenn weit durch das zitternde Land
Der Frühling mit grünschattenden Pfeilen zielt.
Ich liebe es, wenn um der Männer Stirn
Das Grün des Elends spielt.

Ihr seid mir Brüder: in Todes Hirn
Begraben will ich allen freien Mut.

DER EINSAME

Und bald erlischt der Kerze Flackerlicht.
O meine Seele! Jetzt noch ein Gedicht!

Die Welt ist grau und bleiern wog der Tag,
Wie er oft kommt und wie ich ihn nicht mag.
Das Leben ist mir wie die Liebe weit
Und bald umfängt mich tiefe Dunkelheit.

Auf eines Knaben Schulter mein Knabenkuß
Mir Leben noch und Tod durchleuchten muß.

DER INDIVIDUALIST

Ein Weib zu suchen! Wozu? Das Geschäft
Besorgen noch immer hundert und aberhundert.

Sterben! Warum? Die Arbeit
Wird heute von tausend gesunden Männern getan.
Was kann ich Besonderes tun? Ohne Sorge sein.

ABEND

Was wünscht die Seele? Tod zu spenden oder
Sich dem Abend preiszugeben, wie das Rohr
Dem Wind die schwanken Rispen preisgibt: schlanke Rehe
Schmiegen sie sich. Nieder auf sie
Sinkt im Dämmern
Furcht.

TANZLIED

Es gibt kein Schmeichelwort, hold wie dein Tanz.
Und ich muß hier sein, dich zu sehn und frage mich:
Du Schöne, muß ich sein und frage dich
Wie komme ich her? Nicht Leben noch Tod
Ist Trost für mich. Verloren, verloren.
Ich fühle mein Gerippe, hasse mich.
Es gibt kein Wort so traurig wie dein Tanz.

MORGEN

Es hebt sich, senkt sich des Windes Flüstern.
In des Morgens ragende Räume
Stechen die goldenen Zweige der Bäume
Unbewegt: so leicht sind die Blätter.
Trinke! Die Kühle des Morgens in durstigen Zügen,
Süß: wie den Vertrauenden betrügen.

Tausend Lockungen
Tanzendes, springendes
Lichtes, strahlendes Gold!
Traue dem Freund nicht!
Alles sind Lügen.
Einsam ist der Genuß,
Ist die Lust am Gold
Allen gemeinsam die Gier, ich bin nach Einsamkeit lüstern.

SORGE

Schwarzgraue Wolken hangen hernieder,
Das Gewicht der Wolken an der Himmelswage
Vermag die Sorge nicht zu heben,
Die Sorge, die mich zermalmen wird.

Und die Gedanken fliehn
Vor der Not in die Irre.
Und ich spreche zum Freunde, zum guten: Wie alt,
Wie alt und gestorben grau diese Wolken sind!
Keine Glut noch Farbe in ihnen. Ein Totenschädel,
Ein alter Schädel, der nicht mehr im Dunkel leuchtet,
Wäre noch hell gegen sie wie der glimmende Mond.

ERWACHEN BEI DER GELIEBTEN

Die Holde schläft: zu früh bin ich erwacht:
Ein Wort ist süß und gelte diese Nacht.
Ich werd' es heute nicht, nicht morgen tun
Doch irgendwann und selig kann ich ruhn.
Ich töte dich.

WUNSCH

Ein einfaches, leichtes Kleid!
Ein leichter Gang!
Ein Mädchen, das hie und da
Meine Lenden geschmeidiger macht,
Ihm dankbar sein dürfen und eins!
Verschont die Seele.

FREUDE

Durch den blauen See zu schwimmen! Du feuchtes Vergessen,
Durch den klaren Tag zu wandeln! O holdes Erwachen!
Durch eisigen Sturm zu schreiten! Du ewiges Bangen!
O munteres Leben!

WEINLIED

Starker, goldener Wein! Du bist
Wie das Glück im Spiel.

Ewig gleich aus deinem Innern, ob
Wir wild werden, toll werden, bös werden,
Strahlt die Verlockung.

Du und ein fragendes Kind! Ihr weckt
Das arge Wissen in uns, doch ihr
Gebt auch das Vergessen.

Du bist die Lust zu gestehen, bist
Die Lust zu verhehlen, dein
Ist Klarheit und Heimlichkeit.

Ewig gleich aus deinem Innern, ob
Wir traurig sind, ob wir froh sind,
Strahlt die Verlockung.

Und du bist wie die großen Geister.
Du machst uns stolz, bis wir
Hintaumeln, machst uns stark, bis du
Uns umwirfst. Freund, Verführer und Herr!
Denn dein heiliges Sein
Ist nicht erkannt, nicht gewürdigt.

ARISTOGEITON

Drei Frühlingstage war ich bang um dich.
Ich wußte nichts. Doch ahnte ich — Böses.
Schöner Knabe, folgsam der Sünde!
Später vergaß ich.

Drei Wochen später! Da erzähltest du mir.
Ich dachte: daß diese Dinge
Ewig die gleichen sind!
Das ist das Schöne.

Daß er dir Gift geschickt hat!
Weil — du ihn batest darum
In der Stunde der Scham,
Ist schön. Ich mußte doch lachen.

Das Gewissen tilgt den Dünkel nicht.
Und die Götter müssen uns verdammen.
Alles Tun und unsre Einsicht ist
Furchtbare Frechheit.

Einst war mir der Gedanke traurig,
Daß diese Dinge ewig die gleichen:
Jugend, Sünde, Scham, Verwirrung, Erwachen.
Dann fand ich das Ewige schön.

Jugend, Sünde, und: daß du mir all das
Erzählen mußtest: folgsam den Göttern,
Schöner Knabe, dem Tode entronnen!
Wie ich dich liebe!

ZWEIFEL

Ach, wir wissen von keinem Gedanken, wann er
Neu war, von keiner Schönheit, wann sie
Schwand und erschien, von keiner Tat, wir erkennen
Unsre Schuld nicht.

Darum laßt uns verehren, es wäre ja schmählich,
Wollten wir deshalb verehren, weil wir wüßten:
Denn von jeher liebte ein Mensch, ins Hirn dem
Andern zu spucken.

KLAGE UM DEN WEIN

Der Wein, wo kam er hin? Er gab uns Glut,
Dem Geist Besinnung und dem Toren Mut.
Der gute Wein, wo ist er hingekommen?
Ich glaube: die Klugen haben ihn fort genommen.
Die Männer starben. Weiber halten haus.
Der Trost der Klugen hielte den Wein nicht aus.
Der Wein, der würde verraten: es weint das Land,
Es trauert der Geist, nur Bureaumädchen blieb noch Verstand.

ELEND

Komm, schneller Tod. Der Morgen blaut so heiter.
Ich wandle durch die Gassen, Tod, so matt.
Mich stiert ein Kind an. Flammen über die Stadt!
Ein welkes Kind nicht weit von seinem Vater.
Der bange Mann hofft immer weiter.
Tod, leichter Reiter! Flammen über die Stadt!
Komm, schneller Tod!

ERNÜCHTERUNG

Gestorben ist das Abenteuer
Und auch mein Hürchen hat es satt.
Der Morgen graut: Erloschen ist das Feuer,
Das Hündchen Liebe liegt zu Tode matt.

Es mag das Tier nichts Rechtes wittern
Wie wir: seitdem die Lust entflog.
Noch lacht in uns der Spott: ein armes Zittern!
Des Morgens Drohn lügt, wie die Nacht uns log.

[2649]

ÄSTHETIK DES KRIEGS

Nur der erschaut die schönen Berge wirklich,
Der keine Zeit hat, sie zu bewundern.
Die Soldaten im Süden, nicht die Touristen sehn
Die Dolomiten am besten.

Denn die Natur, ob sie schön oder grausam sei:
Für unsre leere Zeit ist sie nicht gemacht.
Und wirklich sieht den Krieg nur einer, der irgendwie
Keine Zeit für ihn hat.

Der Soldat vielleicht, wenn er daheim
Bei seinem Weibe ruht.

HERBST

Der Abendhimmel, grau und taub
Sei Tafel meinem Stift.
Der starren Bäume fahles Laub
Sei meines Liedes Gift.

Das Spiel von Liebe und von Tod
Kann warten keine Stund'.
Noch leuchtet ihm des Waldes Rot,
Noch sind die Karten bunt.

STIMMEN

Er:
Laß mich allein, ich falle zur Beute
Dem, was die tiefste Schmach du nennst.
Das »Morgen« gilt mir nicht, nicht mehr das »Heute«,
Nur eine Stunde noch, die du nicht kennst.

Staub bin ich dann und fremder Stürme Raub und Erde:
Auf mir lastet die Nacht.
Bald schlummert ein Schmerz: Was in mir wacht,
Ist Kummer, Angst, Beschwerde.

Sie:
Du reißt dich los. Ich höre noch: Du sinkst.
Weiß nicht, in welchem Meer du ertrinkst.
Bin ich jetzt die Verlassene, Befreite?
War stets doch die zu jedem Schmerz Bereite.

REUE DES DICHTERS

Meine Gedichte —
Alle miteinander
Verbrennen!
Nur eines schrieb ich
Einstens! das feiert den Mut
Des Helden und heißt: Keine Furcht!
Keine Furcht vor dem Wein!

LIED DER HELDEN

Ob wir liegen und harren oder den Tod
Zu belauern, — hinaus schreiten:
Wir fühlen das Schöne, daß wir nicht wissen, woher
Uns der Mut kommt.

Wir müssen siegen.
Dann haben wir im Frieden mehr zu essen!
Ach, jeden überkommt einmal die Stunde
Der Furcht.

Wo der Tod uns treffe! Einsam oder bei den andern:
Nicht zu wissen, ist gut.
Das göttlich Schöne ist, daß wir nicht wissen, woher
Uns der Mut kommt.

DER UNTAUGLICHE

Es liegt doch ein köstlicher Spott darin,
Sage ich es der Einsamkeit oder einem holden Mädchen?
Es ist doch ein eigentümlicher Hohn Gottes,
Daß ich lebe, wenn Tausende sterben.

Es ist doch ein köstliches Ausruhn,
Sage ich es der Einsamkeit oder einem holden Mädchen.
Ich danke es der ewigen Hoheit
Der Nacht, daß ich froh bin zu atmen.

DER TRINKER AUF DEM SCHLACHTFELD

Du! schläfst im fließenden Wein!
Du! rufst im Traum.
Hier, Tod, hat dein Spiel
Lichten freien Raum.

Resignation.
Du große Stille! Der Ruf nach Heldentum ist
Verzweiflung des Herzens. Und doch gibt es Männer.
Ihr leuchtenden Sterne! Der Ruf nach Schönheit ist nur
Verzweiflung der irren Sinne. Du große Stille!

RUF

Du hoher Ton der Geige! Diese Zeit
Ist nicht die meine und die Tage fliehn.

Du Jubelton der Geige! Ach, es starb
Die Jugend und mich freut kein Siegen mehr.

Du Siegeston der Geige! Ewig frißt
Der Gram! Ihr Armen! Laßt die Bäume blühn.

BEKENNTNIS

Um des Geistes Morgenschlummer
Aufzuwecken, schreibe ich das Gedicht.
Da aus all dem toten Kummer
Eine Stimme meinem Glühen Antwort spricht.

Stimme eines schlanken, frohen
Mädchens, das kein andres Opfer kennt
Als ein Lachen, kühlend: die da lohen
Nachtgeborne Flammen, sonst kein Opfer kennt.

Nimm den ewig grünen dunkeln
Lorbeer auf dein Haupt, wie Feuer brennt,
Berge ragen und die Sterne funkeln:
So bekenne: ob man stolz dich nennt.

Dem erstummt die Welt und Einsamkeiten
Dich im Fragen sternengleich umziehen
Wie im Traume, wenn du meinst zu schreiten
Über hohe Dächer, Türme hin.

MAHNUNG

Stille! Freund! Es lernt sich alles.
Wer die Scham verlernt hat, ist
Jeglichen Verbrechens fähig.

Längst begehrt mein Herz: zu sehen
Wie im Kampf der Feige kühn wird
Und wie aus dem kältesten Grauen
Jäh die Grausamkeit erwacht.

Preist nicht den Gewinn der Arbeit!
Ja: der Durst begehrt nach Säure!
Wohl! Bedenk: Das Herz verlangt nicht
Obst: es will gestohlene Früchte.

Meide Worte, die uns rühren:
Sie verführen, und im Herzen,
Das Verführung schon gekostet
Und verspürt hat, wacht die Tücke.

Schweigt von Gott! Schweigt von der Plage!
Glaubens Reden stört die Andacht,
Stört die stille Scham des Mannes.
Schweigt von Tugend und von Sünde.

Darum still! Und müßt ihr reden,
Sprecht in leichten lockern Worten,
Die den Tänzer nicht beschweren,
Nicht des Weines Licht verdunkeln.

ABSCHIED

Es ertrinken die Sterne
In tiefem Blau.
Des Morgens Kahn ziehn ferne
Schimmernde Segel,
Zeigen uns, wie unergründlich tief
Die schwindende Nacht ist.

Freund! Gefahr und Weib
Gilt. Was? Kopf hoch und munter.
Torheit ist unser Wundern,
Torheit ist das Verachten.
Freund!

ARTHUR DREY
DER UNENDLICHE MENSCH

GEDICHTE

LEIPZIG
KURT WOLFF VERLAG

BÜCHEREI »DER JÜNGSTE TAG« BAND 68/69
GEDRUCKT BEI DIETSCH & BRÜCKNER IN WEIMAR

AUFBRUCH*MUSIK

Die Luft bebt wie ein Schall, der mir gebietet,
Daß ich die Düsterheit der Zeit zersprenge,
Daß alle Stirn, von Sonnen überblütet,
Zu einem lichten Menschentag gelänge.
Gesang von Worten, menschenheiliges Gut,
Die Harfe Ozean, der auferregt
Den Segler Erdgefährten, Strom und Blut
Der Pulse: — ist in meine Macht gelegt.

Wie wird mein Atemdasein heiß und schwer,
Wenn ich mich tief besinne in die Pflicht,
Daß ich der Sprache nachtumtostes Heer
Umfange im gesungenen Gedicht.
Doch wie ich leise, lauter, heller singe,
Erschwebt frohlockend meinem Licht und Blick
Ein Wissen: Daß ich in die Menchen dringe,
Mein Urwunsch Güte in das arme Glück.

Als sei ein Allumlieben zu erschwingen,
Wird mir der Erde stürmisches Gezelt
Voll jubelnd kühnen Lieds verliebtem Singen.
Und schlanke Leiber, flackernd aufgehellt,
Tollen den Tanz der Küsse ... im Gewühl
So linienwild, bis sie, sich überbiegend,
Hinsinken, mild, ein ausgespieltes Spiel,
Dem weich verwirrten Fliederbild erliegend.

Da ist Vergebung. Knaben sinnen treu
Den Ritter wie den Räuber; denn der böse
Entmenschte Feind ist ihnen fremd, und frei
Aufbäumt und beugt sich weite Herrschergröße,
Kein Wille klebt am eignen kleinen Weh.
Und auch der rauhe Mann ist wie ein Kind,

Voll froher Frommheit hält er die Idee,
Daß Sonne, Erde, Mensch das Heilige sind.

Oft hat mein Sehnen vor sich selbst gebebt!
Mein Aufwärtswollen wird auch dann nicht still,
Wenn über meinen Kopf die Welt sich hebt
Und wie ein giftiger See mich töten will.
Wie ein gehetztes Gemsenwild der Felsen
Errette ich den Stolz der freien Höhn.
Und von den Himmeln, da sich Donner wälzen,
Fühl' ich Berufung wogend mich durchwehn.

Zurück! Hinab! Wo irrendes Entsetzen,
Wo Schlacht aufheult und metzelndes Verwühlen,
Geschürt von Führern, die die Völker hetzen,
Wo auf Ministerthronen Schurken spielen,
Wo blühnde Leiber, hingefällt in Stücke
Verklumpten Bluts, und Millionen Augen
In Nacht versinken — Eine Meuchlerclique
Will Krieg, daraus Tyrannenmut zu saugen!

Nicht stöhne, Stimme! Weit wie Firmament
Sei Zorn und Kraft und Heilung allem Dürsten
Des Volkes Mensch! Die waren nie getrennt,
Nur mordgepeitscht von roh' und eitlen Fürsten!
Dein Wutwort, heller Sänger, es zertrete
Die Untat, die in Lügen sich verlarvt!
Bis ein Homer des Friedens im Gebete
Erwachse, weinend brausend hingeharft ...

Wie Blütenflut aus tiefen Wiesen dringt,
So bricht der Klänge Brandung aus dem Sänger,
Der blindgeboren noch die Sonne singt.
Wie einer Krone göttlicher Empfänger

Nimmt er die ganze buntgewirkte Zier
Der endlos wilden Erde ... so geeint
Mit jeder Blume, Pflanze, jedem Tier,
Daß Mensch zu sein uns wie ein Ruhm erscheint!

DU EWIGE

I

Laß mich deine Hände küssen,
Laß mich deine Hände fühlen!
Deine Lichtheit hat zerrissen,
Mich erdrückt mit ihrem Zielen.

O wie ist die Nacht der Augen!
O die weiche Glut der Wangen!
Immer will ich blühend saugen,
Will ich deinen Hauch umfangen.

Könnt' ich mich in Träume schwingen,
Himmlisch wollt' ich dich erheben;
Betend, weinend, jubelnd dringen
Meine Lieder dir ins Leben.

Ein von Blüten süß beschneiter
Morgen ist in deiner Lust.
Löse denn die losen Kleider,
Weiße Sonne deiner Brust!

II

Wie gefangen an den Lippen
Küss' ich deines Atems Laut —
Blickend, trinkend bin ich liebend
Deiner Liebe tief vertraut.

Wie Posaunen tönt die Erde,
Wild und weich in deiner Macht.
Wer hat dieses Bild der Treue,
Deinen milden Blick erdacht?

Oh, in deinen heißen Armen
Ist ein Pressen und ein Ziehen
Wie zum goldenen Vergessen,
Singen, Summen, Saugen, Blühen.

Schweiget, wilde Erdentöne,
Laßt mich sterben, wenn ich lebe,
Laßt mich leben, wenn ich sterbe,
Daß ich mich zum Himmel hebe!

III

Fühlst du dich noch allein,
Mein wildgeküßtes Kind?
Wir wollen die Ewigkeit sein,
Wie unsre Sterne sind.

Wir kennen das dunkle Glück,
Das an sich selbst zerschellt: —
Wir wollen mit einem Blick
Die ganze wehende Welt!

Wir wollen blühend singen,
Wie Kinder, die wandern gehn,
Uns fliehend und knieend umschlingen
Wie eine Welt so schön!

Vom Jubel mitgerissen,
Der über die Erde weht...
Bis wir hinsinken müssen
Auf dunkelnder Wiese Beet —

Auch hier noch müde liebend,
In seligem Empfangen
Von Abend, weich und trübend,
Von Träumen, die aufgegangen.

DER ZWEIFEL

TRAUERMARSCH

I

Wer hat das Schwefelschwarz der Todesnacht,
Den Sturz der Leiber heimlich ausgedacht?

Von Dunst beglitzert ziehen wir dahin,
Unsinnig flackert unser Daseinssinn.

Wir tappen Tänze wie im Singsangspiel,
Am Bühnenhorizont zerplatzt das Ziel.

Als Vagabunden, nur mit etwas Geld,
Begaffen und begaunern wir die Welt.

Selbst Glückesgrübler, Künstler, Staatenlenker,
Die Welt=Erneurer — sind nur Menschenhenker.

Es ist das unheilbare Leidensmal:
Der höchste Aufstieg zeugt die schwerste Qual.

Nur dann erhöht sich unser Menschenschritt,
Wenn er die Schwachgebornen niedertritt.

Doch wie wir uns auch in die Weiten dehnen,
Wir sind verseucht vom engen Erdenstöhnen.

Wir bleiben tolle Tölpel ohne Taten,
Teils voller Wahn, teils in den Schlamm geraten.

Das Erdentsetzen winselt weh und wund
Wie ein getretener verheulter Hund.

II

Weiter als der Wolkenfülle Stürme
Brechen unsre Wünsche ins Getürme

All der dunkel brüllend wilden Zeit,
Die kein Wille von sich selbst befreit.

Festgebunden an die Erdensperre,
Angekettet an das Schmerzgezerre,

Tragen wir den Ekel unsrer Lust,
Pfeile wilder Wachheit in der Brust.

Und wir beten, bitten, singen blind
In den leer verstreuten Aschenwind.

Und wir hängen an den milden Blicken,
Die wir träumen, um uns zu beglücken.

Freunde finden sich im Kämpfermut,
Todverwundet fluchen sie dem Blut.

Heulend, tosend tönen die Fanfaren,
Die den Tod der Erde offenbaren.

III

Der Lärm des Lebens knattert, pfeift und singt,
Ein Hagelsausen, das die Leiber düngt.

Muß an der Erde wie an einem Stein
Die unbegrenzte Brust gekreuzigt sein?

O möchte doch Aufruhrmusik erklingen,
In einen Taumeltraum die Leiber schwingen!

Doch schweige, Lust! Dein Aug' ist nachtbenetzt,
Dein Weg ist todwärts durch den Raum gehetzt.

Wir können nicht die Erdenmacht zersprengen,
Solang wir Tiere sind in Felsenhängen.

Wir können nicht die Sonne niederreißen
Und nicht den Erdball in den Himmel schmeißen.

Wir sind gebannt, auch wenn wir rasend rennen,
An unser Fleisch, das wir den Menschen nennen.

Wir heulen einen tief zerstückten Schrei
Nach einem Sein, das mehr als Dasein sei.

Der kaum Geborne schreit schon Widerstand,
Als fürchte er den erdverfluchten Sand.

Was bleibt an Mut im Elendeinerlei?
Ein bißchen Glück, ein bißchen Narretei.

Man kreischt und zittert in den Erdenklippen —,
Und schweigt verbissen mit zerquälten Lippen.

Die Erdenfreunde sinken Blick in Blick —
Ein letzter Liebehaß zerreißt ihr Glück.

Und über allem brausen die Fanfaren,
Den Tod der Erde grell zu offenbaren.

FRAGENDER MENSCH

Das ist das Stumme meines Angesichts,
Daß ich nichts finde, was den Geist beseelt.
Nicht Welt, nicht Ich, nicht Alles und nicht Nichts:
Wohin mit mir? Mein Tag ist ausgehöhlt.

Was könnte ein Pistolenschuß mir geben?
Was ist der Tod? Ich kann nur immer fragen —
Und wer am Tod verzweifelt, will das Leben;
Ich bin geboren und ich muß mich tragen.

Doch wenn ich Leben will, weil Tod verhüllt ist,
Dann muß ich immer neu mich selbst gebären;
Dann ist das Lustgeheul, das nie gestillt ist:
Mutter und Kind, ein Geben und Begehren.

PIERROT

Ich will ganz leis anfangen: zu sprechen.
... Wenige Laute zuerst ... zitternd ...
Hört ihr das Kichern knacken und brechen,
Das in der Luft ist, gewitternd —?

Noch steh' ich wie mein eigenes Denkmal da,
Bin mir selbst noch zu nah.
Ich muß von mir wegschreiten,
Lachend ... bis ich laut lache.
Bin ich nicht eine famose Sache,
He?
Ach, ich seh':
Ihr seid alle dumm, zu dumm.

Dumm seid ihr ...
Hojoh! Wißt ihr, was eine Nacht ist?
Menschen, sagt es mir!
Ihr wißt nicht, was eine Nacht ist.
Ihr wißt nichts.
Gar nichts.
Ihr seid alle dumm, zu dumm.

Ich muß mein Hirn peitschen, schmeißen,
Weil es träge wird, was es nicht sollte!
Aber mein Maul kann ich noch aufreißen —:
Auweh! (Weiter war's als ich wollte.)

Hui! ...
Hui! Hui!
Ich hab' ein Liebchen, das will ich fangen.
Sie kriegt einen Kuß auf die Wangen —
Schade,
Auch das Küssen ist fade.

— — — — — — — — — — — — — — — — —

Ach Gott! Die Welt ist so weich und gebogen,
Warum sind die Wälder nicht spitz
Und noch spitzer der Himmel?
Um solchen Witz sind wir betrogen.
Alles ist nur immer Trauer
Und schmeckt öde und sauer
Wie alter Schimmel.
Und die Menschen sind ohne Projekte.
Eine hilflose Sekte.

Jetzt werd' ich mich ducken,
Vielleicht auch hinlegen dann.
Und ihr sollt gucken,
Wie gut ich mich totstellen kann.

GUTE LATERNE

Noch weiter gehn?
Was will mir noch die Straße sein?
Die Steine sind noch härter als Matratzen,
Doch auch ein enges Bett will ich nicht sehn.
Verdammte Nacht! Ich hab' mich rumgestritten
Mit bösen Freunden. Jetzt bin ich allein;
Sie sind verärgert mir hinweggeglitten,
Sie wollten mich an meinen Augen kratzen,
Ich sah so treu sie an, daß sie's nicht konnten.

Ihr Blut ist Gift? Ich will davon nichts wissen.
Was darf man wissen? Alles ist verschwommen.
Alles ist Strom, in weiten Strom gerissen —
Ach, wär' auch ich in Arme aufgenommen!

Laternen schwimmen viele. Pflück' ich die gelben Rosen?
Halt, halt, du Welt! Ich kann schon nicht mehr mit.
An eine der Laternen werd' ich hingestoßen.
Wer gab mir in die Kniee diesen Tritt?
Hab' ich zu viel schon Welt in mich getrunken?
Oh! die Laterne, die mich halten konnte,
Ist dicht an mich und ich an sie gesunken,
So dicht, als ob sie mir, nur mir die Nacht besonnte.

Bin jetzt fast ruhig und mir selbst vorüber,
Die Kraft entsinkt, ich bin zu sehr zerfleischt.
Welt, strotzt dein Leib? Er ist Geschwür und Fieber,
Kraft ist nur Tollwut, die in Luft sich kreischt.
So sehr sah ich der Tage Wahnsinn nie,
Die Tierischkeit des menschlichen Gestells.
Was rasen Menschen? Und was schaffen sie?
Sie töten sich den Kopf an einem Fels.

Tut aus der Nacht sich nicht ein Mantel auf
Und legt sich weich und bettend auf mein Hirn?
Ach, käme nie der Morgen mehr herauf,
Das kalte meuchlerische Bleichgestirn.
Und doch, ich seh, die Nacht ist mir nicht weich,
Die Nacht ist nichts, was mich nicht auch verließ.
Ist gar nichts denn für mich, macht mich nichts arm, nichts reich?
Ist das der Tod? — Ein Lebender fragt dies.

Was soll ich jetzt mit mir beginnen?
Der ich mich ganz an die Laterne gebe?
Bin ich denn immer noch bei meinen Sinnen,
Obwohl ich leerer als ein Toter lebe?
Wohin auch sonst ich in der Welt mich bringe,
Mich zieht doch gar nichts an, ich bin so gräßlich lose.
Wenn mir die Zunge aus dem Munde hinge,
Das wäre wirklich keine dumme Pose.
Was sind die Häuser? Grünes Schafsgewimmel.
Und alles schmeckt nach altem Mond und öd.
Und auch der kühle dünne Himmel
Ist fahl und blöd.
Ich hab' nur Angst, daß ein Betrunkner kommt
Wie ein erschreckend=greller Knall.
Wär' ich ein Pferd, so brav und prompt,
Ich schliefe still in meinem Stall.
Wozu erst Wachsein noch, das doch nur gähnt?
Wär' ich nicht Mensch, ich schliefe süß und still.
An die Laterne bin ich hingelehnt
So sehr, daß ich nicht weitergehen will.

DUMPFER TAG

Nehmt endlich, Brüder, mir von meinen Lippen
Den schweren Daseinsschrei, den nie mein Kopf vergißt.
Denn sonst ersticke ich in den Gesträuppen,
In Stadt und Stacheln, die die Erde ist.

Hört ihr den Erdenwahnsinn lachend weinen?
Ein Donner ist in mir, der will so wild erdröhnen!
Der Lebende kann sich nicht selbst verneinen,
Wer einmal Mensch, der muß ein Glück ersehnen.

Kein Traum kann je uns vor uns selbst verschonen.
Wir, Sklaven, sind gepeitscht und wissen keinen Retter.
Wir sehen nicht, in welcher Welt wir wohnen,
Und schwingen schwer in unerkanntem Wetter.

Und ich, ich bin, dem solcher Tage Nacht
Noch mehr als euch sich engt zu Gassen toller Trauer.
Denn unsre Blindheit hab' ich ganz durchwacht.
Ich denke keinen Himmel mehr, nur Mauer.

ERDENFAHRT

Jahrelang ist nichts geschehen,
Nur das Leben vieler Dinge,
Erd' und Himmel war zu sehen
Und des Himmels bleiche Ringe.

Flatternd kann ich mich vergessen,
Wie ein Kind, wie eine Mücke.
Zeit und Ziel sind ungemessen,
Wenn ich in die Sterne blicke.

Auf die Fahrt auf dieser Erde
Geht ein steter Regen nieder.
Wie ein Sein, das nichts mehr werde,
Sinken bald die Augen nieder.

Alle, die im Kreise tanzen,
Die in Städten und auf Bühnen
Ihre Fahnen lustig pflanzen,
Können nur der Erde dienen.

Jahrelang werd' ich die Stunden
Der Sekunden tief begehren,
Werde, ganz an mich gebunden,
Böser Liebling, mich zerstören.

NACHTGEDICHT

Ein Wind ist diese weite stumme Nacht,
Und diese Straße, diese Wüste schwebt,
Die ich so lange schon in mich hineingedacht.

Ist Denken denn ein Trieb, der uns erhebt?
Er tötet alles, was in einer Brust
Lebendig war und blühend unbewußt.

In welchen Kampf will ich mich schlagen?
Erfolg und Macht — es ist doch alles leer.
Und Opfer sein? Wo nehm' ich Götter her?

Vielleicht die Menschen aufwärtstragen?
Ich Narr! Ist Höherkommen denn schon je geglückt,
Da stets Unendlichkeit uns niederdrückt?

Euch Menschen helfen, die ihr elend seid,
Wär' Wahnsinn. Helfen hilft nur falschem Schein,
Denn wo ein neues Glück, ist auch ein neues Leid.

Stets in sein Selbst, wie an den Pfahl gebunden,
Bohrt sich dem Menschen neues Sehnen ein,
Wenn er Beglückung irgendwie gefunden.

Ich aber fühle Leere im Gesicht,
Zu müde wird es mir, als daß ein Glück
Noch jemals Kraft erlange meinem Blick.

Ich will nicht traurig sein und glücklich kann ich nicht,
So bin ich nichts — und fühle manchmal nur
Die kleine Lust zu einem Nachtgedicht.

Und wie an einer Schnur
Geh ich den Schmerz entlang,
Der diese Welt ist und ihr Müßiggang.

DIE UNGESTILLTEN DER SEELE

RITTERNARR

Zu eng ward ihm der Raum der Daseinsfristung:
So stieg er auf sein Roß und ritt die Erde,
Der finstre Ritter in der grellen Rüstung —
Gefolgt von einer dürren Menschenherde.

Er ritt und ritt und suchte die Gefahr
Voll Angst und Qual, voll Mut und hellen Flügen.
Das ekle Dasein, das so heimlich war,
Wollt' er mit seinem eigenen bekriegen.

Er nahm sein Schwert und hieb es in die Luft
Mit solcher Wucht und starrem Widerwillen,
Daß in der Welt vor ihm sich eine Kluft
Zu öffnen schien, um seinen Haß zu stillen.

Und als er lang genug das All durchquert
Und sah, es werde wohl vergeblich sein, —
Da hielt er an, und stieg von seinem Pferd,
Und setzte sich auf einen nackten Stein.

Und stierte in den blinden Dünsteraum,
Als wollt' er dem Lebendigsein entsagen;
Und stierte in den düstern Wolkenschaum,
Als wär' nichts mehr zu sagen noch zu fragen.

Die Wolken tanzten silberschwarz wie Särge
In seinen Augen, die voll krankem Schauer
In schwüle Luft anschwollen: so viel Berge,
Sie lagen ihn zu töten auf der Lauer.

Die Leute hoben ihn in einen Karren
Und fuhren ihren Held aus seinen Schmerzen
Zum Thron. Dort zündeten ihm seine Narren
Vor Glück die spitzen Finger an wie Kerzen.

GANG ZUM SCHAFOTT

Ein Menschenkreis umstellt das Blutgerüst .
Und hungert nach dem Folterakt der Köpfung —
Da kommt der Mörder. Und sein Leben ist
So bleich wie die unendliche Erschöpfung.

Nichts wollen seine hohlen Züge sagen.
Er litt — bis an den großen eignen Knochen
Es nichts mehr gab für ihn, um dran zu nagen.
Die Augen liegen tief wie ausgestochen.

Stumpf geht er. Plötzlich klingt die Sünderglocke
In dünnem Strahl, wie Lachen hell und kalt.
Da hat noch einmal an dem Sträflingsrocke,
Kurz wie vom Blitz, sich ihm die Hand geballt!

AHASVER

Mir hat die Welt auf meinen weiten Zügen
Viel Lust geschenkt. Ich hab' sie stumm vergraben
In meinen Augen — die stets hungernd liegen.
Mich sättigt nicht, was mir die Menschen gaben.

Ich kann nicht ruhn, ich muß die Erde messen,
Glühendes Folterrad an meinem Leibe —
Erst dann wird Glück, wenn ich die Gier vergessen
Und wie ein Fels erkaltet stehen bleibe.

JUNGER KÜNSTLER

Kommt keine Sonne über meine Augen,
Die, noch so jung, schon hohl wie Gräber lagen?
Ich will den Freund mir aus den Büchern saugen,
Die meine früh gepreßten Qualen tragen.

Und wie gedrosselt stockt mein tiefes Weinen
Nach Armen, die ich um die Schultern führen
Wollte, ganz dicht. Auch nicht das tiefste Weinen
Löst meinen Leib aus seinem großen Frieren.

DER DENKER

Ich weiß nicht, was ich bin. Mein Weg läuft schief
Um mich herum, ein wirres Kreiselspiel.
Mein Denken, das zwar immer nach mir rief,
Sagt mir nicht, was ich bin, sagt mir kein Ziel.

Nie kann etwas in mir mich ganz begreifen.
Denn wie begriffe ich dies Etwas dann?
Ich kann Begriffe auf Begriffe häufen:
Und wo man aufhört, fängt's von neuem an.

Wo münde ich, wo ist mein Urbeginn?
Stets bleibt ein Rest beim Spalten und Umspannen.
Blöd scheint der Schrei nach all des Daseins Sinn:
Alldasein ist durch Denken nicht zu bannen.

Können wir nichts als endlich wahr erkennen?
Wir wissen nicht, ob wir Bestimmtes wissen.
Wir dürfen immer nur so weiterrennen,
Wie Blinde fressend, hungernd und zerrissen.

Und stets die Frage, die sich selber fragt
Nach etwas, das man ist und hat und hält!
Es ist das Klagen, das schon nicht mehr klagt:
Nicht als nur da zu sein und ohne Welt.

Sonne ist Nacht, denn Freude ist nicht mehr!
Was könnte ich mit Freude mir gewinnen?
— Doch der, der fragt: ist jede Fülle leer?
Kann der denn jemals in ein Nichts zerrinnen?

Man lebt, ja, Haß in Menschen und in Herden,
Als sei's ein Wert: größer zu sein als klein.
Wer reicher wird, muß arm an Armut werden,
Wer ärmer wird, wird reich an Armut sein.

Streck' ich mich noch? Ich Wurm. Was ist in mir,
Das je sich selber überragen könnte?
War je ein Mensch, war je ein wildes Tier,
Das (wie ein Gott!) sich von sich selber trennte?

CLOWN

Ich taumele in einem wirren Traum,
Da ich doch nie mit mir am Ziele bin.
Wie meine Krause bin ich nichts als Schaum,
In hellen Farben schillernd ohne Sinn.

Ich falle einen langsam steten Schritt,
Wobei ich jedes Bein für sich betone.
So schlepp' ich mich herum, und jeder Tritt
Ist wie der Ausspruch, daß es sich nicht lohne.

Doch niemand ist, der mich voll Trauer wähnt
Und Lüge sieht in meinem Lachgebell.
Und daß dahinter eine Sehnsucht stöhnt,
Merkt niemand, denn ich scheine froh und hell.

ALTERNDER MIME

Ich stürmte jung voll Freiheit auf die Bühne,
Berauscht von Sternen, die ich hell erdacht,
Daß ich der Erde wie ein Herrscher diene,
Dem Kampf der Liebenden in Sturm und Nacht.

In qualzerrissne Sinne wollt' ich dringen,
Mein wildes Wort und Sonnenjubelspiel,
Es sollte einen neuen Traum erschwingen
Für Menschenlust und Erdenmitgefühl.

Es mag geschehen sein, was ich gewollt,
Die Freunde haben meinen Kampf geteilt.
Doch selber, scheint es, hab' ich mich vertollt
In Nichts, ob ich gejauchzt, ob ich geheult.

In Trauer mußt' ich meine Frohheit schminken:
Nun fühl' ich kaum noch meines Lachens Sinn.
Es ist so leer, wenn mir die Leute winken,
Da ich vergessen habe, wer ich bin.

Mir dünkt jetzt nur noch eine einzige Geste
Als wahr. Nicht, wenn ich eine Frau liebkose,
Nicht, wenn ich küsse, tanze und mich mäste —
Nur die, wenn ich die Menschen von mir stoße.

DER KRANKE SÄNGER

Wo nehm' ich die Geduld her für mein Leben?
Der Giftschwamm wuchert und zersaugt die Brust.
Mein Blick ist stumpf und hohl dem Tod gegeben.
Zertreten liegt die heitre Sängerlust.

Wie anders früher! Als sich mir die Bühne
Zur Welt geweitet und die Menschenklänge
Noch voll aus mir erströmten — wie die kühne
Gewalt des Gottes, siegende Gesänge!

Nun stöhnt so heiser, mühsam, ohne Wert
Mein matter Leib, der kaum sich aufrecht hält.
Vom Fraß der Blutbazillen ausgezehrt
Wankt mein Gerippe im Geröll der Welt.

O könnte ich nochmal die Stunde küssen,
Da sich der Tag hell in den Himmel schwang,
In Segel tauchen, blühend hingerissen
Vom eignen Spiel und liebenden Gesang.

Und könnt' ich einmal noch die Bilder wecken,
Die mich wie milde Farben überliefen —,
Aus meinen Gliedern auf den Aufruhr schrecken
Mit jenen Stimmen, die unendlich riefen.

Doch dieses ganze Sehnen ist vergebens,
Erinnerung bedeutet größere Not.
Die unerfüllte Fülle meines Lebens
Wird immer ausgehöhlter für den Tod.

AKROBAT

Ich zieh' mit stumpfen Eltern und Geschwistern
Von Stadt zu Stadt auf jeden Jahrmarktsrummel.
Ich bin der dürre Gliederclown, und lüstern
Begafft die Menge mich verbrauchten Stummel.

Wie Schlangenwirbel muß ich mich bewegen,
Da ich zerbrochen bin und viel geteilt.
Ich mußt' von Kind auf mich in Fratzen legen
Und aus den Wunden schrei'n, die niemand heilt.

Wenn stolz ich aufrecht stehe — lüge ich.
Ich turn' am Reck und bin zum Tod bereit
Ganz wie am Galgen. Oftmals träum' ich mich,
Als sei mein loser Leib wie Sand verstreut.

ZIGEUNERLIED

Wir sind die mageren Zigeunerkinder.
Wir tanzen Seil und biegen jedes Stück
Des jungen Leibes krumm. Und immer blinder
Stellt sich die Welt zu unserm dürftigen Glück.

Wir sind gedorrt und bleich vom vielen Hoffen,
Vom vielen Wandern schmählich abgezehrt;
Und nirgends haben wir aus all dem schroffen
Applaus ein liebend gutes Wort gehört.

Kein ehrgerechter Zorn darf uns erhitzen.
Wir müssen lächeln, wenn man uns verlacht.
Wir müssen singen, springen, klingen, schwitzen —
Und alle Tage sind wie schwere Fracht.

Auf unsern Rippen spielen wir die Harfe.
Die Leute lauschen, wie es knackt und bricht.
Doch dieses Knochenspiel ist bloße Larve.
Dahinter wühlt ein Meer. Das sehn sie nicht.

Wollt ihr an unseren Skeletten schürfen?
Wozu? Das Knabbern stillt nicht eure Lippen.
Hier ist kein Fleisch, und Blut ist keins zu schlürfen.
Hier ist nur Meer, das ihr nicht seht, und Klippen.

MEERFAHRT

Ich war noch jung, und konnte schon das Land
Nicht mehr ertragen, da es von bigotten
Bewohnern starrte, unbewegt. Am Rand
Von Aschenhügeln schien man hinzutrotten.

So suchte ich das Meer — und fand es ganz!
In düstertiefer Pracht, verwühlt und wild,
Dann wieder friedlich gleitend, in den Glanz
Der Sonne eingeflossen, tief und mild.

Für meine Nacktheit hatte ich als Hülle
Den Himmel nur. Ich brauchte mich nicht bergen
Und kleiden wie die Menschen, deren Fülle
Am Stein der Stadt verkümmert wie bei Zwergen.

Ein heller Segler war mein Eigentum
Und außer ihm die kühne Himmelsweite.
Der jungen Freiheit unbegrenzter Ruhm
Schien unvergänglich wie das Weltgezeite.

Ich stand am Bug und dehnte meinen Leib
In glühnder Kraft tief in die Luft hinein.
Wie hingejubelt war ich an ein Weib,
Erschauernd süß im Welt=Umschlungensein —.

Da trieb ein giftiger Wind mich an das Land —
Gleich kamen Menschen, meinen Stolz zu lähmen
Mit Hohn. Ich warf mich weinend in den Sand
Und fühlte mich der nackten Reinheit schämen.

DER BERUFENE

Am Fensterrahmen wie ans Kreuz geschlagen
Liegt schwer mein Kopf. Ich fürchte ein Erdrücken.
Ich muß den Himmel auf den Schultern tragen,
Die tief verirrten Menschen zu beglücken.

Ich sinne, wie die Wege sich verlaufen
Und sich verkreuzen, wenn ich, um zu lehren,
Auf ihnen folge dunklen Menschenhaufen —
Die sind zu starr, um je sie zu bekehren.

Die enge Erde scheint ein Widersinn,
Da ich das grenzenlose Dasein trage.
— Ich selber glaube kaum an Glückgewinn,
Der ich die Erde mit Beglückung plage.

Ach, darf ich nie wie eine Barke gleiten,
Mit mir im Tanz, beruhigt, frei vom Zweifel?
Stets fühl' ich Köpfe nach verschiedenen Seiten
Aus meinem Hals sich recken wild wie Teufel.

NIETZSCHE

Was will die Zeit der aufgestürmten Tage,
Daß aus den Werken ihrer Söhne werde?!
Wenn sie ersticken in der eigenen Klage,
Im Elend der Unendlichkeit und Erde.

Ein Dichter sang! Und wie aus Orgelkehlen
Erströmten Gärten blühender Musik —
Doch heimlich schwoll der Neid der düster Scheelen,
Die ihn solange höhnten, bis er schwieg.

Und immer schwerer ward die Nacht der Tücke.
Wo blieb der Jubel von den treuesten Jüngern?
Er fühlt jetzt um sich her zu weiter Lücke
Die Menschen, die ihn liebten, sich verringern.

So steht der Gott-Mensch in der Welt umher,
Ein Schöpfer, den die Schöpfermacht enttäuscht.
Was soll er schaffen, wenn das Erdenheer
Doch jeden Helfer wütend blind zerfleischt?

Schon wirft das Volk ihm Steine ins Gesicht,
Volk eines Lands, dem seine Größe gilt.
Und jedes Wort, das sein Gedanke spricht,
Verstummt im Sturm, der heulend ihn erfüllt.

Er eilt, und flieht das lebende Gewimmel,
In fernes Felsgebirg, sein eigner Feind.
Da stößt er Tränentöne in den Himmel,
Ein Kind, das nichts mehr weiß, als daß es weint.

DER ANACHORET

Menschersehnend, Menschenhasser,
Riegelt mich mein Willens≈Ring.
Stets vertrübt wie Tümpelwasser
War der Tag, in dem ich hing.

Erdgebunden, dennoch suchte
Himmlisches mein Höhlenblick.
Alles, was ich oft verfluchte,
Weinte ich mir oft zurück.

Sehn' ich mich aus meiner Sperre
In ein Tummeln mit Gespielen:
Sind die Ketten, die ich zerre,
Fast willkommen meinem Fühlen.

Denn die Angst des Ruhverlustes
Hemmt den Traum, mich auszuschwingen.
Und mir bleibt ein stumpf bewußtes
Liederdenken ohne Singen.

Wenn auch, Sonntags, Menschen kommen,
— Kommen nur, mich anzugaffen:
An dem Steinbild eines frommen
Narren steht ein Knäuel Affen.

DER GÜTIGE MENSCH

Guter Mensch; du rührst an deiner Saite,
Die wie ein Licht leidend in dir glüht,
Wie eine Bitte, um die du bittest,
Leise und singend träumerisch,
Rührst du die Güte einer ganzen Weite.
Und wo dein Fühlen erblich
Vor Schreck, als du das Nichts im All
Schaudernd erlittest:
Da blieb kein Wall,
Der das Ergießen der Traurigkeit
Noch hemmen könnte.

Dein Auge aber ist so schön
Vom Glanz der dunklen traurigen Macht,
Daß der Raum zittert wie Vogelstimme
Vor Lust für dein Leid —
Daß er zittert, als wollt' er zerbrechen.
Du weißt, auch das Unglück muß,
Muß wie ein bestraftes Kind.
Und deine Lippen, blühend bleich,
Ohne zu küssen, ohne zu sprechen,
Sind Klage und Kuß.

Du siehst den Fremdling an
In flehender Geduld;
Tief verwundert, verwundet dich sein Lachen.
Und du möchtest dann,
Als sei alles, was ist, Schuld, deine Schuld,
Noch das Gute wieder gutmachen.

WIR STERBEN DAS LEBEN

KRANK

Die Leichentücher können mich nicht hüten,
Die Kissen, die wie weiße Spiegel blenden,
Sie helfen nur die Augen mir entblüten —
Mein Kopf wird leer, ein Kranz von hohlen Händen.

Warum hat man die Brust mir so gefeuert?
Mit meinem Schrei will ich euch niederstechen
Oh, alle euch, die ihr voll List erneuert
Das Blut des Lebens, furchtbar zum Erbrechen.

AUFSCHREIENDER KÜNSTLER

Hingeworfen bin ich in Welt!
Kühnheit und Zerrissenheit!
Doch mein So-Wildsein ist Traurigkeit,
Nur Finsternis ist erhellt.
Was kann uns unendlich heben?
Nichts. Wir altern immer, sind nie gesundet.
Wir sterben das Leben,
Alles Leben ist tödlich verwundet.

Doch ich habe ja Kühnheit in mir!
Ich könnte ja kühn sein!
Wohin aber können wir
Aufjauchzend streben?
— Es ist dumm, kühn zu leben.
Alle Pyramiden sind Wahnsinn und Stein.

Zerfetzt die Schönheit in meinem Gesicht!
Ach, alle Hände sind zu zahme Tiere.
Ich will mein verblühendes Blühen nicht!
Leben ist Aas, mit dem ich mich beschmiere!

Lach' ich über mein Atmen?
Ich sollte besser Stein sein.
Doch einmal jetzt muß ich noch schreien
Aus dieser Erde heraus, dieser Grube,
Und mit Knochen und Gebeinen
Mich hinwerfen und schreien!!

— — — — — — — — —

In die Wände meiner engen Stube
Will ich mich weinen.

TRÜBE LUFT

Wach auf! Aug' über dem Tag!
Wundes Vogeltier, müde zum Schlag.

Aug' ist ohne Blick, Welt ohne Blick,
Mensch kann nicht mehr auf, ist nur ein Stück.

Könige, thront ihr auch, seid nur Gewimmel,
Punkte überall, Kreise und Himmel.

Hoffen zerflog in Luft, Menschelein hilf!
Schlacke schuf ein Schalk, Chaos und Schilf.

Qualen sind im Schlamm, Kraft ohne Mut,
Feuer flackt und ertrinkt im hohlen Blut.

Was uns ist, ist nicht, zieht immer vorbei,
Jedes Ding ist morsch und dennoch neu.

Schultern biegen sich gähnend zurück,
Immer wimmert ein Greinen um Glück.

Wach auf! Aug' über dem Tag!
Wundes Vogeltier, müde zum Schlag.

DUDELSACKWEISE DES STERBLICHEN

Ins Grau des Tages bin ich hingestellt.
Die Lebensstraße ist im Staub ein Strich.
Allglück zerstürzt in die Novemberwelt.
Nie war ein Blühen, das nicht bald erblich.

Das Himmelsfenster kann ich nicht zerschlagen.
Ich bin versperrt. Ich kann nur Schritte tun.
Ich muß wie einen Sack mich weitertragen,
Muß nachts im Bett wie eine Leiche ruhn.

Mein Tod bezuckt mein Dasein heimlich fern;
Er grinst in meinen Rücken sein Plaisir:
Wie man sich schindet ohne Ziel und Kern
Im Sterbetaghemd — niemand weiß wofür.

Man trippelt sich die müden Sohlen wund
Am Gängelband des Lebens. Gram und Graus
Und Lust und Last sind täglich der Befund.
Wir sind in Uns und können nicht heraus.

Wir können nicht die Erde höher heben.
Die Frage krächzt: Was soll der Wille wollen?
Wir blicken nichts vom Leben als das Leben.
Wir sind die Erde, fahrend und verschollen.

ERMATTUNG

Der Tag war schwül.
Ich schließe meine Augen wie ein gelebtes Buch.
Die Bilder sind zu Ende,
Zu wenig und zu viel —
Ich bin nur noch der Fluch
Aus einem Zorn.
Und keine Wende wird sein,
Die wie ein helles Horn
Zum Aufschwung bliese —
Ich klage wie ein Riese
Und bin klein.

VERNUNFT

Zerrissen ist das Tiefste, das wir sind,
Und dennoch nur mit seinem Selbst vereint.
Solch Leid hat keine Tränen ... wie ein Kind,
Das am Ersticken ist, bevor es weint.
Das Niedrige ist nichts, das Große ist zu groß,
Die Weisheit sagt: Hoffen ist hoffnungslos.

Wir sind des Lichts umnachtete Begleiter.
Ist nicht das Leben wie ein Gnadenbrot?
Ob Ja, ob Nein: Es reißt und peitscht uns weiter,
Das All des Glücks versagt sich unsrer Not.
Und ob wir weinen oder traurig lachen:
Wir können uns nicht ungeboren machen.

Auch kühnste Trunkenheit ist nicht Erfüllung.
Was nutzt das bißchen Zuversicht der Brust?
Der höchste Himmel selbst ist nur Umhüllung
Von fahlen Dingen, keine Götterlust.
Die Schöpfung ist ein Zirkel, irr umkreist,
Ein Schattentanz, der keinen Ausweg weist.

O ERDE!

NACHTGESANG

Falle in des Himmels Nacht,
Glühend in die Schlucht der Straßen,
Schmerzenlichter sind entfacht,
Greller, als Drommeten blasen.

Nirgends, wo ich knieend bliebe;
Gleite über weiche Steine;
Unerlösbar ist die Liebe,
Die ich in der Stadt verweine.

Zückt nur, Lichter, nach dem Müden,
Bis ihr all' ihn umgebracht!
Ach, mein Sinn weht in den Süden
Mit den Wogen dieser Nacht!

Dort erfüllt den Himmel voll
Ein geliebter Sternenbund,
Küsse träum' ich tief und toll
Meinem liebebleichen Mund.

Liebste, daß ich sinken werde,
Wußt' ich, da ich dich nicht fand.
Nach dem Schiffbruch dieser Erde
Spült das Meer mich an den Sand.

Wär' doch die Umschlingung mein
In den Sternendiademen!
Immer ist das Erdensein
Ein umarmtes Abschiednehmen.

ES WIRD EIN TRAUM

Es wird ein Traum aus dem, was Tag noch war.
O süßer Abend, der die Augen küßt!
O Lichterschmuck, Musik und Harfenhaar!
Verzückte Stadt, die wie ein Weihnachtsbaum beglitzert ist.

Ein Lieben ist im tummelnden Bewegen.
Viel' Frauen, nackt in Kleidern, ziehn vorbei.
Das Gold der Sterne ist wie goldner Regen.
Die Erde, die ihr Nachtfest fahrend feiert, atmet frei.

Und unsrer schlanken Körper müde Führung
In Straßen, die wie Flüsse nächtlich glänzen,
Ist wie ein Mädchen träumender Berührung
Mit junger Nacht und Glück und Rausch von ferngefühlten
                                                    Tänzen.

[2699]

HYMNE

Wenn hoch ein Stern die Tempelnacht beglüht:
Hält nicht die kleinste Hand den Allpokal?
Ist's nicht ein einziger Strom, der heimwärts zieht
In Grotten leiser Wasser... traumhaft wie Opal?

Mein Musikant und deiner — alle geigen
Den Linienrausch, der raumlos uns verführt.
So löst sich unser Halten in den Reigen,
Der an die ewige Verzückung rührt.

Schämt euch des Weinens nicht! Ihr seid ja Kinder!
Ein Lächeln ist im Tränenregenbogen.
Vieltausendmal geküßt sind eure Münder
Von Liebsten, blühenden in Welt und Wogen.

DAS HEIMATZIMMER

Nun bin ich wieder heimgekehrt,
Dort draußen war die Angst der Welt;
Hier innen hat sich nichts vermehrt,
Blieb alles ruhig aufgestellt.
Und oben, hör' ich, spielt man noch Klavier,
Jungsanfte Hände schweben über mir.

Ich bin in meinem treuen Bett,
Will lesen wie vor weiter Zeit.
O liebes Glück! Ein Amulett
Ist jede kleine Einzelheit.
Ganz ferne schlagen Blitze um das Zelt,
Wo Haß und Hast und Schreigelächter gellt.

Hier ist das Glück umfaßt geküßt!
Mein Unruhblut ist liebewach,
Als ob mich jemand küssen müßt',
Als stellten Menschen tausendfach
Sich in der Liebe meiner Augen dar,
Als sehnt' ich Küsse für mein wildes Haar!

Oft schien ich lebend eingebaut,
Oft weint' ich ohne rechten Grund.
Doch dieser Raum ist so vertraut
Wie ein geflüstert tiefer Bund.
In Bett und Gondel fließt der nächtige Schein
Und hüllt die Fahrt des weiten Lebens ein.

Komm, Liebste, in das Nahgefühl
Von Welt und Menschen heller Nacht!
Die Leiber wogen im Gewühl,
Verheißung unerschöpfter Pracht.
O Melodie, die sich in Küssen neigt,
Die süß, in Glück verführend, uns umgeigt!

FRAUEN

Frauen sind das Vertrauen,
Wissende ohne Klügeln,
Wehende Schiffe dahin —

Fahrtverzückt im Erschauen,
Lächelnd in Buchten und Hügeln,
Trächtig von Sein und Sinn.

Küssende Blicke führen
Glück der umarmenden Weite,
Schmiegen sich deinem Mund.

Sehnendes Nahberühren
Glühen sie deiner Seite,
Gotteskindlichen Bund.

Farben, trunken und golden,
Spiegeln sie in den Augen,
Leiten sie deinem Lauf...

Frauen sind reichende Dolden,
Lassen die Süße dich saugen,
Liebende himmelauf.

Wo ihr Leib der Milde
Breitet Brüste und Hüfte,
Himmelwerden im Schoß:

Da umfaltet Gefilde
Taumelnder Gärten und Lüfte
Unsere Seele groß.

DER HIMMELFLIEGER

Wund von Wundern und jung
Riß dich ein Rausch in die Höhe,
Daß im sausenden Schwung
Jubel und Ruhm bestehe.

Nicht bedürftig der Erde
Schien dein stürmendes Steigen,
Auf die kriechende Herde
Sahst du aus höchsten Gezweigen.

Sangst in die Sternäonen
All, was dein Eigen war,
Lachtest drohender Zonen,
Lähmender Höhengefahr...

Doch mit einemmal zuckte
Zitternd dein Leib und Blut,
Und die Kehle schluckte
Mühsam nach Luft und Mut.

Und in rasendem Drehen
Fühltest du klemmende Not — —.
Konntest nicht länger bestehen.
Luft ohne Staub ward dein Tod.

In der Leere der Lüfte
Brach die Seele der Glieder.
In die Tiefen der Klüfte,
Tonlos, stürztest du nieder.

MYRTENKIND!

Ich umschlinge deine Hand und zerpresse alles Leiden,
In schmiedenden Küssen den angstwachen Traum,
Daß keine Tage mehr sind und kein Raum
Zwischen uns beiden.

Ich zerküsse deine Lippen, deine Stirn, deinen Blick,
Daß Gärten erblühen und singen. Und die Wonne
Und Schöpfung der Welt kehrt zurück
Zum ersten Morgen der Sonne.

GEDICHT IM MAI

Ich dacht' es nicht, nie, daß ich so verzücke,
Wo Wiesen blühn wild in ihr eigenes Meer,
Die junge Sonne an Gesträuchen pflücke,
Die Luft, die Lust umarme und die Brücke
Der Erde leicht mich trage überher;

... und Flügel fühlend tausenden Gehäusen,
Der Unruh Linien findend ihre Bahn,
Entring ich mich, unendlich in den Kreisen,
Will Welt, dich, mich und alles an mich reißen,
Musik, wie Glaube glüht, ist aufgetan!

Weinen vertraut, wo so Versunkenheit
Der Landschaft ist —, viel Farben führen, erwidern
Das Leid. Und Strömung, Jubel ist und weit
Geöffnet Flut großer Gemeinsamkeit;
Herr bin ich von Brüdern, Bruder von Brüdern.

So zieht wie über alle Länder mein Blick,
Friede sinnend; tief in die Brust hinein
Atmet der Raum. Nichts bleibt verarmt zurück —
Denn allen ist und alles Unglücks Glück,
Unter der einigen Sonne zu sein.

Oft ging ich dumpf und blind; und hier ist Kunde,
Brausender Dom, Sieg der Sonne, und Segen!
Ich will nicht grübeln, warum. Meinem Munde
Fühl' ich Küsse entstehn, geweihter Wunde!
Zügle mein Hirn, o Gott, laß mir den Segen!

AN DEN ANDEREN

Du gehst zerschluchtet, Bruder, von tausenden Streiten.
Ich seh dich gehen, blicklos blickend, dunkel schwer.
Du kreisest die Erde, verfolgt vom eignen Begleiten:
Dein entmenschtes Gesicht ist Krampf im begrabenden Meer.

Dein Höhlenleib heult in fleischzerpeitschtem Zucken.
Was du ersehnt, das Viele, einst jung, ist verloren.
Hell wolltest du herrschen, dann wieder dich demutvoll ducken:
So schienst du zum Führen nicht und nicht zum Folgen erkoren.

Härte und Huld, erdstarken Aufstieg, aber auch Milde hast du gesungen,
Gebietenden Geist und frei dennoch die menschenwogende Masse —
Nun im Zerdenken des Ziels, bis das Licht, das dich lockte, in Dunst verklungen,
Läufst du blind und entleibt von sich selbst fluchendem Hasse.

ICH DENKE EINEN FREUND

Schon will der Tag im Zimmer untergehn.
Mein Freund erzählt, in weite Linien blickend,
Von Wandernächten zu erwachten Höh'n,
Zeit überwindend, Räume überbrückend.

Wir gehen aus und treffen in den Straßen
So viele Menschen, die uns nicht verstehn.
Wir wollen nicht in enger Hürde grasen,
Komm, laß uns zu den großen Bäumen gehn.

Ich fahr' mit dir in den Botanischen Garten —
Doch ist nicht jeder Weg ein Doppelsinn?
Fühl' ich nicht hinter mir Verlassne warten?
Mein Blut ist Flut in weiten Weltbeginn!

Wir gehen zwischen großen Baumkulissen.
Hoch werden Wolken in die Nacht geschwemmt,
Um uns ist alles willenlos umrissen.
Wir sprechen laut und heiß und ungehemmt.

Ich weiß, daß wir uns alles Dasein gönnen.
Die kleinsten Qualen darf ich dir erwähnen.
Wenn wir am innigsten uns finden können,
Ist das Beisammensein voll Sturm und Tränen.

Den heißen Kopf in kühle Nacht geschmiegt,
Erdenkt ein neuer Mut sein Weltsignal.
Und wo der düsterhafte Druck zerfliegt,
Strahlt eine Weite auf wie ein Choral.

FÜGUNG

Der Abend erst hat meine Kunst gefunden,
Ich war entartet schon in meiner Müh,
Doch plötzlich durft' ich noch zum Licht gesunden
Am Vollgelingen meiner Melodie.

Da ging ich schnell zu meinem Bruderfreunde,
Der auch in seiner Stube glücklich war,
Gleich mir den ganzen Tag verloren meinte,
Dann aber auch den hohen Sang gebar.

Wir gingen aus, in Straßen still umher —
Es war kein Gehen, eher noch ein Fahren
In Glück. Wir hatten keine Worte mehr,
Die Klänge nur, die fast frohlockend waren.

DUO

Saßen viele Stunden beide
Immer an der Türe Schwelle,
Du in deinem blauen Kleide,
Beide wie an tiefer Quelle.

Hörten stumm und sahen wieder
Immer unsre Gegenbilder,
Waren seliger denn Brüder
Und noch inniger und milder.

Süß bedrückt, um Worte mühend,
Sehnen war und kein Bewegen;
Und wir hätten uns doch glühend
In die Arme sinken mögen.

Doch ich zitterte und fühlte,
Unheil sollte niederbrechen,
Wünsche, die ich mir erzielte,
Wollten mir das Herz durchstechen.

Denn, noch ohne die Berührung,
Sprachst du schon das Abschiedswort;
Und wie außer aller Führung
Schwamm das ganze Leben fort.

DEM ENGEL DER ERDE

Noch rührt' ich nicht an deine Blütenhände,
Dein Bildnis zieht in flimmernden Gestalten —
Ich aber geh' die Stube und die Wände
Und kann den Schritt an keiner Stelle halten.

Denn alles ist wie aufwärts ausgegraben;
Wie Schlangen greif' ich in die Gegenstände
Auf meinem Tisch, und will doch gar nichts haben —
Denn der Gedanke sucht nur deine Hände.

Ihr Liebenden der Welt, wo soll ich hin?
Oh, daß die Jugend noch ein Jubel werde,
Die Mitternacht gekrönt und heller Sinn! —
Wie Muscheln schallt die dumpfe Zaubererde.

Ich glaube, darf ich je die Hände küssen,
Die deine Unschuld so unendlich wahrt:
Da, glaub' ich, bin ich wie vom Glück zerrissen,
Ein seliges Opfer nach der weiten Fahrt.

ABENDGANG

Des Tages Hirn wird dunkel und verdorben,
Die Häuser blutleer und wie stille Leichen.
Schon ist in mir auch vieles ausgestorben,
Und nichts Bestimmtes will ich mehr erreichen.

O weiche Melodie der Müdigkeit,
Bist du das Gift, das mich so ruhig macht?
Ich geh', für alle Menschen jetzt bereit,
Mit halb geschlossnen Augen in die Nacht.

AUFRUHR DURCHWÜHLT DEN GÜTIGEN GEIST

LIED AUS DER NACHT

Ist mein Bett das wilde Schiff,
Das in stürzenden Kreisen dreht?
Ist die Wand verstrickend das Riff,
Das krächzend entgegensteht?
Doch draußen weit ist Meer und die Welt,
Der göttliche Gesang!
Ich komme, ich komme! und bin euer Held!
Und bleibe euch treu mein Leben lang.

Funkelnd richt' ich mich auf,
Noch verlassen wie ein Stern.
Doch im Fenster der Himmel dort
Ist Weg und Gewähr,
Und über alle Maßen fern
Zieht der Begierde zitternder Lauf
In das brütend dunkle rauschende Meer.

Hell ruf' ich die Nacht zum Schwert.
O du endlich gefundene Tat!
Ich selbst mein Geleit und heiliger Wert,
Der zwingend menschengütig naht.
Ja! Hier ist Meer und Welt,
Der göttliche Gesang!
Ich komme, ich komme! und bin euer Held!
Und bleibe euch treu mein Leben lang.

DANK

Man dankt mir viel und drängt mir Worte auf
Und Arme voll von Händen ... Stets war's noch
Ein gleicher Arm, steif wie ein Flintenlauf,
Aus dem die Hand wie eine Zunge kroch.

Was soll mir euer Dank so kalt und stier,
Er reicht doch nie an mein Gefühl heran:
Das ist so glutvoll tief und wild in mir,
Daß nur das tiefste Sehnen nahen kann.

O könnt' ich selber einmal Dank verkünden,
Ich wollt' die Hand zerdrücken, die ich hielte,
Und würde wogend solche Worte finden,
Daß jede Ader ihre Strömung fühlte!

BESINNUNG

Du bist der Himmel und das Grab,
Verträumter Geist, der mich belebt.
Ich weiß nicht recht, wo ich mein Schicksal hab',
Oft hab' ich wie ein Schatten nur gebebt.

Das Erdensein ist der Versuch,
Das Land des Glückes zu entdecken.
Das Menschenleben ist ein Knabenbuch,
Den Schlaf der Wünsche strahlend aufzuschrecken.

Am heimlichsten ist unser Ich,
Nur blitzend wie ein Blitz, der schon erlischt.
Die Bilderdinge rühren dich —
Sind wir dem All, dem Nichts vermischt?

Das Leben hat nur in sich selbst den Sinn
Und im Vertrauen in den eigenen Rat.
Das ist die Antwort auf dein Wort »Wohin«:
Zu dir, zu deiner Höhe, deiner Tat.

KNAPPE VOM BERGWERK

Ist Jugend kranke Armut?
Ist das geweinte frühe Leben
So ohne jedes süße Gut,
Schon hingesunken, ohne sich zu heben?
Was will die wilde Stadt,
Die mir im Ohr erdröhnt?
Schon hab' ich mich zu Tode matt
Nach Menschen hingesehnt:
Nach einem Inbegriff,
Der überm Schmerz besteht
Und nicht wie Wellen an dem Riff
Der schwarzen Erde stumm verweht.

Und dann, dann kam der Qualm,
Der in der Höhlen sielt,
Und losch den Blütenhalm
Und Blick, den ich noch aufrechthielt.
Dann immer neue Wolken und die Nacht
Und Regen, Grauen und die letzten Schauer —
Jetzt sind nur unermeßlich noch der Schacht
Und meine große Angst auf ihrer Lauer.

DER VERURTEILTE

Am Morgen kam seine Mutter.
Sie saß den ganzen Tag bei ihm.
Er kniete an ihrem Schoß,
Weinte in ihr zärtliches Kleid,
Lachte in ihre küssenden Hände,
Und weinte;
Hätte den ganzen Körper
In sie hineinweinen mögen.
Sie war ihm so hell wie ein einziger Stern.

Sie sprach: Mein Kind,
Mein liebes Kind.

DER GEKERKERTE

Die tiefe Mauer, die mich starr umstellt,
Ist wie das Grab der Gräber. Hartes Stein=
Gebilde ist der Mensch; mir gönnt die Welt
Auch nicht das kleinste Tröpfchen Sonnenschein.

Es beugt sich niemand, mir in meinem Kerker
Die dunkle Stirne himmelhell zu küssen.
Und meine Wünsche werden immer stärker,
Wenn sie so langen Tod erleben müssen.

Und manchmal träume ich von einer Rache,
Nach der dann wie verglast die Hände langen —
Doch wenn ich zuckend wieder bald erwache,
Bin ich umengt von Mauern wie von Schlangen.

NAPOLEON

Himmel! Sinke den Augen!
Ich bin zwar blind und überdeckt,
Doch noch nicht blind genug in meinem Haupt:
Mein Blick will Menschen saugen,
Hat Tausende hingestreckt.
Was ich dem Trieb verbiete,
Hat sich mein Trieb erlaubt.

Wer trug die Kraft in mein Gehirn?
Wer gab mir Macht und Können schwerer Schlacht?
Wer die Idee? — Ich schlage mir die Stirn;
Ich will nicht Krieg und Mord,
Nicht Krieg, nicht Krieg,
Nicht Mord!
Ich sehne den Sieg!

In meiner Stirn ist ein Adler, ein Geier,
Rasend mit den Flügeln vor Ungeduld!
Schweige, Tier! Ich fühl' es wie Schuld:
Über der Vernunft ist ein Schleier.

Ich bin von der eigenen Kraft zerrissen.
Völker, Volk, Frankreich,
Ihr seid in meinem Blut;
Ich blute mit euch,
Mit dem Reich;
Ich opfere, zum Ruhme gesandt,
Euch das heiligste Gut,
Mein Gewissen.

JUNGER SOLDAT

Schon heult die Nacht. Die Schlacht brüllt auf und brennt.
Bald sind auch wir nur Fetzen.
Noch in Reserve unser Regiment.
Wir warten entseelt in Entsetzen.

Brach wirklich hin, was kaum noch blühend sang?
Für wessen Habsucht=Rachen?
O Gott! Warum der viehisch rohe Zwang,
Totschlag und Qual und Nieerwachen!

Wer ist mein wahrer Feind? Ich wurde Knecht
Nur durch den eignen Staat.
Sind aber Ruhmgier, Raubgelüst im Recht?
Jung sink' ich hin, jung ohne Tat.

Mai, Juni, Juli, Monate der Blumen,
Werd' ich euch wiedersehn?
April ist jetzt. Heut' soll noch in den Krumen
Der Erde all mein Herz zergehn.

Ward die Geduld der Jugend und Gefahr
So hinterrücks belauert?
Muß Strafe sein, wo keine Sünde war,
Wo nur ein früh Sichsehnen schauert?

Liebst du mich nicht, Macht meines Vaterlands,
Daß du mich niedertrittst?
Nur um der Feldherrn willen und des Stands,
Der eitel waltet und besitzt.

Sind nicht auch wir wie ihr ein Heimatgut,
Wohl wert auch, daß es bleibt?
Verachtet ihr uns so und unser Blut,
Daß ihr uns auf die Schlachtbank treibt?

O Heimatland, das liebste, das ich wüßte,
Des Lebens tiefster Lohn,
Entweichst du mir? der dich geküßt so küßte
Wie nur dein innigst junger Sohn.

Du Freundeland, Land heißer Jugendbriefe,
Zu Tränen reißt du hin,
Du singst die Sprache meiner trunknen Tiefe: —
Und du erfüllst nicht ihren Sinn.

Kehr' ich noch heim? Und wie? Zerschlagen, krumm,
Ein Krüppel, blind — ganz blind?
Hier ist kein Aufschrei mehr, nur kalt und stumm
Ist Schutt und Dunst und Todeswind.

Muß wirklich so die Pflicht erniedrigt werden,
Um fremden Glanz zu gründen?
Ist denn die Sonne nicht genug auf Erden?
— Oder war ich voller Sünden?

Ich darf nicht länger von mir selber wissen,
Schon hör' ich das Signal.
Ich muß, muß, muß, und kann nur immer müssen,
Und selbst zum Mut bleibt keine Wahl.

So zieh ich fort, erloschen und verloren.
Wohin? Nirgendwohin.
Das Ewige ist tot. Ich ward geboren
Für meinen Mord und toten Sinn.

Lebt wohl! Ich will nicht allzu feindlich scheiden —
Daß nicht zum Fluch noch werde,
Was eine Jugend war voll milder Leiden.
Lebt wohl! Ach! Mutter, Brüder, Erde.

DER KRIEGSBLINDE

Nicht mehr die Lust
Des Taumelns im Getriebe;
Nicht mehr voll Macht die Brust,
Voll Ruhm und allgeliebter Liebe;
Nicht mehr das Singen, Stürmen in den Himmel,
In wilder Wiesen blühendem Gewimmel,
In der Gebüsche grün verschlungnem Blühn;
Nie jubelnd mehr das weite Land durchziehn;
Zu nichts mehr als zum Erdbekriechen taugen;
Nie mehr die Düfte einer Welt einsaugen:
— Verloren irgendwo auf dürrem Pfad
Steht der Soldat
Mit den zerschossnen Augen.

Er geht und macht nach jedem Schritte Halt.
Was soll er gehn?
Die Welt ist dumpf, ungütig kalt
Wie schweres Winterwehn.
Geräusche hört er hohl vorüberrauschen;
Sein Hirn erstickt im Denken an ein Glück.
Er will mit seinem Kopf der Sonne lauschen: —
Der Affe Wahnsinn krallt ihn im Genick.

Er weint in seinen Leib.
O süßes Weib,
Mit Blumen, Blüten, Kränzen im Haar,
Mit Tanz und Spiel,
Umschlingendem Gefühl,
O alles, was im Licht voll Liebe war!

Viel Tausende mit ihm
Zerschlug die Schlacht und ließ sie leben.

Sie waren jung, in frohem Ungestüm,
Voll Wille wollten sie die Welt erheben.
Nun schleppen sie den Leib wie eine Fracht,
Die niemand will,
Erstarrt und still
Von Nacht zu Nacht.

O käme Mord in diesen Qualenschacht!
Ein Gnadenstoß
In das verdammte Menschenlos,
Das ihr zum Vieh=Dasein gemacht.
Mord ist nicht grausam, wäre willkommen jetzt,
Wo ein zerwühltes Nichtsmehrsehn
Die Sinne folternd fetzt!
O käm' ein unbegrenztes Untergehn!

ERBLINDUNG

Nie faßt ihr sehend Seligen den Trug
Und Jammer, den die Blindheit birgt;
Daß, seit mich die Erblindung niederschlug,
Ein Heulschrei immer meine Kehle würgt.

Seht her, wie wild verfiebert ich noch schwitze,
Da ich vom Sonnenuntergang geträumt.
Sah ich's denn nicht, wie eine goldne Litze
Blaugraue Hügelwellen schön umsäumt?

Ich sah's und sah es nicht, — und seh es nie.
Es war das Wahnsinnslachen meiner Trauer.
Ich bin im engen Stall der Welt ein Vieh,
Die Luft ist steinig dick wie eine Mauer.

Nacht oder Tag: ist all in eins verjammert,
Da solch ein Leben ohne Leben ist.
Mich hält das tiefste Grauen tief umklammert,
Das langsam sicher meinen Leib zerfrißt.

DIE PHALANX

I

Was bleibt dem Menschen, wenn nicht ein Erbarmen,
Das wundertätig greift in Angst und Stöhnen?
Ihr Mächtigen der Welt, von Millionen Armen
Seid ihr umfleht nach Hilfe und Versöhnen.

Noch sind die Ebenen von Qual und Qualm vernebelt.
Noch herrscht peitschlustig eine Dünkelbrut,
Die jedes Aufschwung=Atmen niederknebelt,
Verliebt in ihre eigne Wüstlingswut.

Kein Schimpf beirrt ihr närrisches Genießen.
Getreten liegt der Geist. Aufwollende Gedanken
Sind eingekäfigt müde in den Schranken.
Des Hergebrachten blöder Götze ist gepriesen.

Aus goldnen Schüsseln schlürfen sie Erquickung,
Indes, hohl in den Nächten, die Entblößten wandern.
Sie spinnen sich in lüsterne Verzückung —
Was kümmert sie der Aufschrei in den andern?

Doch bleibt, in Not und Nacht, der Schrei nur nach Erbarmen?
Wird nicht Tumult, Alarm? Aus Angst und Stöhnen
Ein Zornsignal? Und von Millionen Armen
Des schmerzgeeinten Wollens donnerndes Erdröhnen?

Europas Häuptlinge! Marschälle und Magnaten!
Zwingt selbst die Tat hervor, die um die Menschheit wirbt!
Da eurer Untertanen Leib, versklavt, verraten,
In Schlacht und stumpfer Wüterei verdirbt.

Verdammt, ihr selbst, die Eigenlust, die Kraftgebärde!
Und kommt starkmild herab die stolzen Stufen,
Die Macht als Mittel nur, begnadet und berufen,
Für eurer Völker frohe Fahrt und Erde.

Und ihr, Entehrte unter Willkürtritten,
Bleibt nicht zum Rachesprung gekrümmt, zerquält im Fluchen!
Ward auch der Aufwärtsweg von Bergen schwer geschritten:
Erkennt die Kommenden, die euer Antlitz suchen.

Und jene Harten, unbewegt im Bösen,
Laßt sie nicht eher los, umringt sie mit der Bitte,
Bis sich die Herzen wie in Harfen lösen,
Aufklingend mild, hinknieend eurer Mitte.

II

Noch ist es Orgelwehn.
Noch ist der Flugblick ausgesandt,
Nur um zu spähn.
Und nur von fernem Küstenland
Durchdringt ein Stoß die Luft:
Fanfarenstoß und Marsch.
Denn für ein Anderswerden,
Erhebung und Erhellung, Kampf ohne Krieg, Sieg ohne Mord,
Aufstürmt ein Menschenozean —
Zwar dumpf noch wie ein Wahn,
Doch wissend tief: Tat wird getan!

Wenn ferner, Thronende, zu euch auf prunkten Sesseln
Gefühl, fürbittend, nicht hinauf kann dringen,
Auftosen wird das Blut: Galeeren nicht und Fesseln
Sind stark genug, Vulkane zu bezwingen!

Bewegung wogt empor: Ein Sturm von Schreien zerreißt die Nacht!
Glaubt ihr, die Trauer bliebe ewig lahm,
Am Grab der Hingeopferten, hilflos in Gram?!
Schon ballt sich eine Riesenvölkermacht.

Und aus dem Grund der Gassen, wachsend, hebt ein Heer
Nach Licht, Kindheit und Frohheit Leib und Flügel auf;
Umkreist die Städtethrone wolkenschwer,
Raubaugenwild, unwankelbarer Lauf.

Posaunen tönen, eh' der Schlag geschieht:
Zerschleudert euren Haß und öffnet der Erneuung
Das ganze Auge! Seht, die gleiche Fülle blüht
Den Tausenden! Bekennt euch zur Befreiung!

Dann ringen Rassen edel um die Höhe.
Kein Fleischzerkrallen wühlt den Tag in Blut.
Kampf heißt jetzt Glück, das weithin auferstehe,
Rein wie ein junger Gott, durchhellt von Mut.

Raubhändel, Blutbrunst, Krieg, die Jünglingsschlächter, ╪schän╪
Sind fern, dumpfdüstre Vorzeit, Tierischkeit.   [der
Kampf ist Beglückung jetzt. Umschlungen sind die Länder.
Der Führer Sicht und Wille erdenweit.

Erkannt habt ihr den Feind und seid Gefährten.
Nun seiet Gläubige, um Wollende zu sein!
Laßt eure Tat erstrahlen den Beschwerten.
Durchglühung eine euch wie goldner Wein!

Und so, von Licht umbrandet und dem Morgenmeer,
Erwacht ihr zu des Daseins Fest und Spiel.
O Bund der Bünde! Der das Menschenheer
Zum Ruhme führt aus kläglichem Gewühl.

Völkerlegion! Geschart dem Flammenzug
Der Jünglinge des Lichts! Chorbrausend brecht die Stille
Und reißt die Starrgesinnten in den Flug,
Daß euer Recht und Rhythmus sich erfülle!

Mitatmende der Zeit, dem Menschenkreis gesellt:
Seid ihr einander Freund, habt ihr gesiegt!
Die Brust berauscht von Weiten, erdhaft starker Welt,
Schallt euer Lied, das in die Freiheit fliegt!

O WÄR' SCHON MORGEN FRÜH!

Bin ich ausgestoßen
Aus dem Maß des Großen?
Ist nicht Geweihtheit
Über dem Abend, bereit?
Wie, wenn dem Blick sich erfüllte,
Was das Leben mir singe?
Oh, wie oft hüllte
So bange Spannung die Schwinge.
Und wird all' meine Wirklichkeit,
Die wie Lüge, ertappt, sich selbst bedrängt,
Ein Kind sein, das willigweit
Die Welt stets von neuem anfängt?
Schon hebt ein Tatglaube an
In meiner Stimme — wie Melodie
Sicher und süß, der Ruf »Voran«.
O wär' schon morgen früh!
Daß ich nicht trauernd mehr, verhangen,
Mein Leben wie Sünde begehe,
Daß immer ein Neuanfangen
Über die Erde wehe.

AN DEN GESCHLAGENEN

I

Weh, grimmer Gigant.
Was ist mit dir?
Dein Leib wälzt ohne Wille und Regel
Leblos lebend im Kot.
Abgefallen, wie totgetroffne Vögel,
Faulen die Hände im schlammigen Sand.
Gestrüpp hängt im Gesicht und rot
Die Augen, gedunsen, schleimig.
Wo blieb dein seidenes Haar?

Erwachend befühlst du dich schwer.
Die Lippen fürchten den Ausbruch der Tränen,
Krampfen sich, schon zitternd weich.

— Da, wie aufgeschreckt: erhebt sich ein Meer,
Und aufspringt mit zornigen Zähnen
Du, tobend und heulend bleich.

Dann krachend aber, schlägt der trotzige Held
Hin auf den Stein.
Hier barst die Leidensgewalt der Natur,
Die Hölle der verkannten Welt.
Und wie ein müder Schein
Bleibt der Gedanke nur
Von einem Leben, nicht das Leben selbst.
Wieder zum Tier des trübenden Lichts
Geschrumpft — bist nirgendwo; nur schwer;
Wohl mehr als nichts,
Doch weniger als irgendwer.

II

Das Aufrichten gelingt dir kaum,
Nur winselnd im Schweiß;

Immer ist ein Sinken, bis du stehst.
Dann trostlose Schritte
Gradeaus im Kreis.
Als wär' nie mehr für dich eine Bitte,
Gehst du Linien ohne Punkt,
Ohne Farben, ohne Raum.

Wenn dir, stillstehend,
Die Augen sinken zur Vision,
Spürst du kalt wehend
Den grinsenden summenden Hohn;
Wie um Aas den Menschenschwarm.
Dann, verloren in Tränen den Mund,
Fühlst du, wechselnd eisig warm,
Das Sausen im fallenden Grund.

Und wo die Qual noch so sehr schwieg,
Hier schreit sie weinend heraus
Töne ohne Takt, ohne Musik.
Wie ein Lawinenstrom ohne Damm
Bricht die Klage aus,
Über die Erde der Welt und den ewigen Schlamm.

III

Nun weißt du es. Was Aufschwung schien,
War Niedergang. Maßlos und blind
Stürmtest du die Erde; kühn
Wähntest du dich und warst nur Wind.
Kein Mitmensch war, kein Hindernis,
Nicht Zukunft, nicht Vernunft:
Nur brüllendes spottendes Ereignis.
Aber Feuer allein wollte nicht brennen,
Verlosch, ward Asche für den Wind.
Nun bist du gefügt und kannst erkennen.

Nun weißt du, wo die Tat beginnt,
Fühlst sie aufsteigen in dir wie ein Lied.
Nicht im Rausch, tobsüchtig ungesinnt,
Närrisch lachend, entblößt,
Du ganz einzelnes wirbelndes Glied,
Besinnlich nach Irrfahrt und Torheit,
Gier, die gegen die Erde stößt,
Ohne Not, ohne Wert, nur ins Weite weit —
Die Tat ist im Wert!

Denn nur als Teil alles Menschengefühls
Bist du ein ganzes Sein,
Erschütternd und auferstanden groß.
Nur im Gelöbnis des innersten Ziels
Ist auch der Zorn heilig und rein.

IV

Und in die Menschenheit eingestimmt
Ziehst du zum Werk, von einer See
Wie getragen, in fühlender Entfaltung.

Siehst Jugend und Arbeit der Menschen=Idee,
Dein Auge selbst ist sie, schon Gestaltung,
Mild überscheinend und königlich bestimmt.

Denn die Idee ist brüderlich, sinnvoll und bereit,
Ist die Tiefe der Menschlichkeit;
Ihr Wille ist Größe, die kein Ende nimmt.

Tönend, namenlos erhört dich und weitet die Schwebung,
Jeder Haß vor dir ist ohne Halt;
Denn deine Brust ist gelöst in der Strebung.

Helle Wirklichkeit atmet deine Gestalt,
Als sei die Wahrheit selbst deine gütige Gewalt.
Ureigen unbeirrlich ist dein Lieben.

Du beherrschst allfühlend die Bewegung und Dauer
Und findest, von wogendem Wollen getrieben,
Die Tröstung noch der wirresten Trauer.

Der stampfenden Schöpfung gläubiger Erspürer,
Lobpreisend, beseelend — zu hebender Tat
Fühlst du dich Führer.

Und hellhoch über das Volk, das gewaltig genaht,
Und im ungeheuren Schweigen
Aufblickt zu dir, um dann

Hinzuströmen zum heilig zähen Erzeugen,
Jeder beseligt, so gönnend, so machtvoll er kann:
Braust, singender Sturm, deine Stimme:

»Weit Erschütternder über der Welt!
Wie ich, dein Kind, zum Tagwerk mühend mich krümme,
Sei deines Kindes Tag zur Ewigkeit erhellt.

Gewaltiger in der Welt! Heb' uns empor!
Laß mitliebend mitklingen im Chor
Alle Nation, mitleidend den Leiden;

Daß ihr Wille, unbesiegbarer Stern, bestehe,
Und sie die Arme frei und göttlich breiten
Über sich selbst in die Höhe!«

HANS ARTHUR THIES
DIE GNADENWAHL

ERZÄHLUNG

LEIPZIG
KURT WOLFF VERLAG

BÜCHEREI »DER JÜNGSTE TAG« BAND 70
GEDRUCKT BEI DIETSCH & BRÜCKNER IN WEIMAR

DEM GEIST
DER VOR DEN GROSSEN STELLUNGEN
IN BLUT FLOSS

Gegenüber dem Fenster, so tief in der Gasse, daß der Blick, es zu fassen, sich aufheben mußte, wurde von lautlosen, in der Dämmrung kaum sichtbaren Reitern ein weißes Blatt angeschlagen; die Reiter saßen auf; die Pferde flohen wie in stummem Entsetzen über ihren eigenen Weg die Straßenzeile hinab.

Das weiße Blatt, über eine Tafel geschlagen, die jahrelang mundtot das Publikum angestarrt hatte, warf von dem Strebepfeiler des Doms herrisch, selbstsicher, ansammelnd das Wort — Krieg! herab; viele andre dazu, aber dies vernehmlicher als die andern.

Dem Pfeiler gegenüber, oben am Fenster, hob sich der Blick eines Mannes über das weiße Blatt hin; atmend überholte seine ganze Gestalt den Blick; er drängte sich in den umdämmerten, einsamen Lichtstrahl ein; stachelte sich an ihm auf; warf sich zurück.

Als habe sich um die trocknen, wie entzündet brennenden Augen ein Schwarm Fliegen gesammelt, so empfand er es, daß um das weiße Blatt eine schwärzliche Menge Menschen zu wimmeln begann. Er drückte mehrmals schmerzlich die Lider zu und fuhr sich mit der Hand über die Stirn. Zu ihm, dem Doktor Christianus, würden diese Menschen kommen; satt, übersatt von jener weißen Speise würden sie heraufkommen: was sollte er ihnen geben? Er würde nach seinen Worten greifen, Worte leerer als Oblaten austeilen — selbst hungrig, überhungrig nach Sättigung von jenem Gericht, aus dem kolossische Laute, die Kehle ungewohnt füllend, aufquollen.

Eine heftige Gebärde des Mannes am Fenster schlug mit dem Klingen der unteren Türglocke zusammen. Er wandte sich um und wankte ein wenig zurück, von zwei Augen gefaßt, die ihn in der Tiefe des Zimmers auffingen. Er war erstaunt und leicht erschreckt: nur langsam gewann der dunkle Samt, der sich in die gleichmäßig dunkle Täflung der Wand einließ, von entblößten Armen her zu einem hellen Hals und Kopf mit blondem Scheitel und perlhellen Augen anwachsend, die Gestalt einer Frau. »Marie!« Es klang in seiner Stimme etwas, als sprängen hinter dem Bewußtsein, jahrelang diesen unbestimmt verlangenden Blicken widerstrebt zu haben, die leichten Tore des Abschieds auf, und wie nie, solange er den Umgang dieser Frau empfunden hatte, begann er jetzt, wo er entschlossen war, sie zu verlassen, ein Spiel mit ihr, lässig und gewagt: er stellte sich vor sie, nah und breit, wiegte die Schenkel leichthin, scherzte mit ihr: »Liebe — ? Marie, was ist das? Aber das Ineinander der Leiber und Kugeln, Leiber und Bajonette, das ist Einigung allen Ernstes, das ist ein Kräftevergeben verschwenderischer als Liebe: das geht bis ans Ende.« Sie lächelte.

Von Geräuschen, die die Treppe heraufschäumten, hoben sich standhafte Schritte ab, betraten das hartschallende Holz des Flurs und kamen nahe.

»Guten Abend, Doktor! Morgen früh melde ich mich beim Regiment. Ihr andern? Ach, die Alten! Ich — wie froh bin ich, mich durch diese Nacht zu diesem Morgen hinwachen zu können!«

Der Jüngling, braune Locken von der schwitzenden Stirn schlagend, kreuzte seine Blicke mit denen des Älteren wie zum Gefecht; aber lächelnd entzogen, wandte sich Christianus zu Maria:

»Werde ich mich nicht auch melden?« Und zu dem braunlockigen Freunde, der knabenhaft aufleuchtete: »Hol die Lichter, Heinrich!«

Der Jüngling verließ die Stube, lachend, mit der Hand durchs Haar wirbelnd: »Ich habe ihn untergekriegt!« dachte er, »den Immerfertigen — ich habe ihn untergekriegt!«

6

Einige alte Männer traten ins Zimmer.

Der erste alte Mann verbeugte sich schwer vor Christianus und legte erschüttert seine breite Hand über den weißen Bart auf der Brust: Was der Doktor meine; ob man die Prüfung bestehen würde? — Gewiß würde man sie bestehen; jeder würde sein Teil tun. Die Erschütterung des alten Mannes schien zu wachsen.

Ein andrer trat heran. Er bewegte sich auf unentschlossenen Füßen zwischen dem Doktor und Maria, bis er in die Nähe der Frau verfiel und sich sogleich zu ein paar Worten faßte: »Wir werden doch hoffentlich, gnädige Frau, unsre Versammlungen auch während des Krieges fortsetzen, und ich meine, Sie werden das Haus, in dem Sie uns zusammenführten, als der Doktor seines Predigeramtes enthoben wurde, weiterhin unsrer kleinen Gemeinde zur Verfügung stellen, auch wenn der Doktor ins Feld ausziehen sollte.« Es war der Mietherr des Hauses. Er wartete keine Antwort ab, sondern wandte sich einem Herrn zu, der sich am Türpfosten stieß.

»Ich bin heute wieder schlecht sichtbar,« sagte der alte Herr und gab ein schluchzendes Gelächter von sich. Er rieb seine vom Star blinden Augen mit klagend gebreiteter Hand und trat rasch, fast fallend auf Maria zu, die einen Fuß zurückwich. »Welch ein Elend!« züngelte er, von einem Fehler behindert, »gnädige Frau können sich freuen, daß Ihr Gemahl tot ist,« und zog sich im Gefühl, eine Dummheit gesagt zu haben, zurück.

Mit schmerzlich gereckter Schulter schob sich Christianus an ihnen vorüber. Heinrich kam mit einem Bündel brennender Kerzen im Arm herein und ließ es auf dem Tisch nieder. Abwechselnd nahm er und die blonde Frau ein Licht; sie zogen eine Lichterreihe aus dem Bündel heraus lang über die Tafel. Der Saal entdeckte sich

als weit und erfüllt von Menschen; offne Zimmerfluchten verdämmerten an beiden Enden.

Es seien wohl alle Brüder zugegen? fragte Doktor
Christianus. Ob man beginnen könne?

Nein, man könne noch nicht beginnen. Man könne
überhaupt nicht beginnen. Ob der Meister ins Feld ziehe?

Sich überrascht vertiefend — was zweifeln sie? —
gebot der Doktor Ruhe.

Maria ließ sich auf ihrem Sitz neben ihm nieder; Heinrich lehnte sich zurück und betrachtete am Doktor vorbei Maria.

Nein, man könne nicht beginnen. Der Meister dürfe
nicht ins Feld ziehen.

Der Lärm hatte sich noch nicht gelegt, als er sich
schon wieder aufzuregen begann.

Von dem Platz dem Doktor gegenüber erhob sich der
Starblinde, drängte die Tische, die vor ihm zusammen-
faßten, auseinander, so daß ein Durchgang von ihm zu
Christianus entstand, ließ sich vor dem Doktor auf ein
Knie nieder und — wie ebbte der Lärm! wie beugten
sich die Leiber über die Tische! — redete, von seinem
Zungenfehler behindert: der Meister dürfe nicht mitziehen; sie müßten ihren Meister behalten; was aus ihnen
werden sollte, wenn er sie verließe; es müsse ein Nach-
folger gewählt werden, der das Amt versähe, bis der
Meister wiederkäme; ja, das sei das Entsetzliche: ob er
wiederkäme; man hörte im Kriege so oft, daß einer der
bedeutendsten Köpfe fiele; nein, er dürfe nicht mitziehen; er müsse bleiben!

»Lieber,« — der Meister legte die Hand auf des Knienden Kopf — »das sind doch Dinge, die bei Gott stehen,« — nicht, als ob er hier eine Pause gemacht hätte,
aber ein Gedanke schien liegen zu bleiben, die Worte
hängten sich aus, schwebten ungefaßt und kamen darauf

hinaus, daß man diesen Abend, wenn es auch der letzte sei, unausgezeichnet, den andern gleich begehen wollte.

Nein, man wollte nicht. Der Meister wolle nur über das Entsetzliche hinwegkommen.

Da erhob sich der Unentschlossene, und seine Frage hatte etwas seltsam Bestimmtes: Der Meister beabsichtige doch wohl gar nicht, ins Feld zu ziehen? Soldat gewesen sei er doch nicht?

Gewiß würde er mitziehen; als Freiwilliger. Er würde Soldat sein wie jeder andre. Ja: wie jeder andre.

Das gab dem Weißbärtigen, der bis dahin erschüttert gelauscht hatte, einen Gedanken: Nein, wie jeder andre nicht. Jeder andre könne fallen. Wenn der Meister fiele, so sei damit ein Zeichen gegeben: Gott habe alsdann seine Hand von ihnen gezogen.

Jawohl: das wollten sie zum Zeichen nehmen: der Meister dürfe nicht fallen; sonst sei die Zeit noch nicht reif für das Höchste, nicht reif für seine Lehre; wenn er fiele, sei der ganze Kampf vergebens.

Sie möchten sich beruhigen: er würde nicht fallen, und wenn er fiele: er würde wiederkommen, wenn die Zeit reif wäre.

Jawohl: er würde wiederkommen! War das nicht ein großartiger Gedanke? Der Starblinde meinte sogleich, er dürfe auf Grund dieses Wortes erneut seinem Gefühl Ausdruck geben, daß der Messias gekommen sei.

Man stutzte. Nicht dieses Einfalls wegen; dieser Einfall fand in der Gesellschaft offne Herzen. Aber Heinrich, der bis dahin lautlos und verloren dagesessen hatte, war aufgebrochen und hatte des Meisters Schultern umschlungen:

»Wir wollen zusammenbleiben. Wir wollen uns helfen. Wir werden heimkehren.«

»Wir werden heimkehren, mein lieber Heinrich,«

sagte der Meister, drängte den Jüngling sanft von sich, kehrte sich ab und ging, ohne einen Blick an die Versammlung zu wenden, in eins der Nebenzimmer.

— Immerhin: es war so: er konnte fallen. Wie jeder andre. Wie viel mehr aber fiel mit ihm als mit jedem andern! Feigheit? Dieser Vorwurf läßt sich zurückgeben. Niemand würde einem Heerführer, einem berühmten General zumuten, mit seiner Stirn ein Schrapnell aufzufangen; was gibt dem General das Recht, einen Volksführer, einen berühmten Prediger vor die Gewehrläufe zu stellen?

Plötzlich erschrak er über einer Spur, die ihn in seinen Gedankengängen aufhielt, einem Zeichen, das ihm sagte, daß Menschen vor ihm diese Gänge durchrannt haben mußten; sie waren mit einem Namen bezeichnet; dieser Name kehrte wieder an allen Wänden; jede Ecke, um die er bog, trug dasselbe Wort — Flucht; alle Winkel, alle Straßen, die er durchjagte — Fahnenflucht; er stürzte in eine entlegene Gasse — Fahnenflucht; zitterte zurück auf einen Gemeinplatz: an allen Ecken: Fahnenflucht.

Er entsetzte sich; fühlte sich erst nach einigen Atemzügen erholt; stand im Raum.

Er zog sich gewaltsam in die Dunkelheit zurück, zog das Dunkel über sich, um unerhellt in die Helligkeit des Saals zu starren.

Sein Blick fiel auf Heinrich, der mit Maria plauderte. Er schien im Anblick des Freundes zu versinken; nach und nach faßte er sich an den harten, steilen, lichtumstrahlten Gebärden wieder; sein Auge weitete sich; das Bild löste sich zum Gedanken, und er entsann sich immer mehr:

— Wie feig, wie feig, zu fragen und zu denken! Kann es nicht sein, daß du so sicher wie der deinen Weg gehst? Vielleicht ist der da draußen schon ein abgemoderter Schädel, nur du siehst es nicht; vielleicht bist du selbst ein Gerippe mit ein paar faulen Lappen, nur du weißt es nicht. Das bißchen Zeit, bis du's weißt: was tut das? Aber wenn es der Ewigkeit gefällt, dich noch eine Weile über der Erde zu halten, wird sie dann nicht aus der Tiefe heraufgreifen können, dich tragen, dich heraustragen? Oh wie unendlich würde mein Tag sein, wie voll dankbarer Festigkeit mein Schritt, wenn ich nur einmal die Nähe Gottes erlebte! Wie anders als jetzt! Wie ich jetzt bin, zweifelnd, bedenklich, von Unruhe voll — es ist gleich, ob ich stehe oder falle.

Er schien ihnen größer, als er, von vielen Kerzen erleuchtet, in den Saal trat. Er übermannte Heinrich mit diesem kurzen: »Morgen früh, Lieber,« und der Jüngling wagte nicht, seinen Blick, in dem ein großer Triumph zertreten war, hinüberzusenden zu Maria.

Daß es Nacht ist, daß Reihen rechts, Reihen im Rücken, Reihen vorn verlaufen, daß man einen Weg geht, über den feindliche Witterung streicht: woraus ist das alles geworden? In welch winzigem Gelenk dreht sich der Arm des Schicksals, der uns über die Erde hebt!

Ein Gewitter ist im Aufkommen. Windstöße spalten sich an ihnen vorüber. Die Schollen, die am Tage wie gebrannter Ton dagelegen haben, sind bleigrau geworden; es ist um ihre Füße herum alles wie gegossenes Blei, das sich am Horizont zu Spitzen aufzackt: der Stadt.

Man hat sich durch die Dämmrung in den Abend geflüstert. Jetzt in der Nacht — o Erinnrung an jene schlummervolle Untätigkeit des nächtlichen Menschen! — wird man stille und schläft über marschierenden Füßen.

Nur Heinrich, der neben Christianus Schritt hält,

spricht hie und da ein Wort, heiter fast; denn er hat Christianus den Tag über fröhlich gesehen. Sie schauen beide zur Erde: wie beruhigend liegt doch die Erde unter unsern Füßen: nicht allzuhart verschließt sie sich den todgeneigten Gliedern; nicht allzutief läßt sie den sich im Tod Erholenden versinken.

Jetzt: ein Wind. Wind hat einen Ast von einem Baum gebrochen. Christianus blickt auf. Die ersten Häuser leuchten weiß durch die Nacht. Nein, es ist still; durchaus still. Nicht einmal in den Vorgärten irgendein Laut.

Hagel? Es kann doch — wir sind mitten im Sommer — es kann doch nicht Hagel geben? Aber es hagelt. Christianus lauscht auf. Es klopft an den Stämmen wie Spechthämmern. Er fährt herum. An seinem Nebenmann hat es einen Klang gegeben, als schlüge einer mit einem Klöppel einmal auf die Trommel. Es bricht aus den Häusern. Der Tod trommelt. Er lockt zum Avancieren in die Gärten. Sie verhäkeln sich im Gedörn und sinken lautlos zusammen.

Christianus steigt einem Staket entgegen, langt über einfallenden Grund nach Spitzen, kommt hinüber, hebt den Kolben auf: »Hund!« und fällt zurück.

Vor seinen Augen ist es hell geworden; ein Busch ist vor ihm aufgeflammt — er sieht deutlich, wie er brennt und doch nicht verbrennt — eine weiße Gestalt ist auf ihn zugetreten, hat die Arme gebreitet und sagt:

»Gib mir deine Hand; ich will deine Gabe annehmen und dich erretten um meinetwillen. Gib mir deine Hand; ich will dich führen. Gib mir deine Hand; ich will.«

— Dies ist alles sehr deutlich gewesen. Er hätte sich unterstehen können, es wie einen transparenten Pergamentstreifen zwischen Hirn und Stirnschale hervorzuziehen. Er hätte es tun können. Er sah nicht ein, warum er nicht liegen bleiben sollte, wie er lag. Er würde herausgeführt werden; irgendwie würde er herausgeführt werden. Zweifel? — es war über allem Zweifel; es war deutlich genug gewesen.

In der Stille erwachend, im Gefühl, als höbe der leichte Wind, der vor Sonnenaufgang aus weißem Himmel her+ aufweht, ihn auf, hängt er die Arme zwischen Baum und kleine Felsen und blickt um sich. Unter Bewaffneten, die in groben Arbeitskitteln müde daliegen — er weiß, es sind Tote — ist er der einzig Lebendige. Er steht auf, geht lä+ chelnd auf einen zu, an ihm vorüber, an andern vorüber, wieder lächelnd auf einen zu. Muß es sein? Er hebt ihn mit einem Arm hoch, streicht dem zurückhangenden Kopf das Haar aus der Stirn, drängt einen Ärmel über die Schulter und — oh! es ist schwer, unendlich schwer — nimmt Stück um Stück, bis an dem Toten sich etwas regt: er strafft erschreckt das auflebende Hemd der Leiche in seinen Waffenrock und überwirft sich mit dem grauen Kittel. Als es getan ist, verfallen seine Glieder in Wanken; aber die Brust, atemvoll tragend, fängt ihn auf. Er tritt auf die Landstraße und geht mit den Blicken in sie hinein, sucht wundernd. Daß ich suchen muß! denkt er. Da be+ ginnen die Blätter der Bäume sich zu kräuseln, sie werfen sich begeistert um und ins Ende der Heerstraße hinein; weißüberglänzte Vögel streichen endlos wegabwärts; hin+ reißend zieht alles durch seinen Kopf — eben noch lehnte der Kopf an einem Baumstamm — jetzt bewegt er sich mit dem bewegten Gelände wegabwärts.

Ans Ohr, das sich der lautlosen Luft, der Fülle schweig+ samen Lichts hingab, klangen vom Blutstrom her — selt+ sam untertöntes Stillegefühl! — die letzten leichten Herz+ schläge der nächtlichen Erweckung; so weitausgreifend wurde sein Schritt, so nachlässig ließ er alles Auf+ und Entgegenkommende gewähren, daß er nicht einmal widerstrebte, als ihm plötzlich als das Ziel seines Weges Maria voranging.

Er erstaunte über nichts; Begegnungen erschreckten ihn nicht; es war ihm, als habe er alles überholt, ehe es ihn ankam.

Maria war über allem; im Wasser seiner Augen, in Tränen tanzte ihr Licht vor ihm her, wachsenden Glanzes, bald unerträglichen Feuers, bis sie am Wegende erloschen, jedes Licht mit stumpfem Grauen austupfend, vor ihm stand.

Auch das erstaunte ihn nicht. Kräftigend ging der Schlag durch ihn. Es würde einen Kampf gelten. Er würde an einen Widerstand geraten, der so groß wie die Welt werden und nur eine Grenze haben würde: den engen Raum, den seine sieben Rippen umschlossen und in dem die weiße Gestalt stand. Dagegen würden sie anrennen; anrennen, unwissend, gegen wen.

Vorerst hatte er das Bedürfnis zu schlafen. Er fragte Maria nach nichts, sondern stieg, sich mit keinem Blick umwendend, die Treppe hinauf in die Dachkammer. Da legte er sich neben das Bett auf den Fußboden, streckte sich wie ein Hund aus, den Hals zurückgedehnt: schlafen!

Immer mehr wurden ihm die Stunden des Schlafs glückselige Stunden und die des Wachens peinvoll erregte.

Er hängte, wenn er wachte, die Arme durch die Dachluke auf die heißen und rauhen Ziegel und starrte die Spitzen drüben des Doms an, um die die Dämmrung aufkam und der Abend einfiel. Die Speiteufel schrumpften bläulich zusammen, blähten sich rötlich an ihn heran. Darunter brodelten mit gurgelnden und platzenden Schaumbläschen die Geräusche der Stadt.

Das Fürchterlichste war, in der Nacht zu erwachen. Unmöglichkeit, etwas zu unternehmen, Lähmung, gebundene Glieder hingen da an einem, daß ein Wünschen nach Tag, Tätigkeit, Lärmen in Schweiß ausbrach.

Plötzlich war er bei Maria: als habe er Wand, Decken, alles Räumliche durchbrochen. Und dann haftete sein Blick, sein Wort, seine Gebärde so heftig in ihr, daß sie sich im Schmerz wand.

Sie verstand ihn nicht; sie wollte ihn nicht verstehen. Wenn sie in dem allen nur eine Faser Gefühl für sich, für ihre Demut, für ihre Hingabe entdeckt hätte, sie hätte sich daran geklammert; aber er redete — halb schien es, ohne sie anzusehen. Sie war ihm gegenüber immer in einem Wunsche befangen und sie empfand: sich die Hand geben, bei jedem Vorübergehen Worte sprechen, sich anblicken — bei andern Menschen sind die Tage ausgefüllt von solchen Dingen; bei uns sind sie durch solche Dinge leer.

Er wiederum nahm ihre Sorgfalt um die Sachen seines Alltags als nichts. Gewiß: sie tat alles — sie verbarg ihn; er erkannte das an; aber seine Dankbarkeit war nichts als ein Verzeihen. Sie ist ein Weib, sagte er sich; sie versteht mich nicht; also soll sie mir dienen.

Da geschah es eines Tages, daß dies alles anders wurde.

Maria teilte Christianus mit, daß Heinrich käme, die letzten Wochen heilender Wunde bei ihr und der Gemeinde zu verbringen.

Von dieser Wunde konnte Christianus nicht sprechen hören. Ein Widerstand, ihm selber unbehaglich, wehrte sich wie mit tausend Armen gegen ihre Nähe, und wie mit tausend Armen griff eine Begierde kalt und angst aus ihm heraus nach Maria.

Er saß neben ihr; er suchte Worte, tiefe, tiefere Worte; er versuchte, diese granitnen Blöcke, die Stirn, Kopf, Leib heißen, wegzuwälzen, wegzubrechen von seinem

Gedanken, von der weißen Gestalt, die innerst in ihm leuchtet: plötzlich warf er sich steil zurück.

Eine Kraft durchstemmte seine Glieder, daß alles Steinerne, Versteinte an ihm aufsprang: seine Mienen begannen zu flattern, daß sie nur noch wie Schatten über einem aufgedeckten Gesichte schwammen; er hob die Arme: »Es ist wie ein Ungeborenes und doch Empfangenes« und legte sie an Mariens Brust und ihr Gesicht in beide Hände: »Hilflos.«

Dies Weibverwandte hatte sie von je an ihm geliebt; aber dies Neue, Übermannende war hinzugekommen: es war das erste Mal, daß er sie leiblich berührte; seine Hände lagen warm und dicht von ihren Schläfen herab zu den Wangen; wie sollte da ihr Kopf nicht alles umdeuten, was ihm und ihr bis jetzt entgegen gewesen war!

Sie war zufrieden; sie hatte ihn begriffen. Sie hatte ihn begriffen, trotzdem er nichts gesagt hatte.

Er liebt mich, dachte sie.

Und: es ist geschehen! jauchzte in ihm jeder Atemzug. Die weiße Gestalt ist ihr aufgegangen; ich trage sie nicht mehr allein in mir. Das Unüberwindbare ist überwunden; der Anfang alles Geschehens ist geschehen. Was hindert noch, daß die Dämme aufbrechen allerorts? Daß alle erkennen, was mich berufen hat? Es wird geschehen.

Geduldig überstand er die Hölle unter seinen Füßen, die Versammlungen, deren Geräusche allabendlich zu ihm heraufschlugen.

Heinrich machte die Zusammenkünfte zu Gedächtnisfeiern für den Toten.

Rührend und furchtbar, wenn Maria erzählte, wie der Harte, Verschlossene aufgegangen war in Liebe zu dem gefallenen Freunde, wie er den Lebenden vertilgte, indem er den Toten erweckte!

Christianus bemerkte, daß Maria mit ihrem Gefühl viel weniger als er in dem Entsetzlichen stand, wie hier ein Mensch den andern mit Erinnrungsherzblut erstickte, und viel mehr in dem Entzücken über die Kraft und Heftigkeit dieser Hingabe. Er begann, diese Freundschaft zu fürchten.

Zwar, wenn Maria heraufkam und die Gespräche halber Nächte vorbrachte, die Lippen mit einem verwegenen Lächeln bewegend, und doch wie in einem Märchen befangen, das Christianus wie ein großer Zauberer beherrschte, wußte er: er war ihrer sicher.

Aber eines Abends trat sie herein und hatte einen entlegenen Glanz im Auge.

Christianus fragte.

Sie erzählte.

Der Starblinde habe gegen alle Tröstungen Heinrichs prophezeit, der Meister werde auferstehen. Da habe Heinrich geantwortet: »Blinder, du hast recht; nur willst du mit tausend Schritten ermessen, was wir Sehenden mit einem Blick erfassen: er ist auferstanden; er ist in uns, für die er gestorben ist, auferstanden.«

Damit schwieg sie. Christianus wartete.

Aber sie hielt es für besser, jene wunderbaren Worte für sich zu behalten, die Heinrich danach mit einer deutlichen kleinen Wendung zu ihr hinüber gesprochen hatte — wobei er seine Stimme hatte metallner und seine Schritte straffer werden lassen —: »Das könnt ihr nicht nachdenken, dies: daß ich, der ich genesen — wie ihr sagen würdet, auferstanden — bin, mich wie von Licht und Luft begraben fühle; daß ich sagen möchte, ich sei auferstanden, wenn ich in der Erde läge.«

Christianus begriff immerhin. Er richtete sich auf und

befahl ihr, den Versammelten und Heinrich — auch Heinrich! Heinrich besonders! — zu sagen: der Blinde habe recht; er w e r d e auferstehen.

Heinrich erhob sich eben, um auf den prophezeienden Blinden einzureden: da hörte er Mariens Stimme. Er wandte den Kopf.

»Der Blinde hat recht,« hörte er sie sagen. Und dann mit einem Atem, der fast die Worte verschlug: »Der Meister w i r d auferstehen.«

Erst als sie ausgesprochen hatte, wagte sie, zu ihm aufzusehen. Ihre Blicke legten sich lange ineinander. Dann drehte ein Krampf dem Jüngling Brust, Nacken und Kopf herum. Sie sah fort.

Als sie wieder aufblickte, hatte er das Zimmer verlassen.

Seit diesem Abend bestand Maria darauf, daß Christianus ihr Versprechen einlöste.

Er mußte auferstehen.

Sie leitete alles.

Sie versammelte täglich die Gemeinde; sie ließ nicht ab, die bestimmte Voraussage des Ereignisses zu wiederholen. Er befragte sie endlos und eindringlich, um aus der Summe ihrer Beobachtungen seine Einstellung zu finden. Sie gab ihm die Ergebnisse von Experimenten an die Hand. Etwa: sie hatte auf die Frage, wann sie meine, daß der Meister auferstehen würde, überrascht gezögert. Oder: sie hatte in einem Augenblick nachdenklicher Stille halbhin gesagt, manchmal sei ihr doch, als ob sie sich täusche — Mißmut, Verzweiflung, ekelhafte Zerfällnis mit allem, was Gott, Glaube, Zukunft heißt, sei hereingebrochen. Peinlich zu denken, daß dieser Verdruß sich dem Volke, dem näheren, am Ende selbst dem weiteren Lande mitteilen könne. Es war keine

18

Frage: hier war er berufen einzugreifen. Er sah sich mit einer Aufgabe in den Ring der Gemeinschaft gestellt, sah den Horizont seines abgeschlossenen Daseins sich lichten und dehnen. Es waren Bedenken da. Aber sie versicherte ihn: diese Köpfe waren wunderbedürftig und durchaus bereit, ihn aufzunehmen. Allerdings; aber — Sie bedeutete ihm: dies waren nicht allein wunder= bedürftige Köpfe, dies waren auch wundergläubige Her= zen; würden diese wundergläubigen, diese nach der Er= füllung ihres Wunsches kindlich frohen Herzen ihr Er= lebnis unter die Menge tragen, ihren Glauben von den Blöden, den Nichtbegnadeten zerstören lassen? Das würde nicht geschehen; nur die Zuversicht würde sich überall wohltätig ausbreiten.

Sie ließ Christianus in Ungeduld aufgehen.

Sie bestätigte die Gemeinde in der Hoffnung auf die Wiederkunft des Meisters.

Sie legte ihre Erwartung ineinander.

Als die ersten Hyazinthen blühten, brachte sie bren= nend rote Stöcke herein. Die Sonne zitterte blaß, wie eben genesen, durchs Zimmer und trug den kranken Duft der Blumen an sich. Durch dieses Spalier üppiger Blüten und spitzer Sonne lief der Weg, den Christianus zu den Menschen ging.

Die Sonne machte ihn hell. Alles strahlte an ihm. Er begegnete Maria und lächelte; ging durch viele Zimmer, kam ihr wieder entgegen und lächelte wieder.

Nur, daß er nicht jeden der Freunde einzeln begrüßen sollte — er fühlte sich so gemeinsam mit jedem einzel= nen, fühlte die Hände in jedes einzelnen Händen, den Kopf jedes einzelnen Kopf ganz nahe — nur, daß er warten sollte, bis alle versammelt wären und dann — dies dann lag matt, zog ihn nicht, lag ihm entgegen.

Aber es mußte auch so gehen. Gewiß, Maria hatte recht. Es würde auf ihre Art sogar noch besser gehen.

Er wendete sich wieder in ein Nebenzimmer, wandelte hindurch, bog um Ecken, Türen, lief durch Zimmerfluchten, Gänge — seltsam! — es war hell, warm, fast heiß, und es war gar kein Geschrei da, und doch schrie — nein, es war unendlich leise, fern und verloren — schrie es — Flucht; er sah sich um: war er diese Gänge nicht schon einmal gegangen? Nur war etwas Fertiges, Ausgemachtes an ihnen: als wäre alles fest geworden. Er versuchte, sich zu entsetzen, und es gelang ihm nicht — Flucht; er bog um Ecken, hob sich durch Türen — Fahnenflucht; bewegte sich vorüber an hundert mitziehenden Wänden: Fahnenflucht.

Ach, das war ein Wort, von Menschen gefunden, die nicht seines Sinnes waren. Von dem Sinn, der ihn über die Menschen hob, lag dies Wort so weit ab wie ein kleines Sandkorn, das ein Engel, aufsteigend, vom Fuß fallen läßt. Für seinen Sinn gab es kein Wort. Aber für das, was er getan hatte, gab es ein Wort: jenes. Liegt denn etwas zwischen dem Sinn, in dem eine Tat getan wird, und dem Sinn, in dem sie betrachtet wird? Ja: die Tat selber. Die Tat ist das Urteil. Aber ich kann das Urteil, das nur meinen Fuß streift, beiseitetreten.

Es klirrt, klingt zu seinen Füßen; das Haus hat sich geöffnet: die Menschen kommen.

Der Gedanke läuft aus und reißt wie ein dünn ausgezogener Glasfaden ab; das Hirn tropft zusammen zu einem Klumpen Menschen.

Aus dieser Menge stellt er sich einzeln vor: hier diesen, dort jenen; hebt ihn auf, betrachtet ihn, sieht ihm in die Augen: oh! überall glänzt dieses selbe frohe Auferstehungslächeln, in tausend Augen leuchtet es, Laute, unerhörte, läuten von Herzen zu Herzen hinüber, herüber; er breitet die Arme, zieht alle an sich, nahe, näher; er ist ganz erfüllt von ihnen.

Da stehen sie.

Sie haben alle die flachen Augen auf ihn gerichtet.

»Fahnenflucht.«

Eben hat einer gesagt: »Fahnenflucht.«

Ehe er sie begrüßt hat, hat einer das gesagt.

Er spannt die Arme heftig an, will sie erheben; sie sinken an ihm ab; er fühlt, wie seine Gebärde in Hilflosigkeit verfällt. Der entstellte Blick Mariens greift ihn an.

Sie weichen von ihm zurück wie Wasserkreise vom eingefallenen Stein.

Er drängt nach.

»Hört doch, ihr Feiglinge! Ihr tauben Fische und blinden Maulwürfe, hört und seht! Was ist es, wovor ihr zurückweicht? Sollte ich als unbeschwerlicher Sonnenstrahl vor euch hintreten? Da: da steht solch eine Gestalt Sonne. Hat die euch getröstet? Hat die Laute zu euch gesprochen, wie ich sie spreche? Hätte das laue Flämmchen, das mir ähnelnd über euer schwaches Gehirn hinschwankte — hätte das auferstehen können? so viel Leiden übernehmen können, daß es zu euch kam? Mußte ich nicht — da ich es in Wirklichkeit bin — mit Fleisch und Blut herausgerettet werden, um zu euch zu kommen? Und nun weicht ihr vor diesem selben Fleisch und Blut zurück?«

»Feiglinge« hätte er gesagt, begann unentschlossen eine Stimme; mit diesem Argument begann sie; im Verlauf der weitern wurde sie seltsam eindringlich.

Christianus hörte nicht zu. Es kam ihm bemerkenswert vor, daß er diesen ganzen Auftritt früher, ehe er sich darin befand, auch nur als Licht, gefügiges, wandelbares Licht gesehen hatte. Er war befremdet, die Wirklichkeit jener Körper hinnehmen zu müssen; versuchten jene vielleicht vergeblich, die Wirklichkeit des seinen zu vertilgen?

Er wußte nicht, ob sein Gegner geendet hatte; er fuhr fort:

»Was ist dies, was hier vor euch steht? Steht ihr etwa vor mir wie durchschauliches Licht? Kenne ich, wenn ich eure Leiber, eure verrotteten Bärte, eure zerrunzelten Stirnen, eure triefäugigen Gesichter ansehe — kenne ich dann die Klagen, die euch in wortlosen Nächten durch= klungen haben? Wenn ich eure steifhäutigen Hände, eure überlederten Füße betrachte — kenne ich dann eurer Gebete Bewegungen und die Verzweiflungen eurer Wege? — Ja! ja! ich kenne sie! Aber kennt ihr durch meinen Anblick mich?«

Der weißbärtige Alte trat vor und legte erschüttert die Hand auf die Brust: Sie wüßten ja, daß er ein andrer als sie sei; gewiß, es sei wahr, er sei anders als sie; aber schuldig machten sie sich doch, wenn sie ihn nicht anzeigten; gewissermaßen machten sie sich doch schuldig?

»Ja! geht, geht! zeigt an! Wißt ihr, auf wen ihr zeigt? Auf mich nicht. Wißt ihr, auf wen ihr zeigt? Gebt acht, daß euch die Finger, daß euch der Arm nicht verbrennt bis zur Achselhöhle: habt ihr jemals auf den gezeigt, der dem Propheten im feurigen Busch erschien, und habt geschrien: den greift! der ist's! Hebt eure Arme! schreit! Kennt ihr die Verdammten, die mit ihrem Ge= schrei sich das Gericht sprachen? Ihr seid's! An mir fahren eure Schreie vorbei wie Wind, und eure Arme schlag ich beiseite wie klappernde Bretter; denn in mir ist die Kraft jenes, der seine Erwählten durch das Geheul der innern Einöde, ja, durch die Wüste voller Men= schen sicher hindurchführt! Er sprang vor mich hin, als ich den Kolben zum Kainshieb hob: Halt ein! Da brannte

22

der Busch auf, und seine Stimme rief: Geh zu ihnen! Ich will, daß deine Gabe an sie komme! Und der das sprach, der steht seitdem in meiner Brust, hochaufgerichtet, brandhell! Hebt die Arme! den greift! der ist's!«

»Oh! Woher? Wo?« Zwei Arme erhoben sich vor allen und griffen in die Luft; wie die Klage eines Tieres breiteten sich Worte, vielfach von Weinen geschlagene Worte aus: »Wo stehst du, Herr, den meine Arme suchen? den der Herr über alle Herren hergesandt hat, uns dem Tal des Jammers zu entführen? Wo finde ich dich, dir zu Füßen Dank, Lob, Lobpreisung —«

An dem tastenden Blinden vorüber sperrte sich eine spitze, bestimmte Bewegung.

Das sei eine wunderbare Geschichte. Darüber könne unsereins nicht urteilen. Oder ob einer urteilen wolle?

Nein, allerdings, das sei schwer; darüber sei nicht leicht ein Wort zu sagen. Man verstummte eine Weile. Da hob sich aus dem Hintergrunde hell, fast singend, eine hohe, anfragende Stimme: »— Heinrich?«

Das sei wahr: Heinrich! Der verstünde das wohl. Man wolle warten, bis Heinrich komme. Der solle der Richter sein. Und bis dahin wolle man sich jeden Schritts enthalten.

Sie traten zusammen und versprachen sich ihr Gelöbnis in die Hand.

In diesem Augenblick glitt die Sonne, die rückwärts und rückwärts gewichen war, von Christianus ab. Sie hoben die Augen auf und sahen ihn nicht. Langsam entgraute er dem Dämmer; seine Augen standen glanzlos vor dem Gemäuer; er sah verstorben aus.

Es ging etwas wie die Scheu vor einem Toten durchs Zimmer; mit kalten Schultern drängte sich die Menge und bewegte sich hinaus; es wurde leer; leerer: das Zimmer war leer.

Plötzlich fühlte er den Boden zu seinen Füßen in die Tiefe stürzen, sah ihn drüben gegen die Wand sich langsam heben und hoch an die Wand gelehnt Maria. Die Kehle hell — uneinhaltsam hört er ihre hohe Stimme — Heinrich? fragen — das Kinn nachlässig verachtend gereckt, den Blick abfällig auf ihn gesetzt, stand sie ihm gegenüber.

Er hob die Arme auf, und so verwilderten seine Gebärden an der Luft, in der sie stand, daß sie wie Flammen gegen sie auszuschlagen schienen; er schrie, und immer wachsend, verfingen sich die Schreie in hohen Anrufungen, und angreifend: Mein Gott! Mein Gott! weinend, sank er in sich zusammen.

So verfallen, fühlte er seine Füße plötzlich umrafft von zwei Armen. Er sah sich wundernd um und fand es natürlich, daß der Boden ringsum sich steifte, aber seltsam, daß die weite Fläche leer war. Wo er noch eben über einer andringenden Flut aufgebraust war, kreiste Leere, Öde, nichts als dies sanfte, umwogende Plätschern der Arme, dies Geringe, dem er sich nicht entziehen konnte.

Er sah nieder zu dem Weibe: »So allein, Marie!«

Da öffnete sich unter ihm ein Blick voll Tränen; er beugte sich nieder und hob sie auf.

Sie schloß unter seinen Griffen die Augen und schauderte zusammen.

Ihm war wohl dabei; es schien ihm, als sei alles recht so, überaus gerecht; er faßte mit zärtlich gestreckten Fingern — Mariens Kopf ruhte in seiner Hand, ihr Leib auf seinem Arm — nach den langen, weichen Wimpern ihrer Lider — nicht, als ob er sie zurückstreifen, gewaltsam öffnen wollte: es war ihm, als streichelte er über einen Traum hin.

»Laß!« bat er. »Laß, Liebe!«

Langsam schlug sie die Lider zurück, warf aber den

Kopf beiseite; er bog sich nach und über sie; das Weiß ihres Auges spreizte sich ihm entgegen; Duft und Hauch von Mund und Haar verwuchsen; unter dem Schatten seiner Stirn blühte ihr Auge, das volle Dunkel inmitten auf; ihre Sinne gingen ineinander.

Die Lockerungen und Eröffnungen dieser Stunde nahm Gott von Natur als eine Gelegenheit, aus der Entfernung näher zu treten.

Christianus bemerkte die väterliche Gegenwart durchaus nicht sofort.

Er wandelte unbekümmert im hellen Mittag und verlachte sich, als ihm war, als ob ihn eine fremde Stimme gerufen hätte.

»Du bleibst? Und wie lange?« hatte die Stimme gefragt.

Er wandte sich um und erschrak heftig.

Es war niemand im Zimmer als Maria. Halb saß, halb lag sie auf einem Diwan, und von den heißen Wänden strahlte viel Licht in die großen Falten ihres Kleides. Es war wirklich außer ihr niemand zu sehen. Aber im Hintergrund ihrer unheimlich gebauschten Hüllen, im Schutz ihrer weitgesetzten Gliedmaßen, über denen die sonst liebreich sprießende Brust zusammengeschrumpft schien, verbarg sich, erwartete ihn etwas. Er hatte vorübergehend die Empfindung, als stellte sich ihm gegenüber im Schatten des Begreiflichen etwas der weißen Gestalt Ähnliches, Unbeherrschbares, Zwingendes auf; er wagte nicht zu atmen und geriet über dem Gedanken, zum ersten Mal vor der weißen Gestalt Angst empfunden zu haben, in wachsende Angst.

Marie sah ihn mit einem unverwandten Lachen an.

Er fragte erschüttert: »Ist jemand hier, Marie? Oder warst du das, der das sagte?«

Sie lachte auf, sprang auf und ging im Zimmer herum: »Ja, ja. Hattest du Angst? Ich wollte dich nur fragen, wie lange du noch bleiben wirst. Bleibst du noch lange?« Und plötzlich in sich hinein mit abgefallener Stimme und ganz verändert: »Himmel! So weit! so weit!« Sie zitterte und legte die Finger an die Lippen wie in Ent= setzen vor ihren eignen Lauten.

Sie schien wahnsinnig zu sein. Er war ihr unendlich fern und gab sich Mühe, sich einzustellen. Darum näherte er sich ihr, sie zu umfassen.

»Nicht an mich!« rief sie und entsprang ihm. Er drang ihr nach: »Liebe, sind wir nicht eins? und haben dies eine gemeinsam?« fragte er mit großem Unbehagen, aber in der Hoffnung, sie zu beruhigen.

Sie versank: »Daß ich dich geliebt habe! Daß ich dich geliebt habe! Aber ich sah dich so verlassen, so los, so — hin, fort, nichts von dir übrig — und da! — Geh doch! geh doch!« schrie sie auf, »daß ich dich wieder lieben kann.«

Daran war ihm nicht gelegen; auch schien es ihm un= möglich, ihr noch ferner zu sein, als er schon war. Er stand ihr gegenüber und blickte gleichmütig auf sie hinab. Was bewegte sie? Je mehr sich in seinen Augen der Grund ihrer Erregung verringerte, desto unmäßiger erschien ihm das Meer von Bewegungen, das darüber hinging; und ihm wurde um so übler, je tiefer er ein= sah, daß sie ihn mit dieser wilden Flut von Gebärden aus ihrem Innern verwarf. Er gewöhnte sich an den Ge= danken, in ihrem Herzen keinen Raum zu haben, und alsbald dünkte ihn dies Herz winzig und er sich dafür zu groß. Sie war fortan Rest für ihn. Wieviel hatte er ihr geben wollen! Er fand es erbärmlich, so beherrscht vom eignen Wesen zu sein, und unverzeihlich, nicht am andern teilnehmen zu können. Aber was hatte man schließlich miteinander zu tun? Nichts. Er wünschte nur noch, daß sie das einsähe.

Im Gegenteil kam sie auf ihn zu und legte sich an seine Brust. Sie weinte.

»Das Kind —« sagte sie. »Siehst du: was soll aus mir und dir werden? Er muß kommen. Und wenn er kommt, darfst du nicht mehr hier sein. Mit ihm allein will ich schon alles ins Reine bringen. Aber bleiben kannst du nicht« — sie streifte ihn mit gespreizten Fingern von sich — »Du bist ja tot.«

Er war ratlos. Das Kind — er sah ein, das war ein Ding, mit dem zu rechnen war. Er war in eine sonderbare Lage geraten; es war nicht abzusehen, wie er gegen das Kind aufkommen sollte. Da flog ihm die Erinnrung zu, daß man von Müttern gehört hatte, die unter Einsatz des Kindes bei der Geburt geschont wurden, und während dieser Gedanke keulenhaft wuchs: konnte hier nicht unter Einsatz von Mutter und Kind —? und er ihn aufhob, bereit, ihn in die Tat fallen zu lassen, kam es ihm vor und hemmte ihn, daß sie seltsam von dem Kind gesprochen hatte. Er fragte besinnungslos, vorerst sich zu vergewissern: »Du sagst er. Weißt du, daß es ein Junge ist?«

Da lachte sie und — widerwärtig, wie sie gleich Weibern, die haltlos lachen, den Schoß vorstreckte! — dies Lachen umschallte ihn, daß er aus ihm heraus nur begriff, sie müsse von jemand anders als dem Kinde gesprochen haben. Aber ehe er das ganz faßte, kam sie zu Atem: »Heinrich? Der ist Manns genug, dich für ein Weib zu halten.«

Heinrich. Sie hatte Heinrich gemeint. Er stürzte sich, ohne an dem Hohn zu haften, mit dem sie ihm nachsetzte, durch die einströmenden Gedanken ihrer Absicht zu. Sie wollte jemand kommen lassen: sie wollte Heinrich kommen lassen. Sie wollte etwas mit ihm ins Reine bringen: mit Heinrich — was? Alsbald stand ihm fest, und er glaubte, guten Grund zu haben, darauf weiterzugehen: sie wollte Heinrich vor die verhohlene Finsternis stellen, in der sie und das Kind lagen, um den heranwuchernden Gerüchten zu wehren. Heinrich — unendlich erhellt und lieblich erschien ihm dies Waffentum — sollte an Vaterstelle neben das Kind und die Ehre der Mutter treten. Er bewunderte die Gewandtheit, mit der sie auf diesen Gedanken gekommen war, und erstarrte vor den Untiefen der Heimtücke, über die der Weg dahin führte. So raubtierhaft eingezogen kann nur ein Weib über seiner Brut den andern ins Auge fassen; so kaltherzig bedächtig nur ein Weib dem andern die Schlinge legen. Er ruhte auf der Höhe dieser Betrachtung aus und atmete mit Behagen. Letzthin: wenn Heinrich als Vater des Kindes galt, konnte er nicht seinen Nutzen daraus ziehen? Er würde bleiben — unverraten, ungefährdet. Seine Zähne lichteten sich und lachten: wie abgefeimt hatte sie das alles bedacht! — er sprang von seinen Gedanken ab und an Maria und packte sie wie mit Krallen: »Ja ja, Maria! Geh! schreib ihm! ganz sanft, ganz gelind, ganz verschlagen! Du kannst es! Du kannst es! Er soll kommen; ich will es. Du hast recht; anders kann ich nicht bleiben.«

Sie sah ihn lange und groß an. Dann sagte sie: »Ich habe an Heinrich geschrieben.«

Er erstarrte. Kälte durchsprang ihn. Er schlug zusammen.

»Ach! — Geht es mir auf! Seid ihr einig miteinander? Sind meine Tage schon gezählt? Drückt ihr mich heraus wie ein Giftgeschwür?«

Sie wandte sich leichthin ab: ob er denn vom ersten Tag an oder selbst, ob er vom ersten Schritt an, den er hierher gegangen sei, geglaubt habe, sich halten zu können?

Das bringt ihn hindurch. Er atmet sogar wieder. Er sagt:

»Ich werde bleiben, Liebe.«

»Ich werde auferstehen!« hallt es ihm da entgegen — nein, keine menschliche Stimme hat das gesagt! — und ein fremdes Gelächter läßt ihn hinter sich zurück.

Decken! Decken! Warme, dunkle Decken! Schlafen!

Mit gebreiteten Armen tanzt die weiße Gestalt durch ihn hin. »Gib mir deine Hand!« — Schlafen! »Ich will dich führen!« — Schlafen! »Ich will!« — Schlafen! nur schlafen!

An der Tür rütteln verworrene Stimmen; er ist aufgewacht; er wagt nicht, sich vom Bett zu erheben; er horcht. Eine weinende Stimme will etwas Unabwendbares beschwichtigen: das ist sie! oh, das ist sie!

Sie steht Rede und Antwort auf viele Fragen; er horcht. Sie bleibt standhaft bei einer immer wiederkehrenden letzten Frage: ob Er —? ob Er —?

»Wartet! ihr habt versprochen zu warten! Wartet, bis Heinrich kommt!«

Nein, sie wollten nicht warten. Immer wieder diese flammenspitze, schlangenhaft zustoßende Stimme. Sie wollten nicht warten. Sie wollten ihn sehen.

Da brach er auf. Er griff nach seinen Kleidern; er war machtlos über sie; sie flogen ihn an.

Er war draußen. Er war über einen gekommen wie über ein Nichts. »Hund! Was willst du? Mit wem sie es gehalten? Fragt Heinrich!« Er schlug und peitschte es in sie hinein: »Fragt Heinrich! Heinrich!«

Er blickte um sich. Das Gelichter! Verschrien spritzte

es auseinander, rollte in Ecken zusammen, tropfte vom Geländer, stockte die Treppe abwärts.

Er versuchte, sich zu sammeln. Er sah seine Hände an, die schwer und noch erfüllt vom Zustrom des Blutes an ihm hingen, — was hatte er getan? Schändlicher als die roten, feuchten Hände, die er nicht ablegen konnte, — er hatte gelogen. Am Pfosten der Tür, von Ekel durchstiegen, stand Maria. Er schämte sich an ihr vorbei und schloß die Tür.

Sein Kopf — das fühlte er — verstand nicht mehr genug, um zu entscheiden, was zu tun war. Das immerwährende Frage- und Antwortspiel hatte ihn matt gemacht, und schwachsinnig hingegeben, schwang er zwischen dann und wann auftönender grundloser Ruhe und dem Gekreisch eisscharf klirrender Stimmen her und hin.

Nach langem Schlaf, beim Erwachen — die Sonne schien dazu — gelang ihm dies: man muß nicht ängstlich werden; man muß der Welt zusetzen, bis sie das letzte Wort spricht: Leben oder Tod.

Von diesem Gedanken an empfand er sich tief im Urteil und beruhigt wie ein ergebener Gefangener.

Aber er vermochte sich nicht in dieser Ruhe zu halten. In den Füßen fing es an: irgendeine Sehne beherrschte ihn; er entzog sich ihr, indem er den Fuß krümmte; eine andre trat an; er wand sich unter unerlassener Strenge. Dann verzog sich die Steifung in den Brustkorb; er legte sich mit der Brust auf einen Bettpfosten und drehte sich darauf, oder er ging hinaus in das Treppenhaus und zwängte sie in die Ecke des sich aufwendenden Geländers.

Diese letzte, eigenartige Berührung war es besonders, die ihm wohltat, und er pflegte sie noch, als er das krankhafte Bedürfnis danach längst nicht mehr empfand. Durch den niederstürzenden Gitterschacht, der hinab bis auf die Diele langte, vertrieb man sich die Zeit; da sah man die blanken Fliesen glänzen; hörte das alte Weib Gemüse und Neuigkeiten hereinbringen; fand selber mit vieler Aufmerksamkeit als Neuigkeit heraus, daß es die Frau des Starblinden und Hebamme sei; bemerkte zum ersten Mal, daß Mittwoch und Sonnabend wässrig riechen, und vergaß dabei sich selbst.

Plötzlich versuchte er vergeblich, die Brust von dem schmalen Geländerholz abzuheben; seine Augen rissen ihn immerfort hin, hefteten seinen ganzen Körper fest.
Er hatte nach dem Klingen der Türglocke Marie unbeschwert von ihrer Bürde über die Diele hüpfen sehen.
Er wollte ihr nach; ihm wogte der Atem, als höbe er ihn durch Unermeßlichkeiten, und doch lag die Brust quer und fest auf dem Geländerstreifen.
Eine hohe Stimme, entfesselt durch das ältliche Gebälk heraufspringend, rief: »Heinrich!«
Darauf nichts. Nur daß er sich von dem Geländer los und bewegt fühlte.
Lange Schritte warfen ihren Schatten die Treppe hinab. Heinrich sah sich um und stieß Maria, die an seinem Halse hing, von sich.
Christianus stand erbost über diese Bewegung, deren Roheit ihm erst daran aufging, daß der andre sie ihm vorweggenommen hatte. Maria lag an eine Bank hingeschleudert, und während Christianus betrachtete, wie das schräg einfallende Licht des gelben Dielenfensters sie mit einer eklen Haut überzog und die Schatten der Gitterstäbe, kreuzweis übereinandergelegt, sich ihr aufdrückten, begann ein Krampf sie zu biegen; Kopf, Hals und Brust streckten sich zum Schoß nieder, und ehe sie, von der Welle losgelassen, die Antwort auf einen Blick hilflosen Erschreckens fassen konnte, rollte der Krampf

sie zum andern, zum dritten Mal zusammen. Die Männer sahen sich an. Dann traten sie zu ihr, griffen ihr unter die Arme und trugen sie die Treppe hinauf in ihre Kammer.

»Heinrich!« bat sie, als beide sie gelagert und beengender Kleider entledigt hatten.

Heinrich schrie, und erst jetzt bemerkte Christianus, wie mager und verfallen sich Hals und Hände des Schreienden in die Luft streckten; er schrie und entriß sich den weißen Armen, die an ihm aufgingen, und floh. Noch ganz in das peinliche Gefühl dieses Schreies verstrickt, hörte Christianus Marie ermattet sagen: »Niemand!« und so voll Weinens war ihre Stimme, daß ihm die Tränen unhaltbar entbrachen. Er beugte sich nieder und küßte sie: »Marie!«

»Hilf!« flog sie auf, »hilf mir! Hole sie! Links aus der Tür, Gasse links, Gasse rechts, erstes, drittes, viertes, ja viertes Haus!«

Er rannte schon eine ganze Weile durch die Räume, ohne Heinrich gefunden zu haben.

Da, an der Tür zum großen Versammlungszimmer, hielt er inne. Auf einer Bank, die in einem Erker halb im Dunkel stand, saß Heinrich — ruhig, selbst auf die eindringenden Worte und hastigen Bestimmungen Christianus' ohne Bewegung.

Schließlich, als Christianus ratlos schwieg, ließ er den vorgeschobenen Kiefer fallen und sagte: »Wann war es doch, daß wir uns zum letzten Mal sahen, Doktor?«

Christianus blieb nichts übrig, als sich der heimtückischen Vertraulichkeit zu nähern.

»Mein lieber Heinrich,« sagte er, »du bist zu uns gekommen und zur rechten Zeit. Willst du uns helfen?«

Heinrich beharrte: »Das war auf der Landstraße. Du nahmst dich gut aus als Soldat. Ich hätte wer weiß was für dich getan.« Und plötzlich, als habe er mit diesen Sätzen nur einen Anlauf gemacht: »Aber jetzt? — was willst du eigentlich von mir? Was wollt ihr alle von mir? Wozu soll ich dienen?«

Christianus schwieg. Er sah den Fragenden mit einem langen, leeren Blick an und wandte sich ab.

»Ich habe da zwei merkwürdige Briefe erhalten,« sprach Heinrich hinter ihm her. »Der eine von diesen Leuten — wie fremd man ihnen doch geworden ist! —: nun, ich wußte ja, wozu ich kommen sollte. Aber sag einmal selber: meinst du, das sei eine Sache für mich? Du hast den Waffenrock hinter dir gelassen; ich bin darin stecken geblieben, und ich soll urteilen? Du habest einen hohen Auftrag, schreibt man. Davon verstehe ich nichts; was soll ich dazu sagen? Vielleicht dies: bleibe, wie du bist, bleibe, wo du bist, solange es dir gefällt und gut geht. Einmal muß ja das Ende kommen. Und der Ausgang sagt am besten, was der Anfang wert war.«

Christianus warf sich über einem Fuß herum: »Du weißt sehr gut, daß ich nicht bleiben kann, wenn du — «

Er schwieg mit einer Stimme, die er in der Schwebe hielt. Aber während Heinrich wartete, bedachte Christianus, daß es gut sei, Heinrich den Rest erraten zu lassen. Es gibt leisere Mittel, etwas zu sagen, als Worte.

Unter diesem Gedanken her flatterte tiefgeduckt der Schrecken, etwas so frech Überlegenes in sich zu haben: so etwas zu denken.

Heinrich lachte: »Das, — das weiß ich. Und ich weiß auch, daß du mir deshalb den andern Brief hast schreiben lassen. Klug! geschickt! überlegen! Und ich der liebe Heinrich! Aber wenn du durchaus für das Weib einen Mann brauchst — da du es nicht selber sein kannst — warum gehst du nicht zu einem der Alten, am besten zu dem Blinden? Es wird dir nicht schwer fallen. Klug! geschickt! überlegen!«

Christianus hob sich in Empörung auf; da verfing sich sein Hirn in dem Sonderbaren, daß er gerade selbst dies Überlegene in sich bedacht hatte. Er begann, sich vor sich selbst zu fürchten. Was war das, daß er hier stand, unbeweglich in einer Menge von Bewegungen? Da war ein Strudel von Menschen, die ihn alle angingen; da war ein Weib, mit dem er in Berührung gekommen war und das ertrinkend aufquoll; da war ein Mensch, nach dessen Hand er griff und der sich fortwährend von ihm abstieß.

Er sah weithin, und unfähig, sich im Gegenwärtigen zu sammeln, faßte er sich in der Entfernung.

»War ich nicht Soldat wie du und ihr alle? Hielt der Waffenrock meine Rippen nicht genau so steif wie eure? Brach ich nicht wie wir alle auf und in den Garten und faßte an? Und da kam es. Plötzlich war es da. Es war da, und ich durfte den Schlag nicht tun. Es warf mich hin und besprach mich — lähmend, angreifend, beschwichtigend.«

Heinrich war aufgestanden. Er schien in den Irrsalen irgendeiner Rührung bewegt zu werden; aber während seine Arme aufgingen, sich nach Christianus' Schultern hinüberzubrücken, schreckten seine Hände vor der Berührung zurück. Er schrie auf:

»Ja! — Es besprach dich — lähmend, angreifend, beschwichtigend: geh hin zu Maria! vertreib dir die Zeit mit ihr! mach Narren! Sag mir doch einmal, wie es aussah, und — mein lieber Christianus — vielleicht hat manch einer damit zu tun gehabt, ohne es ganz so ernst zu nehmen.«

»Wie — es — aussah? — Mein Gott!« Er hatte es laut hervorgestoßen, und es hatte doch nur ein Anruf innen sein sollen: mein Gott! nur nichts merken lassen! Das ist ja fürchterlich: er kann sich wirklich nicht entsinnen, wie es möglich gewesen ist, daß er hierher kam. Er erinnert sich dunkel einer Gestalt und denkt in demselben Atemzug: nur keine Pause machen! reden, reden! damit der andre nicht merkt — Was nicht merkt? denkt er und macht nun doch eine Pause. Daß er selbst gar nicht an solche Dinge glaubt, von denen er eben gesprochen hat; daß es gar keinen Sinn hat, von solchen Dingen vor vernünftigen Menschen zu sprechen; daß er genarrt, vom Höchsten, Heiligsten, was er im Leben erwartete, genarrt ist: »— So etwas gibt es ja gar nicht!«

Das hatte er geschrien. Und gerade, als habe nicht er, sondern der andre es geschrien, faßt ihn eine unausrottbare Wut gegen diesen andern, der da sitzt, durch seine bloße Gegenwart ihn verdrängend, und es schlägt kalt in ihm auf: dieser Mensch darf nicht bleiben; dieser Mensch darf nicht recht behalten; denn — du — hast — doch — recht!

Er richtete sich auf, sank aber mithin zusammen, und von dieser unerwarteten Bewegung zu kurzer Besinnung gebracht, fragte er, die Laute unter zähen kleinen Bläschen bildend, die im Gaumen aufquollen:

»Fühlst du nicht, wie entsetzlich das ist: daß ich hier sitze, daß alles einmal geschehen ist und ich nun in Worte verfalle und mich vergeblich bemühe, aus ihnen herauszukommen und zu fassen, wie das alles geschehen ist?«

Die Schwäche und Verwirrung, mit der dies Mühsame gesagt wurde, machte, daß in Heinrich sich ein Ekel wie vor einer schweißdurchtropften Maske aufspannte.

»Sagst du's selbst, daß du aus Worten nie herauskommst? Laß! laß sie!«

Christianus schrie scharf und lauter als das erste Mal. Er sah, wie die Worte übersprangen, im Hirn des andern festen Fuß faßten, sich umwandten und sich gegen ihn kehrten. Er wollte neue vorschicken.

Sie prallten vor dem wahnsinnigen Schatten, der aufgerichtet war, zum Munde zurück: Heinrich stand vor ihm und reckte, von Hohn gebläht, zwischen dürren Sehnen den Hals: »Geh! geh! Ich nehm dir die Dirne. Und die Brut dazu. Aber geh!«

»Wohin?« fragte Christianus sinnlos.

Heinrich lachte, riß das Rockstück über der linken Brust zurück und schoß mit spitzem Finger in die Mitte der Lache, die vom Halse herab bis unter die Herzgrube das Leinen durchblutet hatte. »Dahin!« sagte er.

Christianus ging in Gedanken nach. Dann stockte er: »Ich darf nicht.« Und zitternd unter den Brauen des Feindes — der sich unheimlich aus dem Freund herausverwandelt hatte — suchend: »Warum setzt du mir mit deiner Verlockung zu? Soll ich schwach werden? Soll ich diese Tage und Nächte ausgehalten haben, um in dieser Nacht feige zu werden und umzukehren?«

»Mußt du feige werden, um umzukehren? Mutig, mutig bist du doch damals umgekehrt, als es galt, durch den rechten Glauben in die — Seligkeit — dieser — Tage — und — Nächte zu kommen!«

Christianus' Arme flackerten durch die Luft: »Nicht! nicht! nicht an meinen Glauben!«

Heinrich lächelte: »Wie klug du bist, deinen Glauben vor deine Feigheit zu hängen!«

»Schleichende Kröte du! Krötenschale! Schales Hirn du, das mit seiner Klugheit nur Klugheit begreift! Klügeln, zweifeln, fragen — ich will nicht! Raum will ich dem Glauben geben, Raum dem ungeheißen Aufsteigenden: kein Schatten des Hirns soll das Heilige streifen.«

»Es ist das Klügste.«
»Ich darf nicht anders.«
»Das lügst du dir ein.«
»Ich will dir beweisen —«
»Selbst zu beweisen, gibt dir die Absicht und die Feigheit ein.«

Christianus wankte. Wieder: diese Worte! Wie sie nur in den Dunstkreis des andern geraten, werden sie schon Verräter, tragen die Farbe des andern, richten sich gegen den, der sie ausschickt, starr, bajonettfrech. Er muß hinüber! diesen schurkischen Worten Richtung weisen, nachhelfen!

Er bog sich vor, streckte die Hand aus.

Der Hals, den er umkrampfte, erhob sich. Er schwang die Hand mitsamt der Schwere, die über ihr hing, durch die Luft abwärts in die Ecke zwischen Fußboden und Wand.

Es war ihm nicht, als ob er etwas Tatsächliches täte: er führte einen Beweis; jeder Schlag war ein Argument; die Argumente waren unabweisbar.

Sonderbar kam es ihn an, daß geschrien wurde. Der im Begriff war, ermordet zu werden, schrie nicht; er stöhnte. Aber es waren Schreie da; Schreie, die von Wand zu Wand wankten, Schreie, die aus allen Ecken zurückschreckten, Schreie, die durch die Decke brachen: ja: die Decke war durchbrochen von Schreien.

Als er die Haut seiner innern Handfläche kalt werden fühlte, — ein Zeichen, daß das, was er gewollt hatte, beendet war — hörte er auf zu schlagen, und im selben Augenblick gingen die Schreie ein.

Es war still. Es war Zeit zum Nachdenken. Er stand neben dem Toten, und alles um ihn herum war ganz nachdenklich geworden.

So weit kann es ein Mensch bringen. Man kann seinen

Gegner von der Wahrheit überzeugen; am besten überzeugt man ihn, indem man ihn totschlägt und die Wahrheit allein glaubt. Es ist traurig, allein zu glauben. Aber weiter kann es ein Mensch nicht bringen.

Er wandte sich ab und zum Fenster, öffnete es, kam zurück und stellte sich wieder neben den Toten.

Was war das? Mit Grauen ging ihm auf, daß der Tote ihm mehr zu beweisen begann, als er dem Lebenden hatte beweisen können. Der — Tote — hatte — doch — recht!

Unbeherrschbar wuchs das Ungeheure auf. Es drängte seine Füße beiseite und weiter: er mußte gehen. Aus dem lautlosen Luftkreis hatte er die Antwort herausgeschlagen. Es war entschieden; sein Glaube hatte ihn betrogen. Warum war ihm das geschehen?

Er brach weinend neben dem Toten zusammen und lag lange bis zum frühen Morgen.

Dann stand er auf, hob sich durch die Tür und über kleine Stiegen zu der Kammer hinauf, aus der — wie ihm jetzt deutlich war — die Schreie gerufen hatten.

Er lehnte sich in die offne Tür und sah hin.

Über leblos gestreckten, steif eingefallenen Falten, die sich inmitten des Bettes über gewundenen, im Sterben stehengebliebenen Knien zu einem fürchterlichen Wirbel emporzogen, saß ein weißes Kind mit weitgeöffneten Augen.

Der Schmerz, diese Augen auf sich gerichtet zu sehen, war unhaltbar. Er näherte sich, wuchs auf das Unendliche zu; der Atem verging ihm im Auf und Nieder der Tränen. Während er sich bewegte, fühlte er, wie ihm die Stimme versagte: er hatte geredet.

Es tat ihm weh, den Schwung der Decken — der ihm wie eine Weihe war — zu zerstören; aber er öffnete das Bett, legte das Kind beiseite, umhüllte die lebendige

Wärme und breitete über den kalten Mutterleib das Leinen; versah so seine ganze Barschaft.

Als es getan war, wandte er sich ab und ging die Treppe abwärts über Gänge, in denen schon das Tageslicht aufkeimte, hinaus auf die Straße — die Tür verschließen? Sie soll offen bleiben! Es soll alles offen bleiben! Die Fenster, die Türen, weit offen: damit die Menschen kommen. Die Menschen sollen kommen und sich an dem Kinde versuchen: auch an dem Kinde.

Die weite Heerstraße verging in einem Himmel voll Licht. Weißüberglänzte Vögel sprangen den Weg voran über Bäume von Ast zu Ast; wo er ging, sangen sie.

Sie sangen noch vor der Holzbaude, unter deren Dach er sich ermüdet setzte. Er streckte den Fuß aus und wartete, bis einer der Vögel kam und sich darauf niederließ. Er sang; er neigte den Kopf und lauschte.

Wie schön war es, daß er sang! Auch, daß ein Mensch auf ihn zukam, um mit ihm zu lauschen: wie schön war das! Er brauchte sich durch die Schritte des Nächsten nicht stören zu lassen: er hielt den Kopf geneigt und horchte.

Er möge sich beim General melden; sein Gesuch sei genehmigt; er möge kommen.

Da fiel ihm ein, daß er gebeten hatte, man möge ihn beim nächsten Sturm vor den Feind schicken.

Ein Sturm war für den Morgen des nächsten Tages angesetzt. Christianus wurde eingereiht.

Die Nacht verbrachte er bis zum Morgengrauen in heftigen Erschütterungen unter Anrufung eines Namens.

Als man zum Angriff aufsprang, war er der erste, der den feindlichen Graben erreichte, von mehreren Kugeln durchbohrt, hineindrang und den nachfolgenden Kameraden den Weg bahnte.

Außer ihm war niemand getroffen; man konnte sich sogleich um ihn bemühen.

Aber während man das Blut, das aus seinen vielen Wunden pulste, zu stillen versuchte, richtete er sich auf, breitete die Arme rückwärts gegen die Grabenwand und zitterte einem Gesicht entgegen.

Eine weiße Gestalt war hervorgetreten, hatte ihm die Hände gereicht und gesprochen:

»Gib mir deine Hand; ich will aus dem Licht mit dir in die Finsternis scheiden. Gib mir deine Hand; ich will dich führen. Gib mir deine Hand; ich will.«

Als strömten die breithin über die Erde gelagerten Lichtringe auseinander und aufwärts und ergösse sich, von allen Seiten her mündend, Erleuchtung in ihn, läßt er, was über ihm ist, aufschwimmen, läßt die Hände unanhänglich schwinden, gibt die Glieder unendlicher Erweiterung hin. Nach und nach tut es ihm wohl, dies und jenes zu vergessen. Er sieht nur hin, wie ihn die weiße Gestalt hält.

Er ist zufrieden: es ist deutlich genug.

Wie die letzte hohe Befriedigung über ihn kommt, glaubt er, auch dies letzte vergessen zu können: daß sein letzter Ruf oben im Licht gewesen ist: »Für der Maria Kind!«